Deutschland im Umbruch

Vom Diskurs zum Konkurs - eine Republik wird abgewickelt

Von WILLY WIMMER

zeitgeist
Print & Online

3. Auflage Juni 2018

Redaktionsschluss: April 2018
Satz: Hoos Mediendienstleistung, Landau
Coverdesign: Grafikfee GmbH, Bingen
Druck und Bindearbeiten: CPI books GmbH, Leck

Printed in Germany
ISBN 978-3-943007-16-9
www.deutschland-im-umbruch.de
www.zeitgeist-online.de

Inhaltsverzeichnis

Vom Rhein an die Spree - mehr als ein Ortswechsel

Wie wählen unsere Nachbarn? - Wahlbeobachtung zwischen Posen und Wladiwostok

Teilung Russlands ist das Ziel

Trump gegen Clinton – die Spannungen steigen

Wird Deutschland sich neu ausrichten?

Kriegsknecht Deutschland: Sterben für Kunduz?

Anhang

Vorwort

Nachdem die Wiedervereinigung Deutschlands beschlossen war, trieb uns eine Frage um: Wie würde es nun weitergehen? Was würde aus Deutschland werden? Was kommt, wenn sich die Euphorie über die lang ersehnte Einheit gelegt haben würde? Meinen Büroleiter Walter Breil und mich beschlich alsbald eine düstere Vorahnung. Er durchblickte wie kein anderer die Strukturen von NATO, der Europäischen Gemeinschaft sowie des Regierungsbetriebs in Bonn, und wir beide erkannten deutliche Versuche, von außen auf die Bundesrepublik Deutschland einzuwirken …

Bereits in der ersten Hälfte der 90er-Jahre spürten wir, dass ein gewaltiger Umbruch unseres Landes anstand: Andere Mächte traten an, uns zu manipulieren und zu dominieren, primär die Vereinigten Staaten und Großbritannien sowie internationale Organisationen, und um uns in ihre Aggressionspolitik gegenüber der Russischen Föderation hineinzuziehen. Sie alle legten offenbar tatsächlich bereits wieder eine »Akte Moskau« an. *»Eben noch gegenseitiges Einvernehmen und Verbrüderung und nun plötzlich deutliche Abkühlung, der Kalte Krieg schien in eine zweite Runde zu gehen.«*[1]

Damit nicht genug: Nach dem Umzug nach Berlin wurde mehr und mehr deutlich, dass unser Land seine Chancen verschenkte – es gab seine Selbstständigkeit dahin und begab sich freiwillig unter das Joch Washingtons und Brüssels. In Bonn war, bei aller Einschränkung, noch souverän Politik gemacht worden, so wie Bundeskanzler Helmut Kohl mit seinen »10 Punkten« den Weg zur staatlichen Einheit Deutschlands festlegte und damit als Deutscher für Deutschland handelte. Uns so war es auch beim Parlament der Bonner Republik, wo über Streitfragen kräftig disputiert wurde, bis man zu allseits

---

[1] Willy Wimmer: Die Akte Moskau, S. 11

akzeptierten Entscheidungen kam. In Berlin dagegen herrscht Meinungs- und Sprachlosigkeit vor. Nicht einmal dem Verzicht auf den Schutz unserer Staatsgrenzen durch Bundeskanzlerin Angela Merkel folgten wütende Debatten oder die Aufforderung an die Regierungschefin, ihr eigenmächtiges Handeln zu rechtfertigen. So sieht Demokratie aus, wenn sie sich aufgibt.

Die Soziale Marktwirtschaft, der Deutschland lange Zeit verpflichtet war, wurde als »dritter Weg« zwischen Kapitalismus und Kommunismus angesehen. Letzterer stand mit dem Zerfall der Sowjetunion auf verlorenem Posten, woraufhin Wallstreet und City of London keine Zeit verloren und das amerikanische Wirtschaftsmodell »Shareholder Value« in Europa inthronisierten. Alles wurde damit umgestellt: Deutschland war nicht länger ein Nationalstaat mit starken demokratischen Strukturen, sondern folgte nun einer Ordnung, die allein an den Interessen global agierender, zumeist amerikanischer Konzerne ausgerichtet war. Zusammen mit der von Angela Merkel eingeforderten »marktgerechten Demokratie« sowie den Neuerungen des »Maastrichter Vertrag« bedeutete dies das Ende unseres auf Konsens ausgerichteten Staatswesens, die Beseitigung des sozialen und wirtschaftlichen Rückgrats Deutschlands, die Agenda 2010 war der passende Sargnagel.

Heute läuft alles über Entscheidungen in der NATO und der EU mit dem Ergebnis, dass uns auch noch die letzten Reste militärischer Souveränität verloren gehen. Somit ist es nicht mehr weit bis zum »militärischen Schengenraum«: einem grenzenlosen Aufmarschgebiet für die NATO unter Befehlsgewalt der Vereinigten Staaten für den globalen Krieg – ohne jedwede Widersprachemöglichkeit der europäischen Staaten, welche offenbar als Bauernopfer angesehen werden.

Deutschland ist aber mein Land, mir liegt daran, dass es nicht zugrundegeht. Und dafür bin ich bereit, mich öffentlich zu engagieren. Dirk Müller, erfolgreicher Manager am Finanzplatz Frankfurt und glänzend unterrichtet, wenn es um internationale strategische

Fragestellungen geht, Rohstoffe inklusive, hatte mir bereits 2014, nach der europäischen Krise um die Ukraine, angeboten, auf seinem Internetportal *cashkurs* über strategische Fragen zu publizieren. Eine Möglichkeit, die ich ebenso dank Ken Jebsen bei *KenFM* und dem Format »Positionen«, über Albrecht Müller in seinen *NachDenkSeiten* und Prof. Alexander Sosnowskis Internetzeitschrift *World Economy*, um nur einige zu nennen, gern und häufig nutzte.

Zu Gast bei KenFM, in der Debattensendung »Positionen«. Das Thema: »Krieg oder Frieden in Europa - Wer bestimmt auf dem Kontinent?«

Meine Frau hatte mich oft genug an Gespräche mit ihren Eltern über die deutsche NS-Vergangenheit erinnert, wir Nachgeborenen fragten immer wieder: »Wie nur hat es zu alldem kommen können?« Nichts in der Familie wies darauf hin – man war streng katholisch, wählte »Zentrum« aus Überzeugung. Waren denn alle blind gewesen? Oder einfach nur naiv? Nach dem verbrecherischen Angriffskrieg gegen Jugoslawien und unter zunehmender Knebelung der öffentlichen Meinung erleben wir nun erneut, wie ein verhängnisvoller Weg eingeschlagen, ja begangen wird.

Als ich mich dann wieder einmal mit einem meiner bevorzugten Gesprächspartner zum Gedankenaustausch über die Weltlage traf, der in der militärischen Hierarchie seines westeuropäischen Heimatlandes ehedem einen festen Platz inne hatte, zuckte ich zusammen, als er meinte, mich warnen zu müssen. In unseren Staaten, so sagte er, müssten Personen, die sich öffentlich den vorgegebenen Linien entgegenstellten, damit rechnen, aus dem Verkehr gezogen zu werden. Um keinen Zweifel aufkommen zu lassen, erklärte er mir auch gleich die medizinischen Möglichkeiten. So ganz mochte ich ihm dennoch nicht glauben. Nachdenklich wurde ich allerdings, als bei ihm und mir an unterschiedlichen Orten, aber absolut zeitgleich zuvor von ihm beschriebene gravierende Krankheiten festgestellt wurden und wir uns beide ernsten medizinischen Eingriffen unterziehen mussten – das war knapp drei Monate später.

Über die verhängnisvollen Veränderungen in Deutschland seit der Wiedervereinigung habe ich häufig auch mit Thomas Röttcher vom Verlag »zeitgeist Print & Online« gesprochen. Er wünschte sich eine Fortsetzung von »Die Akte Moskau« und ließ keine Gelegenheit ungenutzt, mich zu ermuntern, meine Beobachtungen – gleichsam aus dem »politischen Auge des Orkans« – niederzuschreiben.

Mit der Diagnose und dem dringenden Rat zu einer OP war es dann so weit.

Jüchen, den 8. April 2018

Willy Wimmer

Angriff und Verteidigung

Abschied von der alten Bundesrepublik

Es war ein kurzer Weg an diesem Freitag, dem 1. Juli 2017, vom Domhof-Hotel über den Platz zum mächtigen Torgitter des Doms zu Speyer. Den Trauergästen der Totenmesse zu Ehren des verstorbenen Bundeskanzlers Helmut Kohl war nahegelegt worden, ab 17 Uhr die Plätze einzunehmen. Die Zeit, bis das Gitter den Zugang versperren würde, nutze man zu einem Plausch. Viele ehemalige Abgeordnete hatten sich auf den Weg nach Speyer gemacht, aber auch aktive Mitglieder des Deutschen Bundestags.

Tags zuvor war entschieden worden, die »Ehe für alle« zuzulassen, nachdem Bundeskanzlerin Angela Merkel am Anfang der Woche bei einer Presseveranstaltung völlig überraschend eine Abstimmung zu dieser Frage angekündigt hatte. Die anwesenden Abgeordneten berichteten nun von der Sitzung der CDU/CSU-Bundestagsfraktion, und wir Ehemaligen hörten interessiert, ja begierig zu, während sie die »gespenstige Atmosphäre« hervorhoben. Natürlich war der Abstimmung eine Diskussion vorausgegangen, in deren Zuge der Dissens innerhalb der Fraktion deutlich wurde. Erneut sei dabei die stoische Ruhe der Bundeskanzlerin aufgefallen – so als beträfe sie das alles gar nicht. Und das obwohl es doch um nicht mehr und nicht weniger ging als das in der »Verfassung« der Bundestagsfraktion verankerte Bild der Ehe. Angela Merkel aber sei zwar körperlich anwesend gewesen, aber mit den Gedanken offenbar irgendwo anders.

Das Gespräch in der kleinen Runde stockte, als sich eine langjährige Abgeordnete zu uns gesellte und uns mit den Worten begrüßte, dass an diesem Tag die alte Bundesrepublik, wie wir sie noch kennen würden, endgültig zu Grabe getragen werde. Widerspruch rief diese Feststellung nicht hervor, im Gegenteil. Jeder in der Runde hatte die

Kanzlerschaft Kohls miterlebt und die politische und parlamentarische Arbeit damals wertgeschätzt. Helmut Kohl war stets für uns ansprechbar gewesen, auch wenn man sich etwa telefonisch bei ihm zu Hause meldete, um Rat einzuholen oder Meinungsunterschiede zu klären. Er lebte in der Partei und war den Mitgliedern zu keinem Zeitpunkt fremd. Besonders gewürdigt wurde etwa, dass er die kleineren Staaten jenseits der deutschen Grenzen in seine Überlegungen einbezog. Hier vor der Domtüre kam uns die Galle hoch, als wir über die Art und Weise sprachen, wie die Bundeskanzlerin heute operiert. Ein Beispiel ist ihre einsame Entscheidung am Wochenende des 4./5. September 2015 zum Verzicht auf den Schutz der deutschen Grenzen. Dass anschließend vonseiten der Parlamentarier darauf verzichtet wurde, Angela Merkel im Bundestag hierfür zur Rede zu stellen, zeigte aber auch das Versagen in dieser Grundfrage deutscher und europäischer Politik auf.

Der regnerische Tag war danach, ihre Worte zu unterstreichen. Über Wochen hinweg hatte links des Rheins zwischen Pleisweiler und Leuth ein fast karibisches Wetter geherrscht, Temperaturen, wie wir sie in dieser Jahreszeit selten erlebten. Schon am Tag zuvor war das Wetter anders geworden, Regenschauer peitschten übers Land und sorgten für eine dem traurigen Anlass angemessene Atmosphäre. Als wir nach dem Ende des Trauergottesdienstes wieder auf den Domplatz traten, wo nun mit militärischem Zeremoniell die gleichsam staatliche Verabschiedung des Bundeskanzlers stattfinden sollte, öffneten sich die Schleusen des Himmels. Es regnete so heftig, dass man nur aus dem Eingangsportal des Doms über die umgehend aufgespannten Regenschirme hinweg einen Blick auf den mit der Bundesflagge bedeckten Sarg erhaschen konnte.

Mit den Ehrenformationen hatte man es eilig und wartete nicht ab, bis alle Trauergäste das mächtige Schiff des Domes verlassen hatten. Schon erklang die Nationalhymne, welche den Abschluss des Zeremoniells bildete. Bundeskanzler Helmut Kohl hatte Deutschland so unendlich vieles zu verdanken. Doch nun musste es schnell gehen.

Blumen vor Helmut Kohls Haus in Ludwigshafen-Oggersheim: letzte Ehre für den Bundeskanzler a. D.

Frischer Wind fegt feste Regeln hinweg

Meine Eindrücke von der Trauerfeier interessierten Medienvertreter aus unterschiedlichen Ländern. So hatte *RT* – ehemals *Russia Today* – mich um ein Gespräch gebeten. Der Bitte kam ich gerne nach, nicht nur wegen der globalen Reichweite des Senders. Eine letzte Abstimmung mit der Zentrale in Moskau lief über mein auf stumm geschaltetes Handy während des Gottesdienstes. Mit *RT* verbindet mich eine interessante Erfahrung, welche meines Erachtens die Entwicklung unseres Landes insgesamt widerspiegelt. Übrigens mehr, als mir lieb war. Gut drei Jahre zuvor hatte mich der Sender das erste Mal zu einem Interview zum Thema Ukraine-Krise eingeladen. Dieses fand im Düsseldorfer Medienhafen unweit des *WDR*-Medienhauses statt. Ein enger Gesprächspartner aus dem politischen Leben in Berlin und Mitglied einer anderen Partei hatte den Kontakt zu dem russischen Auslandssender hergestellt. Die Lage in der Ukraine war beängstigend, die Situation drohte aus dem Ruder zu laufen, und ein Krieg in Europa schien möglich. Zu der Entwicklung wollte man meine Meinung hören, auch aufgrund meiner langjährigen Erfahrung als Vizepräsident der Parlamentarischen Versammlung der »Organisation für Sicherheit und Zusammenarbeit in Europa« (OSZE). Es war nach dem Ende des Kalten Krieges gerade die OSZE, Nachfolgerin der »Konferenz für Sicherheit und Zusammenarbeit in Europa« (KSZE), welche die Mitgliedstaaten in eine neue Sicherheitsstruktur zwischen San Francisco und Wladiwostok einzubinden versuchte. Ich kannte die politischen Gegebenheiten in der Ukraine aus zahlreichen Gesprächen mit dortigen Präsidenten, Ministerpräsidenten und anderen führenden Vertretern des politischen Systems. Als ich dann anschließend über die Kardinal-Frings-Brücke nach Hause fuhr, erreichten mich kurz hintereinander zwei SMS. Die Nachrichten waren identisch und wiesen keinen Absender auf. Kurz und bündig wurde mir auf Englisch mitgeteilt, dass man mich im Auge behalte und genau beobachten werde...

Kurze Zeit später sorgte ein weiteres Interview von *RT* dafür, dass ich die volle Wucht der Vorurteile zu spüren bekam. Der *WDR* hatte hierfür sein Auslandsstudio zur Verfügung gestellt. Der Düsseldorfer Medienhafen wurde fortan für mich zu einer Anlaufstation und das eingeblendete Studiobild der Düsseldorfer Rheinkniebrücke auf Dauer zu einem der besten Werbeträger auf dem Markt für global wirkende Medien. Zunächst allerdings stand mir eine mehr als unangenehme Erfahrung bevor: In Maske und Studio schlug mir eisige Atmosphäre entgegen, mein Gruß wurde nicht beantwortet. Für die *WDR*-Mitarbeiter war ich offenbar jemand, der mit dem Feind, mit »den Russen«, zusammenarbeitete. Ich fühlte mich gut zwanzig Jahre in die hohe Zeit des Kalten Krieges zurückversetzt. Doch schnell wendete sich das Blatt: Schon bei der nächsten Schalte nach Moskau wurde ich sehr freundlich begrüßt, interessiert wollte man wissen, wie der Kontakt nach Moskau zustande gekommen sei. Nach einem weiteren Gespräch zur aktuellen Lage in der Ukraine mit *RT*, diesmal im Düsseldorfer Studio des *ZDF* aufgenommen, hörte ich aus deren Sendezentrale in Mainz, wo man zugehört hatte, Lob und zustimmende Kommentare zu der Art und Weise, wie das Interview seitens der russischen Journalisten geführt worden war. Im Übrigen sei man froh über das, was ich, ein deutscher Politiker, geäußert hatte, ihnen als Journalisten sei das nicht mehr möglich, da gebe es feste Regeln. Ein Team des *WDR* nutzte ein anderes Mal meine Anwesenheit im Düsseldorfer Landesstudio dazu, mich seinerseits über die Entwicklung in der Ukraine und zu den Gefahren, die sich für den Frieden in Europa aus der Lage im Donbass – den Gebieten westlich der russisch-ukrainischen Grenze – zu befragen.

Interview bei RT *zu den Entwicklungen in der Ostukraine, gesendet am 20. Juli 2015*

Die Interviews mit *RT* fanden stets in englischer Sprache statt. Im Nachhinein muss ich meinen Englischlehrerinnen und -lehrern am Gymnasium Rheydt-Odenkirchen Respekt zollen. Denn schon während meiner parlamentarischen Zeit konnte ich im Ausland dank sehr guter Sprachkenntnisse stets auf einen Dolmetscher verzichten. Das hatte den besonderen Effekt, dass ich bei den Gesprächen, die ich häufig im Auftrag oder mit Wissen von Helmut Kohl weltweit führte, nicht auf die Anwesenheit von Vertretern der jeweiligen deutschen Botschaft angewiesen und somit sichergestellt war, dass die Gesprächsinhalte allein dem Bundeskanzler bekannt wurden.

Bei *RT* erlebte ich noch so manche Überraschung. Da war zunächst einmal der Umstand, dass die Interviews live gesendet und dazu in laufende Nachrichtensendungen – auch in Spitzenzeiten – eingebunden wurden. Vor allem bei außen- und sicherheitspolitischen Themen kam es auf jedes Wort an. Ungewöhnlich war nun, dass man mir mit bis zu fünfzehn Minuten ausreichend Zeit zur Verfügung stellte, um meine Gedanken und Positionen dezidiert darlegen zu können. Das unterschied sich grundlegend von dem, was ich bei deutschen oder auch angelsächsischen Rundfunk- und Fernsehanstalten gewohnt war, wo Befragte sich lediglich einige Sekunden äußern durften. Dabei hatte ich immer den Eindruck, dass das Ergebnis bereits vorher in der Redaktion festgelegt war. Als i-Tüpfelchen benötigte man noch einen »O-Ton«, also eine oder mehrere Äußerungen von Außenstehenden. Damit sollte der Eindruck erweckt werden, dass sich ein Thema im Zuge der Sendung erst entwickelte, obwohl die Tendenz längst festgelegt war. Bei den Gesprächen mit *RT* hingegen und später auch mit anderen Sendern in Russland war man daran interessiert, Fragenkomplexe abzuhandeln, woraufhin sich der Zuschauer ein eigenes Bild machen konnte. So etwas war mir bei der westlichen, vor allem der deutschen Presse nie widerfahren.

Von Mut, Integrität und Diskretion

Dabei hatte ich als Abgeordneter sowie als Parlamentarischer Staatssekretär des Bundesministers der Verteidigung eigentlich sehr gute Erfahrungen mit Journalisten machen können. In den Jahrzehnten intensiver Pressearbeit erlebte ich es nur ein einziges Mal, dass aus einem sogenannten »Hintergrundgespräch« etwas nach außen drang. Nach der Wiedervereinigung hatte ich mich zu künftigen Entwicklungen mittel- und langfristiger Art bei der Bundeswehr auch in Zusammenhang mit der stets umstrittenen Dauer des Grundwehrdienstes geäußert und dabei auf eine mögliche Reduzierung von bis zu drei Monaten hingewiesen. Anwesende Journalisten mit besten Verbindungen zum Bundesministerium der Verteidigung haben diese Überlegungen weitergetragen – eine unangenehme Erfahrung, aber eben nur eine, was in hohem Maße für den ganzen Berufsstand spricht.

Den Mut von Journalisten, zu dem weite Teile der Gesellschaft und erst recht der ganze Politikbetrieb nicht mehr fähig war, konnte man erleben, als im Frühjahr 1999 unser Land in den völkerrechtswidrigen Krieg gegen die Bundesrepublik Jugoslawien und damit in den ersten Angriffskrieg nach 1945 hineingelogen wurde. Es war der *WDR*, der mit der Sendung »Es begann mit einer Lüge« auf die mediale Manipulation hinwies. Die Dokumentation muss noch Jahrzehnte später als bahnbrechend bezeichnet werden, da in ihr erstmals die Mechanismen schonungslos offengelegt wurden, dabei stand die NATO mit ihrer Pressearbeit im Mittelpunkt. Dem Vernehmen nach hat der *WDR* auf Regierungsdruck hin die Beteiligten anschließend spüren lassen, wie wenig erfreut man selbst auf das Echo der Dokumentation gewesen ist.

Die in der Sendung angeprangerten Manipulationen durch führende Politiker sollten sich in den kommenden Jahren noch häufen. So suchte Außenminister Joschka Fischer die deutsche Beteiligung am Krieg gegen Jugoslawien dadurch zu legitimieren, dass er den bislang in Stein gehauenen Grundsatz der Friedensbewegung »Nie wieder Krieg« gegen den Satz »Nie wieder Auschwitz« ausspielte und dadurch porös werden ließ. Im Vorfeld des Irak-Krieges gab es bekanntlich eine noch üblere Form der Manipulation. Als Vertreter der Bundesregierung im Auswärtigen Ausschuss des Bundestages mit aller gebotenen Zurückhaltung über mögliche mobile Fertigungsstätten für chemische Waffen im Irak berichteten, gaben einige Ausschussmitglieder, denen es an Argumenten für einen Krieg gegen den Irak gelegen war, die Information nach draußen weiter. Und Colin Powell, der damalige amerikanische Außenminister, trug alles, womit ihn seine deutschen Kriegsfreunde aufmunitioniert hatten, im Sicherheitsrat der Vereinten Nationen vor. Was zuvor reine Spekulation war, wurde hier zur Tatsache.

Meine Zusammenarbeit mit *RT* wuchs schnell über eine reine Neugier auf den russischen Sender hinaus, es entstand eine konstruktive und unglaublich seriöse Kooperation. Dasselbe gilt auch für das Nachrichtenportal *Sputnik*. Vonseiten deutscher Redaktionen, sei es bei den Printmedien oder dem Hörfunk, bekam man komplizierte Texte vor der Veröffentlichung noch einmal zur Kenntnisnahme vorgelegt. Damit wollten beide Seiten sicherstellen, die Dinge auch so wiedergegeben zu wissen, wie sie gesagt und gemeint waren. Bei *RT* oder *Sputnik* ist dieses Maß an Vorsicht erst gar nicht nötig. Man kann sich stets völlig darauf verlassen, bis zum letzten Komma korrekt zitiert zu werden. Immer wieder erstaunlich ist, welchen Standard die Moskauer Journalisten einhalten und wie penibel selbst komplizierte Sachverhalte und Texte rein handwerklich bearbeitet werden. Alleine deshalb kann das verstärkte Auftreten der russischen Medien in Deutschland eindeutig als Gewinn bezeichnet werden, jedenfalls aus meiner Sicht und der Sicht derjenigen, die ihnen unvoreingenommen begegnen.

Nach Abschluss der Koalitionsverhandlungen zwischen CDU/CSU und SPD Anfang Februar 2018 konnten wir ein Paradebeispiel für die Haltung der deutschen Medien im staatlichen Einflussbereich erleben. Nach Presseberichten fragten die öffentlich-rechtlichen Anstalten bei Bundeskanzlerin Angela Merkel an, ob sie sich zu einem Gespräch über die Vereinbarung zwischen den Parteien einverstanden erkläre, was sie ablehnte. Infolge personalpolitischer Auseinandersetzungen verzichtete dann plötzlich der SPD-Parteivorsitzende Martin Schulz am 13. Februar auf jedes Amt, nachdem er in eine Glaubwürdigkeitsfalle geraten war, da er entgegen früherer Beteuerungen ins Kabinett drängte und Sigmar Gabriel als Bundesaußenminister abzulösen wünschte. Und auch in der CDU schlugen die Wogen hoch, denn es regten sich Kräfte, welche der mit einer de facto einmaligen Machtfülle ausgestatteten Bundeskanzlerin in die Parade fuhren, der die Partei bislang willenlos gefolgt war. Es drohte Ungemach in der Partei, wo seit Jahren ein eisernes Merkel-Regime herrschte. Plötzlich war es vorbei mit der Weigerung, für Gespräche zur Verfügung zu stehen. Angela Merkel lud sich kurzerhand beim *ZDF* selbst ein und stellte Chefredakteur Peter Frey so vor vollendete Tatsachen. Am 11. Februar 2018 fand das oktroyierte Fernsehinterview statt, was für ein Déjà-vu-Erlebnis gesorgt haben dürfte. In der Fernsehanstalt gibt es wegen der lancierten Entlassung des ehemaligen ZDF-Chefredakteurs Nikolaus Brender im März 2010 eine manifeste Erinnerung daran, wie das Kanzleramt und die CDU mit Journalisten in Führungspositionen verfahren, die Unbotmäßigkeit an den Tag legen, indem sie Berliner Entscheidungen zu hinterfragen wagen.

Dem Gewissen verpflichtet = unerwünscht

Man darf allerdings nicht darüber hinwegsehen, dass es sich um ein Politikum handelt, wenn ich als ehemaliges Regierungsmitglied und Abgeordneter nun mit Nachrichteneinrichtungen aus Russland engagiert zusammenarbeite. Die ganze Dimension der Presselage in Deutschland wurde für mich deutlich im Frühsommer 1999, als nach dem Luftkrieg in Jugoslawien der Bodenkrieg drohte. Ich hatte seit dem Herbst 1998 sowohl öffentlich als auch bei Abstimmungen im Bundestag immer wieder betont, wie verhängnisvoll ich hier die NATO-Politik einschätzte, und war damit in meiner Fraktion sowie in der Regierungskoalition mit der FDP nicht der Einzige, wie die Haltung von Bundesjustizminister Edzard Schmidt-Jorzig zeigte. Aber für mich gab es dabei bemerkenswerte Konsequenzen. So hatte ich Wolfgang Schäuble über meine im Auftrag von Helmut Kohl geführten Gespräche – etwa mit dem jugoslawischen Präsidenten Slobodan Milosevic – stets unterrichtet. Ich hielt das für geboten, weil er der Vorsitzende der Bundestagsfraktion war, welcher auch ich angehörte. Allerdings hielt ich mich mit Einzelheiten zurück, da Kohl die Dinge in seiner Hand behalten wollte.

Die Begegnungen mit Wolfgang Schäuble in seinem Büro waren immer ebenso offen wie von einer guten Stimmung gekennzeichnet gewesen. Das sollte sich schlagartig ändern, nachdem ich im Anschluss an das NATO-Treffen Ende September 1998, über das der *Spiegel* wie üblich umfassend berichtete, ihm sowie auch anderen einen ausführlichen Brief zukommen ließ. Darin brachte ich zum Ausdruck, dass der nunmehr eingeschlagene NATO-Kurs unweigerlich zum Krieg führen müsse, woraufhin Schäuble jeden Kontakt mit mir sofort abbrach. Auch von Bundespräsident Roman Herzog, ehemals Präsident des Bundesverfassungsgerichtes, erhielt ich keine Antwort auf mein Schreiben. Ihm hatte ich die Stellungnahme wegen der eindeutigen Bestimmungen im Grundgesetz über das Verbot eines Angriffskrieges ebenfalls zukommen lassen. Diese Erfahrung habe ich bei mehreren Bundespräsidenten machen müssen, so auch bei Joachim Gauck, den ich im Zusammenhang mit den staatsanwaltschaftlichen Ermittlungen gegen den sogenannten »Nationalsozialistischen Untergrund« aufgrund der aufgedeckten Mordserie in Deutschland anschrieb, weil auch mein Name auf der Liste des Mördertrios gestanden hatte. Extra aus Berlin dienstlich angereiste Polizeibeamte eröffneten mir im heimischen Wohnzimmer, dass gut zehntausend Personen genannt wurden, während in der Öffentlichkeit nur von eintausend Personen die Rede war. Für mich sah das nach einem »Enthauptungsschlag« gegen die gesamte Führung des Staates aus, und ich machte aus meiner Ansicht gegenüber den Polizeibeamten und Bundespräsident Gauck kein Hehl.

Die Frage nach Kriegsopfern rückte mit dem Krieg auf dem Balkan in den Mittelpunkt der öffentlichen Diskussion, womit die NATO mitten im europäischen Frieden ohne jede Legitimation seitens des Sicherheitsrates der Vereinten Nationen die Bundesrepublik Jugoslawien überzog. Einige Wochen später drohte es nun zum Einsatz von Bodentruppen zu kommen, obwohl bereits mehrere tausend, meist zivile Opfer zu beklagen waren. Hinzu kamen verheerende Schäden an der Infrastruktur, weil durch die Luftstreitkräfte auch Ziele weit entfernt vom Konfliktgebiet Kosovo zerstört worden waren. In der deutschen Öffentlichkeit schlug die Meinung nun erkennbar um, selbst innerhalb der Regierung. In einem europäischen Krieg gefallene deutsche Soldaten wären ein Debakel für die damalige Bundesregierung, die mit ausgemachten Propagandalügen Deutschland in den ersten Krieg nach dem Zweiten Weltkrieg gegen ein Gründungsmitglied der Vereinten Nationen und der KSZE geführt hatte.

Mitten in dieser Entwicklung erreichte mich ein Anruf, mit dem ich zu keinem Zeitpunkt gerechnet hatte: von Heribert Prantl, dem Ressortleiter »Innenpolitik« der in München erscheinenden *Süddeutschen Zeitung*. Aus den Reihen der Mitglieder des Deutschen Bundestages hatte ich als Vizepräsident der Parlamentarischen Versammlung der OSZE die wichtigste internationale Position inne. In dieser Funktion war ich mit dem Konflikt auf dem Balkan betraut, das war öffentlich bekannt. Und es hatte nicht nur den Fraktionsvorsitzenden der PDS, Gregor Gysi, maßlos erstaunt, dass ich zu keinem Zeitpunkt in eine der zahlreichen Talkrunden zu diesem Krieg bei *ARD* und *ZDF* eingeladen wurde. War es eine für die Medienverantwortlichen unerträgliche Vorstellung, einen international bestens vernetzten und mit einer hohen Funktion versehenen Kriegsgegner aus der CDU/CSU-Fraktion im Bundestag, wo viele sich ja für den Krieg eingesetzt hatten, dem Fernsehpublikum zuzumuten? Musste das unter allen Umständen verhindert werden, weil sich die Stimmung im deutschen Volk diesbezüglich mehr und mehr regierungsfeindlich entwickelte? Prantl sagte mir am Telefon, warum man gerade ihn beauftragt hatte, das Gespräch mit mir über den Krieg in Jugoslawien zu führen: Die Geschäftsleitung habe demnach kein Mitglied der zuständigen Redaktion Außenpolitik dazu bewegen können. Offenbar wollte sich niemand jenseits der offiziellen NATO-Politik damit beschäftigen. Anschließend war in der *Süddeutschen Zeitung* nachzulesen, wie ich die Lage bewertete, nämlich dass die Entscheidung für den Krieg ein Affront gegen das Völkerrecht und die Charta der Vereinten Nationen sei, welche dadurch ausgehebelt wurden. Der Krieg richtete sich nicht nur gegen Jugoslawien, er torpedierte die Konsequenz aus den Nürnberger Kriegsverbrecherprozessen 1945, eine der zentralen

Grundlagen, den Vereinten Nationen das Gewaltmonopol treuhänderisch zu überlassen, indem sie darüber zu entscheiden hatten, ob ein Krieg geführt wird oder nicht.

Nach Abdruck des Interviews rief mich ein deutscher Luftwaffen general aus dem NATO-Hauptquartier in Brüssel an. In der Allianz herrsche helles Entsetzen, man werte den Artikel als Beginn eines Ausstiegs aus dem Krieg und fürchte, dass Deutschland sich weigern werde, am zunehmend propagierten Bodenkrieg teilzunehmen. Präsident Milosevic betonte bei meinem Besuch Ende August 1999 in Belgrad, in welchem Umfang Helmut Kohl auf ein baldiges Ende des Krieges gegen sein Land hingewirkt hatte. Ein persönlicher Beauftragter von Milosevic sei mehrmals bei ihm gewesen.

1989 war ein lebendiger Diskurs im Deutschen Bundestag noch die Regel. 20 Jahre später führte die abweichende Meinung zu einem Redeverbot der eigenen Fraktion (Bild: Willy Wimmer im Plenarsaal)

Der Krieg war in die deutsche Politik zurückgekehrt. Dabei gaben sich die öffentlich-rechtlichen Rundfunk- und Fernsehanstalten und meine Bundestagsfraktion die Hände. Alles, was auf eine Dissonanz schließen lassen konnte, wurde entweder ausgeblendet oder einem

Vertreter der PDS, später Die Linke, übertragen. Kurz vor meinem Ausscheiden aus dem Bundestag im Jahre 2009 erläuterte ich beim Sender *phoenix,* direkt gegenüber meines Büros in der Berliner Wilhelmstraße, die für mich damit verbundenen Konsequenzen: Eine Stimme gegen den Krieg, vor allem auch nach dem gemeinsamen Besuch mit meinem Kollegen und Freund Peter Gauweiler im Irak, wenige Tage vor Beginn des Zweiten Golfkriegs, durfte es aus der CDU/CSU nicht geben, und schon gar nicht als Redner im Plenum des Deutschen Bundestages. Keiner sollte wissen, dass es in den Reihen von CDU/CSU oder auch der SPD unterschiedliche Positionen gab, um Nachdenklichkeit bzw. Abwehr gegen den Krieg in der Bevölkerung zu unterbinden. Es wurde alles unternommen, damit die Loyalität gegenüber den Verbündeten nicht unterminiert werden konnte, obwohl allen bewusst gewesen sein musste, dass die NATO ihren Charakter als Verteidigungsbündnis eingebüßt hatte.

Fraktionszwang

Nur wenige Jahre nach Ende des Jugoslawien-Krieges stand ein weiterer Konflikt auf dem Balkan ins Haus, diesmal in Mazedonien. Hier stießen unterschiedliche Volksgruppen, zu denen auch Serben und Albaner zählten, in bewaffneten Auseinandersetzungen aufeinander. Diesmal war es sogar Gegenstand der internationalen Berichterstattung, in welchem Umfang die amerikanischen Streitkräfte hinter den albanischen Freischärlern standen, um den Konflikt in einen Bürgerkrieg zu treiben. Die Kämpfe in Mazedonien führten innerhalb der CDU/CSU-Bundestagsfraktion zu einem einmaligen Vorfall. Die Diskussion wurde so erbittert und in einer derartigen Breite geführt, dass die Bundesvorsitzende Angela Merkel einen Sieg der Gegner einer deutschen Beteiligung an der NATO-Mission befürchtete. Sogar der bayrische Ministerpräsident Edmund Stoiber war anwesend, aber es half alles nichts. Zu frisch waren die Erinnerungen an die Art und Weise, wie der Krieg gegen Jugoslawien herbeigelogen worden war. Mir wurde in einem persönlichen

Gespräch deutlich gemacht, dass ein Rücktritt der gesamten Partei- und Fraktionsführung unausweichlich sei, wenn eine deutsche Beteiligung am NATO-Einsatz in der Fraktion keine Zustimmung finden würde.

Niemand musste zurücktreten, weil es in der Abstimmung einen knappen Sieg für die Fraktions- und Parteiführung gab. Hinterher angefügte Kommentare legen indes offen, wie die Mechanismen innerhalb der Fraktion wirkten: Den Wortführern gegen eine deutsche Beteiligung am Krieg wurde vonseiten zahlreicher Abgeordneten mitgeteilt, wie sehr sie auf ihrer Seite stünden. Es sei für sie persönlich allerdings nicht möglich gewesen, gegen das Ansinnen der Regierung und der CDU/CSU-Opposition zu stimmen, so sehr man das persönlich vorziehen würde. Man sei auf einen sicheren Platz auf der Landesreserveliste angewiesen und fürchte, keinen zu erhalten, wenn man gegen die eigene Fraktionsführung stimme.

Die Mechanismen, wie man Macht festigt, sind so nachhaltig wie simpel: Die Regierungs- und Fraktionsspitze verteilt Ämter, die in der Regel erheblich dotiert sind. Damit wird sichergestellt, dass die Regierung – jenseits aller Wahlen oder Umfrageergebnisse – unbeschädigt und relativ kommod durch die vierjährige Amtsperiode kommt. Bei der CDU/CSU-Bundestagsfraktion muss stets davon ausgegangen werden, dass mehr als 50 Prozent der Mitglieder zusätzlich ein Regierungs- oder ein über die Fraktion zu vergebendes Amt haben. Daneben werden zu Beginn einer jeden Legislaturperiode Positionen bei Rundfunkanstalten vergeben, die mit finanziellen Zuwendungen verbunden sind. Diese Zusatzmandate können jederzeit entzogen werden, wenn die Fraktionsführung das will. Das bestimmt die Bandbreite von Diskussionsthemen innerhalb der Fraktion. Hinzu kommt, dass man unter besonderer Beobachtung sowohl der amerikanischen als auch der israelischen Botschaft steht, und niemand will Dauerbesuche der Botschafter in Kauf nehmen.

Auf Kriegskurs: Macht und Ohnmacht der Medien

Mit meiner völker- und verfassungsrechtsbezogenen Argumentation gegen den Jugoslawien-Krieg stand ich ziemlich alleine auf weiter Flur. Wer achtete schon auf die Einhaltung der zwingend gebotenen Zustimmung des Sicherheitsrates der Vereinten Nationen zum Einsatz militärischer Mittel, wenn bereits NATO-Jets am Himmel Europa in die Vergangenheit zurückbombten? Statt auf dem Verbot des Angriffskrieges im eigenen Grundgesetz zu beharren, wollte man den eigenen Soldaten nicht durch Hinweise auf die Rechtmäßigkeit ihres Handeln in den Rücken fallen, so die Argumentation. In diesen Zeiten gab es wenige in der Presse, die vom Völkerrecht etwas hören wollten, aber es gab sie. Zum Beispiel in der Person von Eva-Maria Föllmer-Müller von der Genossenschaft *Zeit-Fragen* aus der Schweiz, die sich publizistisch einem Europa, das seinen Frieden einer stabilen Rechtsordnung verdanken konnte, verschrieben hatte. Oder Jürgen Elsässer, damals Chefredakteur der linken Tageszeitung *Junge Welt,* worin er Überlegungen Platz einräumte, durch die NATO werde mit dem Krieg gegen Jugoslawien das gesamte Völkerrecht ausgehebelt. Zudem stellten der *Deutschlandfunk, Radio Bremen* und *WDR 5* Sendeplatz zur Verfügung. Dabei hat der *Deutschlandfunk* seit eh und je eine besondere Funktion für all denjenigen, die mit dem Regierungs- und Parlamentsbetrieb, sei es in Bonn oder Berlin, in Verbindung stehen. Zu meiner Zeit jedenfalls war sicher davon auszugehen, dass morgens beim Frühstück oder im Bad der *Deutschlandfunk* gehört wurde, um sich auf den Tag im Büro vorzubereiten. So wusste man, welche Themen relevant und wo Schwerpunkte zu erwarten waren. Daneben spielte die *Frankfurter Allgemeine Zeitung* als morgendliche Pflichtlektüre eine zentrale Rolle, ebenso wie der *Spiegel* am Wochenbeginn, wenn man erfahren wollte, wo die Republik auf Krawall gebürstet war.

In den Publikationen fanden sich häufig Anzeichen für heraufziehende Krisen, aus denen man aufgrund der eigenen Kenntnis des politischen Betriebes schließen konnte, wer von den deutschen

Journalisten welchem Gesprächspartner aus dem Regierungsbereich »auf dem Schoß saß«, um bestimmte Botschaften unter die Leute zu bringen. In Krisenzeiten war hier eine besondere Eskalationsleiter festzustellen, fast immer untrüglich erkennbar an den in den Berichten angegebenen Quellen: von Abteilungsleitern in den verschiedenen Ministerien über Parlamentarier der Bundestagsfraktionen bis zu den höchsten Etagen der deutschen Politik – Zeichen für höchste Alarmstufe.

Es war aber auch die Zeit des Umbruchs in den Medien. Der Umzug von Bonn nach Berlin katapultierte Nachrichtensender wie *n-tv* und Internetauftritte wie *Spiegel online* nach oben. Leider war es eine der ersten Maßnahmen der Regierung Schröder, auf einen Ausbau der *Deutschen Welle* nach dem Vorbild von *CNN* oder *BBC* zu verzichten. Dem Vernehmen nach geschah dies auf amerikanischen Druck, ebenso wie der Verzicht auf das Abstammungsprinzip bei der Staatsbürgerschaft oder beim Ausstieg aus den Förderkonsortien für Erdöl und Erdgas im Kaspischen Meer. Das hatte die Regierung Kohl gegen westlichen Widerstand in den Jahren zuvor durchgesetzt, obwohl man auf amerikanischer Seite der Auffassung war, als letztes Ergebnis aus dem Ende des Zweiten Weltkrieges weder in Deutschland noch in Japan eine leistungsfähige Industrie auf diesem Sektor weltweit agieren sehen zu wollen. Und *CNN* und *BBC* dominierten den Medienbetrieb weltweit auf dem Nachrichtensektor, da hatte die *Deutsche Welle* nichts zu suchen. Später schlossen *Al Jazeera* aus Katar und die ebenfalls staatlich finanzierten Sender *France 24* und *Russia Today* auf.

Medien spielten eine entscheidende Rolle dabei, die Menschen auf den Krieg gegen Jugoslawien einzustimmen und ihn durchzuhalten. Zwei Gesichter vor allem waren dafür bekannt. Auf der einen Seite der Brite Jamie Shea, der für die NATO tagein, tagaus für den Krieg trommelte. Zum Lohn für seine Bemühungen würdigte ihn der außen- und sicherheitspolitische Berater der Bundeskanzlerin, Christoph Heusgen, inzwischen Ständiger Vertreter Deutschlands bei den Vereinten Nationen, bei einer Preisverleihung in Berlin im Sommer 2016 mit einer Laudatio. Herr Shea aber wurde von der *CNN*-Korrespondentin Christiane Amanpour in der Befeuerung des Krieges noch übertrumpft. Sie erhielt später den von der Parlamentarischen Versammlung der OSZE ausgelobten, gut dotierten Medienpreis für ihre Kriegsberichterstattung aus Jugoslawien. Frau Amanpour ließ sich allerdings nicht lumpen und reichte Preis und Preisgeld an den Chef der OSZE-Mission vor dem Kriegsausbruch im Kosovo, den amerikanischen Abgesandten William Walker, weiter. Das war der Diplomat, der eine Reihe von Vorfällen im Kosovo nutzte, um Kriegsbereitschaft bei den verbündeten Regierungen herbeizuführen. So etwa jene zweckgerichtete Inszenierung 1999, als bei der Ortschaft Račak angeblich Zivilisten hingemordet wurden, um dann für die internationale Öffentlichkeit als Nachweis für serbische Brutalität zu dienen. William Walker hatte sich durch diesen Schachzug aus Sicht von Frau Amanpour offenbar das Preisgeld verdient. Die Parlamentarische Versammlung aber hatte erleben müssen, wie durch bewusste Obstruktion durch Vertreter der Regie-

William Walker, Leiter der »Kosovo Verification Mission« der OSZE, beim Observieren serbischer Militärpositionen nahe Pristina im Dezember 1998

rungsseite innerhalb der OSZE eine Information über forensische Untersuchungsergebnisse nicht weitergegeben wurde. Dabei war Račak eine der Zündschnüre für den wenige Wochen später ausbrechenden NATO-Luftkrieg gegen Jugoslawien.

CNN, BBC und mit dem Angriffskrieg 2011 gegen Libyen auch *France 24* trugen maßgeblich dazu bei, auf Gedeih und Verderb Scheinbegründungen für neue kriegerische Abenteuer unter die Leute zu bringen. Damit verschafften diese Sender denjenigen in den Parlamenten, die auf NATO-Linie lagen, Argumente, die sie den Gegnern von Interventionskriegen aufgrund angeblich aktueller Meldungen entgegensetzen konnten. *Russia Today* erlebte beim Putsch im Frühjahr 2014 gegen die legitime Regierung in Kiew eine erste Glanzzeit mit einer glaubhaften und überaus seriösen Berichterstattung über die Ereignisse in der Ukraine und auf der Krim. *ARD* und *ZDF* hingegen waren offenbar ausgefallen. Wer Bescheid wissen wollte, musste zwangsläufig zu *CNN, BBC* oder *Russia Today* umschalten, nur hier kamen die harten Fakten. Bei dem Konflikt, der sich zu einem ganz Europa umfassenden Krieg hätte ausweiten können, zeigte sich, dass im Westen alle der vorgegebenen Argumentation folgten, es wurden jedenfalls nur jene Stimmen zugelassen, die dem widersprachen. Das wurde auch in den führenden Printmedien durchgezogen, einsamer publizistischer Leuchtturm war unzweifelhaft Seymour Hersh vom *New Yorker,* der zu zentralen Fragen aus Washington berichtete, was die Regierungen wegmanipuliert hatten. Nachdenkliche Stimmen aus Europa, die nicht auf der Kriegslinie lagen, kamen ebenfalls zu Wort, etwa bei *Russia Today* oder dem Internet-Shooting-Star Ken Jebsen. Mir sprach er eigentlich zu schnell, sodass ich mich lange Zeit der Bitte verweigerte, mit ihm ein Gespräch über aktuelle außenpolitische Fragen zu führen. Letztlich kam es aber dazu, denn die Zeiten erlaubten es nicht, sich mit Petitessen aufzuhalten.

Die tiefgreifende Argumentation, welche in Ken Jebsens Sendeformat *Positionen* möglich war, kannte ich aus keiner der öffentlich-rechtlichen Medien. Das hatte Auswirkungen, die für mich neu waren: Anfang Mai 2017 kamen meiner Frau und mir auf der Straße unweit des »Goldenen Dachls« in Innsbruck zwei junge Leute entgegen. Die Frau blieb wie angewurzelt stehen, als sie mich sah, und fragte höflich, ob ich Willy Wimmer sei. Als ich das bejahte, sagte sie, dass sie meine Sendungen im Netz auf *KenFM* verfolge. Sie sei eigentlich aus Istanbul, wohne aber in Graz und wisse aus ihrem Bekanntenkreis, dass es bei denen auch so sei. Ein katholischer Studentenpfarrer aus dem Ruhrgebiet hatte mir bereits gesagt, welche Beobachtung er bei den Studenten mache: Die Glaubwürdigkeit der Leitmedien bei den Zeitungen oder dem Fernsehen sei derart in Misskredit geraten, dass sich die jungen Leute ausschließlich über das Netz informierten. Sinkende Auflagenzahlen bei den Zeitungen stützen diese Aussage.

Shareholder Value rollt über den Atlantik

Glaubwürdigkeit und Wettrüsten

Betrachtet man die sicherheitspolitische Entwicklung in Europa seit Ende des Zweiten Weltkrieges, gab es durchaus Phasen in den Beziehungen zwischen Washington und Moskau – respektive zwischen NATO und Warschauer Pakt –, die von einer gewissen Stabilität gekennzeichnet waren, dazu gehörten etwa seit den 60er-Jahren Durchbrüche in Fragen der Rüstungskontrolle. Daneben aber, vor allem in der Zeit der Aufstellung sowjetischer SS-20-Raketen mit ihrem verheerenden Entkopplungseffekt für die NATO-Staaten mit Nordamerika auf der einen und Westeuropa auf der anderen Seite, gab es massive Konfrontationen. Sicherheit innerhalb Europas war mit dieser neuen Rüstung des Warschauer Pakts nicht mehr glaubhaft darzustellen. Die Überlegungen reichten von konventionellen Waffen, taktischen Nuklearwaffen sowie nuklearen Mittelstreckenwaffen bis hin zu den strategischen Nuklearwaffen und den Weltraumkomponenten – all diese Elemente sollten miteinander verzahnt, also nur im Ganzen betrachtbar sein, ohne dass ein potenzieller Gegner sich Illusionen machen konnte, gegen eine der Komponenten mit eigenen militärischen Fähigkeiten angehen zu können. Die in sich geschlossene Glaubwürdigkeit der militärischen Rüstung war somit die eigentliche Botschaft des Westens an die Sowjets.

Dieselbe Botschaft richtete sich indes in noch größerem Maße an alle Mitglieder der NATO. Auf den Erkenntnisgewinn beim Gegner hatte man nur begrenzten Einfluss. Das war innerhalb des eigenen Bündnisses anders, welches mit Stress für die Bevölkerung verbunden war, die in ständiger Kriegsfurcht und mit hohen Manöverbelastungen lebte. In die Rüstung flossen zudem ungeheure Finanzmittel.

Das wurde nur akzeptiert, wenn davon ausgegangen werden konnte, dass die mit der Rüstung verbundenen Lasten tatsächlich der Abschreckung dienten. Die westlichen Gesellschaften waren in jener Zeit noch offen für Diskussionen, und diese verliefen oft heftig, wie man am Beispiel des konstruktiven Misstrauensvotums im Jahr 1992 gegen den ehemaligen Bundeskanzler Helmut Schmidt sehen konnte (ob so ein Misstrauensvotum in der politischen Großwetterlage in Berlin heute noch möglich wäre?). Es war jedenfalls Schmidt, der auf die Konsequenzen der Aufstellung der SS-20-Raketen seitens der Sowjetunion aufmerksam gemacht hatte. Mit diesen Waffen wäre es möglich gewesen, die NATO vernichtend zu schlagen, denn der Verlust Westeuropas wäre für die Vereinigten Staaten mit der Konsequenz verbunden gewesen, sich zwecks Rettung ihrer selbst vom europäischen Kontinent zu entfernen.

Seit einigen Jahren geistern Mittelstreckenwaffen wieder durch die Debatten. So wurde Russland unterstellt, Tests durchzuführen, obwohl das nach internationalen Verträgen verboten ist. Im Frühjahr 2018 wurden Gedankenspiele innerhalb des US-Kongresses publik, die sich ebenfalls um diese Waffenkategorie und zusätzlich eine Miniaturisierung von Atomsprengköpfen drehen. Man muss also den Eindruck gewinnen, dass gegenüber der Moskauer Führung ein Szenario mit umgekehrten Vorzeichen aufgebaut wird, wie es während der Zeit des Kalten Krieges galt. Amerikanische Mittelstreckenwaffen und miniaturisierte Nuklearwaffen könnten von Europa aus gegen Russland eingesetzt werden und Moskau den berühmtberüchtigten Enthauptungsschlag versetzen.

Bei der Wintex/Cimex-NATO-Übung im Frühjahr 1989 konnte ich nachhaltigen Aufschluss über das strategische Denken gewinnen. Bei der nuklearen Zielplanung im Rahmen der Übung stellte sich schnell heraus, dass die Elle nur an eine Frage angelegt wurde: Würde der Nukleareinsatz einen sowjetischen Gegenschlag auf amerikanisches Territorium heraufbeschwören, oder würde sich ein potenzieller Krieg auf Europa beschränken können? Dieser Gretchenfrage konnte man auch durch noch so ausgefeilte Bündnispapiere nicht entkommen. Amerikanische Kriege auf europäischem Boden waren in gewisser Weise unausweichlich. Helmut Schmidt hatte die Allianz mit dem Hinweis auf die SS-20-Raketenrüstung wachgerüttelt. Und nach der im Westen zu Massendemonstrationen führenden Aufrüstung durch Pershing-II-Raketen, welche als Antwort auf die SS-20-Raketen anzusehen waren, kam es 1988 schließlich – ob Notwendigkeit oder Einsicht – zur Vereinbarung über die Abrüstung und Vernichtung beider Waffentypen nach dem sogenannten INF-Vertrag – auch doppelte Nulllösung genannt. Nukleare Mittelstreckenraketen waren von nun an verboten.

Genau um diese Kategorie ging es gut dreißig Jahre später im Sommer 2017 in den Auseinandersetzungen zwischen US-Präsident Do-

Startbereite Pershing-II-Raketen anno 1987. Nach Ende des Kalten Krieges vollständig demontiert, fordern heute kriegslüsterne Politiker aus den USA die Reaktivierung solcher Mittelstreckenwaffen. Ein neuer Rüstungswettlauf wäre die Folge

nald Trump auf der einen und der einmütigen Front aus Republikanern und den in der Opposition befindlichen Demokraten auf der anderen Seite. Als angemessene Politik gegenüber der »aggressiven« Russischen Föderation forderte man im Kongress die Rückkehr zu Raketentypen wie der Pershing II. Und es ist immer wieder verblüffend, mit welcher Unverfrorenheit hier Gründe für einen angeblichen Konfrontationskurs genannt werden. Das fing mit dem »Olympia-Krieg« 2008 – rechtzeitig zur Eröffnungsfeier der Olympischen Spiele in Peking – an. Die Welt freute sich auf grandiose Spiele in China, und der georgische Präsident Micheil Saakaschwili setzte seine Armee gegen das mit Russland verflochtene Südossetien in Marsch, was bis heute von der NATO als russischer Überfall auf das friedliche Georgien dargestellt wird.

Militärpläne der EU

Das Vorhaben der EU-Länder, auf dem Feld der Sicherheitspolitik enger zusammenarbeiten zu wollen, gründet in Prämissen, die nach Auffassung der meisten Menschen längst der Vergangenheit angehören sollten. Zudem wirft es die Frage auf, welche Rolle den französischen Nuklearwaffen dabei zugedacht ist. In der Vergangenheit gab es diesbezüglich eine eindeutige Antwort: Atomwaffen wurden von höchster staatlicher Stelle als letztes Mittel zur Verteidigung Frankreichs – und nur Frankreichs – angesehen. Etwas kam dabei vom Charakter des Landes als von landwirtschaftlich dominiertem Gebiet zu Tage: Der eigene Acker interessiert, und der Acker des Nachbarn ist eben nicht der eigene Acker. Im Konfliktfall sollten also die französischen Nuklearwaffen nicht zur Verteidigung anderer Staaten zur Verfügung stehen, seien aber sehr wohl auf deren Territorium einzusetzen, wenn dies dem Schutze Frankreichs diente.

Eine weitere Frage grundsätzlicher Art ist eng verbundenen mit der industriepolitischen Zusammenarbeit zwischen europäischen Staaten, auch Frankreichs und Deutschlands, bei der Ariane. Der Öffentlichkeit ist dieser Raketentyp von zivilen Einsatzmöglichkeiten her über den südamerikanischen Startplatz Kourou vertraut. Weniger bekannt dürfte allerdings sein, dass es bis heute der deutschen Industrie untersagt ist, die Fertigung der letzten Raketenstufe der Ariane 5 zu übernehmen. Angeblich sollen uns hier keine Fertigungstechniken zugänglich gemacht werden, die für die strategische Nuklearrüstung von zentraler Bedeutung sind.

Industriepolitische Überlegungen im Rahmen einer gemeinsamen europäischen Verteidigung bestimmen auch das Galileo-Satellitenprojekt. In der Öffentlichkeit wird es amerikanischen Satelliten gleichgestellt, die uns ein sicheres Navigieren nicht nur auf den Straßen erlauben. Dem Vernehmen nach haben die Vereinigten Staaten Frankreich bei ihren Kriegen in Afrika in der Vergangenheit weder Satelliten-Aufklärungsergebnisse noch Lufttransportkapazitäten zur Verfügung gestellt. Dafür baut heute Airbus den A-400-Militärtransporter, und Galileo soll später die Satellitenaufklärung übernehmen. Das bedeutet deutsches Steuergeld für französische Kriege. Am deutlichsten wird das in der Frage der vertraglichen Ausgestaltung der europäischen Verteidigungsinitiative. Laut ursprünglichem, aus dem Jahr 1948 stammendem Vertrag über die Westeuropäische Union galt es, allein das eigene Gebiet zu verteidigen, und das ohne Wenn und Aber. Diese Bindung an den Gedanken der Verteidigung vermisst man bei den neuen Überlegungen. Es geht der EU offenbar heute – wie der NATO auch – um Machtdemonstration, auch gegenüber weit entfernten Teilen der Welt.

Angelsächsischer Kapitalismus versus Soziale Marktwirtschaft

Wirtschafts- und sozialpolitisch herrschte traditionell in einigen europäischen Staaten, darunter auch Deutschland, das Konzept der Sozialen Marktwirtschaft vor und nicht das Modell des reinen angelsächsischen Kapitalismus. Das mag bei uns neben der in den

Ideen von Karl Marx respektive Adolph Kolping wurzelnden sozialpolitischen Vorstellungen vor allem dem Umstand geschuldet sein, dass man dem Kommunismus etwas entgegensetzen wollte. Dabei musste aber Rücksicht genommen werden, weil Wähler eben eine eigene Vorstellung von staatlichen Notwendigkeiten haben. Der Kapitalismus hingegen entspricht in seiner Freibeutermentalität der angelsächsischen Lebenswirklichkeit, nicht aber dem kontinentalen Denken seit Napoleons Zeiten.

In Peking wiederum wählte man einen dritten Weg, den der sozialistischen Marktwirtschaft, denn man war sich sicher, dass mit einer rein kapitalistischen Ausrichtung die gesellschaftlichen Probleme im Lande erst so richtig anfangen würden. Unterstützung suchte man in den Beziehungen zwischen der Volksrepublik China und Deutschland, es kam zum engen Dialog, neben Bundeskanzler Helmut Kohl vor allem protegiert durch Arbeits- und Sozialminister Norbert Blüm und Justizminister Edzard Schmidt-Jortzig. Bei den Gesprächsinhalten setzte die chinesische Seite Prioritäten auf das in Deutschland erfolgreiche Konzept der Sozialen Marktwirtschaft: leistungsfähige Sozialsysteme von der Gesundheitsfürsorge bis hin zur Rentenversicherung, Schutz der Arbeitnehmerrechte und ein juristisches System, wie es einem Rechtsstaat gebührt.

Chinesische Gesprächspartner auf höchster staatlicher Ebene machten immer wieder deutlich, wie sie sich die Zukunft vorstellten. Danach standen neben der wirtschaftlichen Leistungsfähigkeit die Bindungskräfte in der Gesellschaft im Vordergrund. Man war sich seinerzeit im Klaren darüber, dass die marxistische Staatsdoktrin nur zu Verwerfungen führen würde: Die Menschen würden nur bedingt noch etwas glauben. Deshalb bemühte man sich um ein gedeihliches Auskommen mit der römisch-katholischen Kirche, denn man sah im christlichen Glauben ein zusätzliches und dringend erforderliches Bindemittel für die chinesische Gesellschaft. Dem entsprachen auf der anderen Seite die Bemühungen von Papst Benedikt XVI., einerseits mit der Regierung in Peking ein Konkordat[2] abzuschließen, andererseits mit der russisch-orthodoxen Kirche ein hohes Maß an gemeinsamem Verständnis aufzubauen. Bis heute hält sich die Ansicht, dass beides gewisse Kräfte aus den Vereinigten Staaten veranlasst haben könnte, den deutschen Papst zum Rücktritt zu bewegen, weil sich sein Verhalten nicht mit dem staatlichen amerikanischen Vorgehen auf der Welt vereinbaren ließe.

In China beobachtete man in den 90er-Jahren, wie das angelsächsische kapitalistische System und die deutsche Soziale Marktwirtschaft miteinander wetteiferten. Davon, welches System sich im Westen ganz allgemein durchsetzen werde, so sagte man mir, wolle China seine Schwerpunkte abhängig machen. Würde die Soziale Marktwirtschaft wenigstens in Deutschland überleben können? Die Gefahrenlage war den Chinesen klar. – Und die Verantwortlichen in Deutschland? Man flog fleißig nach China, und deutsche Berater leisteten verdienstvolle Arbeit dabei, der Gesellschaft in dem Riesenreich eine tragfähige Struktur zu geben. In Deutschland selbst aber hatte bereits die Erosion eingesetzt, zu erkennen an den Überlegungen, selbst die Rentenversicherung vollends zu privatisieren.

Die Parlamentarische Versammlung der KSZE/OSZE

Bundestagspräsidentin Rita Süssmuth und ich aber hatten einen ganz anderen Eindruck von den Gegebenheiten, als sie von einer noch selbstbewussten Bundesregierung gegenüber der Volksrepublik China dargestellt wurden. Es ging unserem Staat und seiner Gesellschaft an den Kragen, und die Gefahr kam keineswegs aus dem Osten. Als Mitglieder der Parlamentarischen Versammlung[3] der Konferenz, später Organisation für Sicherheit und Zusammenarbeit in Europa

---

[2] Über einen Staatskirchenvertrag verhandelt aktuell auch Papst Franziskus. Vgl. *Süddeutsche Zeitung* vom 6. April 2018: Das Kreuz der Bischöfe

[3] Neben dem Gipfel der Staats- und Regierungschefs, dem Ministerrat und dem Ständigen Rat (mit Sitz in Wien) das bedeutendste Gremium der KSZE/OSZE

(KSZE bzw. OSZE), die sich 1992 zu ihrer ersten Jahrestagung in Bukarest traf, erkannten Frau Süssmuth und ich die entfesselten angelsächsischen Möglichkeiten, welche sich in dieser Zeit eröffneten: Die Sowjetunion war zusammengebrochen, den Warschauer Pakt gab es nicht mehr – nichts, was rein kapitalistisch ausgerichtetem Wirtschaften entgegenstand oder andere Länder, etwa Deutschland, veranlassen konnte, weiterhin an der Sozialen Marktwirtschaft festzuhalten, da »jenseits des Zaunes« kein Kommunismus mehr zu einem kontinentaleuropäischen Alleingang aufforderte.

Innerhalb der Parlamentarischen Versammlung bot sich den Repräsentanten der nationalen Parlamente nach Jahrzehnten der Konfrontation nunmehr die Möglichkeit, sich näher kennenzulernen und endlich zum Dialog zu kommen. Der Aufgabenkanon war bereits 1975 im Abschlussdokument der Helsinki-Konferenz mit den sogenannten »drei Körben« festgelegt worden: Die Themen Menschen- und Bürgerrechte, wirtschafts- und sozialpolitische Fragen sowie Abrüstung und Rüstungskontrolle sollten die Zukunft kooperativ bestimmen. An den Prozess gingen wir mit ungeheurem Elan heran, denn wir empfanden die neue Herausforderung als *die* Gelegenheit für uns in Europa. Die Kriegswalze war in den letzten zweihundert Jahren mit unerbittlicher Grausamkeit über unseren Kontinent hinweggerollt; wir wollten es jetzt einfach besser machen, diese Chance sollte nicht verspielt werden. Nur wenige Jahre später mussten wir allerdings erleben, dass mit dem auf Betreiben der Vereinigten Staaten 1999 gegen die Bundesrepublik Jugoslawien losgetretenen Kriegs zwischen dem Ende des Kalten und dem Anfang des ersten heißen Krieges in Europa nach 1945 nur neun Jahre lagen.

Davon hatten wir zu Beginn unserer Arbeit keine Vorstellung. Warum denn auch? Im November 1990 hatten sich schließlich die Staats- und Regierungschefs der KSZE-Mitgliedsstaaten in der Charta von Paris in die Hände versprochen, alle Konflikte nur noch friedlich beizulegen und den Krieg aus Europa zu verbannen. Die sachliche Arbeit wurde uns auch dadurch erleichtert, dass Rita Süssmuth ein ungemein großes persönliches Ansehen unter den Delegierten genoss. Ihr Wort hatte Gewicht, zumal sie den Deutschen Bundestag vertrat, der wertgeschätzt wurde, weil dessen Kontrollmechanismen gegenüber der Regierung besonders ausgeprägt waren, wenngleich sie sich im amerikanischen Kongress noch stärker zeigten. Doch die Vereinigten Staaten waren mit Deutschland nicht zu vergleichen. Denn nach deren Staatsverständnis galt der Kongress als Teil der Regierung und nicht als Kontrollorgan, was Donald Trump am 3. August 2017 leidvoll zur Kenntnis nehmen musste, als man ihn bezüglich weiterer Sanktionen gegenüber der Russischen Föderation in einer parteiübergreifenden Einmütigkeit ohne Bespiel zu einem bestimmten Verhalten gegen seinen erklärten Willen als amerikanischer Präsident verpflichtete.

Beim Bundestag überwogen hingegen die parlamentarischen Elemente, die für zahlreiche neue, demokratisch gewählte Parlamente zwischen Warschau und dem kirgisischen Bischkek als Blaupause angesehen werden konnten. Wir von der deutschen Delegation fühlten uns auch deshalb unter Freunden, weil sich viele der Kollegen aus den osteuropäischen Staaten gerne in der deutschen Sprache verständigten. Gelernt war eben gelernt, und Deutsch war in den Ländern des Warschauer Paktes schon aus historischen Gründen etabliert. Doch auch hier mussten wir im Verlauf von wenigen Jahren miterleben, wie der Gebrauch unserer Sprache durch den der englischen abgelöst wurde.

Die Atmosphäre in der Parlamentarischen Versammlung war allerdings weniger offen, als es zunächst den Anschein hatte. Denn die Strukturen, mittels derer die Versammlung arbeitsfähig gemacht werden sollte, gefielen nicht allen. Viele Regierungsvertreter hatten überhaupt kein Verständnis dafür, ihre bisherige alleinige Zuständigkeit in internationalen Fragen mit anderen teilen zu sollen und den Abgeordneten zudem Rede und Antwort stehen zu müssen, so wie wir es ja aus dem Bundestag gewohnt waren. Hier nun sollten sich die Parlamentarier von den Kollegen aus zunächst vierundfünfzig

Mitgliedsstaaten befragen lassen. – Man musste sich eben erst aneinander gewöhnen, desgleichen an die geltenden Regeln.

In Bukarest wurden innerhalb kürzester Zeit klare Verhältnisse geschaffen, amerikanische, britische und russische Vertreter teilten die Positionen in der Parlamentarischen Versammlung mit den meisten Machtbefugnissen unter sich auf: Der Generalsekretär kam aus Washington, sein Vertreter aus Moskau und die wichtigsten Mitarbeiter der Verwaltung aus London. Letztere kontrollierten die Finanzen sowie die Geschäftsordnung. Es war allerdings eine ausbleibende Entscheidung über die Schwerpunktsetzung des Gremiums, die damals die weitreichendsten Folgen haben sollte, und sie war unverständlich dazu. Man musste sich nur in Europa umsehen, um zu erkennen, wie wichtig es für zahlreiche Mitgliedsstaaten war, wirtschaftlich wieder auf die Beine zu kommen. Dennoch verhinderten es die Vertreter des amerikanischen Kongresses, dass sich die Parlamentarische Versammlung der ökonomischen Fragen im Vertragsgebiet annahm, wie es der »zweite Korb« des Helsinki-Prozesses eigentlich vorsah. Im Themenbereich der beiden anderen »Körbe«, den Menschen- und Bürgerrechten sowie der Abrüstung und Rüstungskontrolle, wurde die erfolgreiche Arbeit der letzten Jahrzehnte hingegen fortgesetzt und tragfähige sicherheitspolitische Abkommen auf den Weg gebracht, die Größe und räumliche Verteilung sowie Ausrüstung der Streitkräfte betreffend.

Wir Mitglieder aus Deutschland aber waren uns alleine schon wegen der Lage in den »neuen Ländern« darüber im Klaren, vor welchen wirtschaftspolitischen Herausforderungen wir nach dem Fall des Eisernen Vorhangs europaweit standen, vor allem bezüglich der östlichen Nachbarstaaten bis hin nach Kasachstan oder den Kaukasus. Wollte man hier für die Zukunft etwas auf die Beine stellen, das umgehend Wirkung erzielen konnte, so musste sich die Parlamentarische Versammlung unverzüglich mit wirtschaftspolitischen Fragen auseinandersetzen und Unterstützung beim Aufbauprozess anbieten. Erst kürzlich hatten wir mithilfe von Lebensmittellieferungen für in Deutschland stationierte ehemalige sowjetische Truppen und in Russland selbst Not lindern können. Wir wussten zwar zu diesem Zeitpunkt nicht, welch verheerende Wirkung der als Wirtschaftsberater für die Regierung in Moskau tätige amerikanische Professor Jeffrey Sachs hinterlassen sollte: Was von der Leistungsfähigkeit noch übrig war, verglühte förmlich im Zuge der diktierten Umstellung von der Planwirtschaft zur kapitalistischen Marktwirtschaft. Doch wir rechneten mit dem Schlimmsten, denn wir ahnten, dass sich die Menschen an uns wenden würden, sollten die nationalen Volkswirtschaften in Osteuropa versagen, obwohl Deutschland noch in hohem Maße unter den wirtschaftlichen und sozialen Folgen der deutschen Einheit ächzte.

Jeffrey Sachs, Ökonom und Berater u. a. für den IWF, die Weltbank und viele Staaten. Die von ihm empfohlene schockartige Privatisierung beschleunigte den wirtschaftlichen Zusammenbruch Osteuropas

»Korb zwei« – der Casus knacksus

Mit Ende des Kalten Krieges eröffnete sich uns die Möglichkeit, den östlichen Ländern für eine wirtschaftlich prosperierende Zukunft etwas anzubieten, sodass sie von unserer Leistungsstärke profitieren konnten. Was sollte uns hindern, uns über ökonomische Fragen auf der höchsten internationalen Ebene, die es auf unserem Globus gab, auszutauschen und gemeinsame Konzepte zu entwickeln? Mit China war das möglich, warum also nicht auch mit unseren Nachbarn, deren Not nicht zu übersehen war? Doch vergebens, »Korb zwei« und damit die wirtschaftliche Zusammenarbeit als Grundlage für kommende Zeiten wurde schlicht ignoriert bzw. beiseite geschoben.

Erst mehrere Jahre später war die amerikanische Delegation der Parlamentarischen Versammlung dazu bereit, die Arbeit auf wirtschaftspolitischem Gebiet aufzunehmen. Ein aus den USA stammender Vorsitzender für das zu schaffende Gremium wurde bestimmt. Zu diesem Zeitpunkt war es kein Geheimnis mehr, warum die Beschäftigung mit dem Thema auf Eis gelegt worden war. Offenbar meinte man, dass die Welt noch nicht bereit war, das kapitalistische System bedingungslos zu akzeptieren, und genau das war das Ziel. Selbstverständlich waren Rita Süssmuth und ich hingegen der Ansicht, dass der Sozialen Marktwirtschaft in Europa die Zukunft gehöre. Die Strukturelemente sollten Angebotscharakter für andere haben, wie das gegenüber China ganz selbstverständlich geschah und dort in hohem Maße erwünscht war. Nun aber entlud sich Unmut der Repräsentanten aus den Vereinigten Staaten, Großbritannien und Kanada gegenüber denjenigen, die öffentlich von Sozialer Marktwirtschaft zu sprechen wagten. Wir seien Kommunisten gleichzusetzen, die gerade erst ihre Unfähigkeit in vollem Umfang unter Beweis gestellt haben würden.

War die europäische Wirtschafts- und Sozialpolitik bislang dem Ziel gefolgt, Eigentümer wie auch Mitarbeiter einer Firma am Erfolg zu beteiligen, sollte sich das mit dem Übergang zum Shareholder-Value-Konzept grundlegend ändern. Denn dabei kam es nun vor allem darauf an, dem Aktionär – das Rückgrat amerikanischer Unternehmen – die Erlöse zukommen zu lassen. In Zukunft war alles, was erwirtschaftet wurde, für die Managementspitze sowie Anteilseigner und Wertpapierbesitzer bestimmt, darauf liefen auch die Beschlusspapiere der Parlamentarischen Versammlung hinaus. Und es war schneller als gedacht bestimmende Wirklichkeit in ganz Deutschland.

Auch in meinem Wahlkreis Grevenbroich am Niederrhein zeigten sich rasch Konsequenzen, hier traf es etwa die örtlichen Schützenvereine, deren Tradition nachweisbar sechs- bis siebenhundert Jahre bestand und die mit der Katholischen Kirche eng verbunden waren. In der neueren Zeit war es üblich gewesen, beim Umzug des jährlichen großen Schützenfests in Grevenbroich, dem Standort einer leistungsstarken Aluminiumindustrie, auf den Ladeflächen großer Fahrzeuge in mühsamer, wochenlanger Arbeit aus Stoff, Holz und Papier angefertigte Skulpturen der Öffentlichkeit zu präsentieren. Diese sogenannten »Fackeln« waren Stadtgespräch, vor allem wenn sie örtliche oder über die Stadt Grevenbroich hinausgehende Besonderheiten treffend aufs Korn nahmen, und darauf war man zu Recht stolz. Über Jahrzehnte wurden die Skulpturen ganz selbstverständlich auf dem Gelände und mit Unterstützung der örtlichen Industrie hergestellt – anders war das auch gar nicht möglich –, doch plötzlich, von einem Tag auf den anderen, ging das nicht mehr. Den Unternehmensleitungen – dem heimischen Brauchtum vielfach verbunden – waren die Hände gebunden, es war ihnen untersagt, Arbeitskräfte und Finanzmittel für solcherart Zwecke zur Verfügung zu stellen. Nun, die »Fackeln« hatten in der Tat nicht direkt mit den jeweiligen Firmen zu tun, doch trug die Tradition wesentlich zu ihrer Einbindung in die kommunale Gesellschaft bei. Wer jedoch heute mit der Bitte um Unterstützung an die Cheftüren klopft, wird abgewiesen.

Die Welt änderte sich schneller als erwartet. Diese Entwicklung ging an die Substanz des Industriestandortes Deutschland, dessen Stärke lange Zeit zweifellos unter anderem in einer langfristig angelegten und klugen Forschungspolitik bestanden hatte, sodass stets ausreichend Mittel langfristig für die Bereiche Forschung und Entwicklung und in der dem Unternehmen angemessenen Höhe zur Verfügung standen. In den USA war das völlig anders, das Interesse bestand vor allem im schnellen Profit und dem zeitnahen Ausschütten der Gewinne, wodurch wiederum die Attraktivität am Aktienmarkt stieg.

Im Sommer 2017 machte die Bundesregierung erstmals gegenüber dem »strategischen Partner China« deutlich, dass man diesem Aspekt auch beim grenzüberschreitenden Handel ausreichend Beachtung schenken wolle. Der Prozess des Verkaufs der »Kronjuwelen der deutschen Wirtschaft« infolge von Shareholder Value dauert nun schon fast zwei Jahrzehnte an. Unter diesen Umständen sei die Frage erlaubt, was von unserem ehemaligen Erfolgskonzept noch übrig ist. Die Soziale Marktwirtschaft war etwa einst dadurch gekennzeichnet, dass die Einkommen von Unternehmern und Führungskräften nicht in einem frivolen Unterschied zueinander standen. Über die Plünderungsstrategie eines ausufernden Bonussystems hat sich das derart verändert, dass hier zweifellos Grundlagen für die Finanzkrise 2007 gesehen werden müssen. Weiterhin zeichnete sich die deutsche Wirtschaft früher durch eine leistungsstarke Sozialpartnerschaft aus, die Kooperation von Unternehmerverbänden und Gewerkschaften war maßgebliche Ursache für eine im Vergleich mit anderen westlichen Industrienationen ungemein niedrige Streikrate, und dafür wurden wir weltweit geachtet. Großbritannien unter Margaret Thatcher war da ein abschreckendes Beispiel, wenngleich die Premierministerin mit dem angelsächsischen Kapitalismusmodell etwas geerbt hatte, das über Jahrzehnte hinweg Auswuchscharakter angenommen hatte.

Schlanker Staat, fette Beute

1992 konnte man den Eindruck gewinnen, dass die öffentliche Meinung in Deutschland umgekrempelt werden sollte. In Berlin wurde ein neuer Sender aus der Taufe gehoben, *n-tv*, dessen Schwerpunkt darin lag, seine Zuschauer von der neue Form des Wirtschaftens zu überzeugen, wohingegen die öffentlich-rechtlichen Medien noch vom traditionellen Denken der Sozialen Marktwirtschaft bestimmt waren. Stammgast bei *n-tv* war der damalige Präsident des Bundesverbandes der deutschen Industrie und führende Manager des amerikanischen Industriegiganten IBM, Hans-Olaf Henkel. »Schlanker

Staat« lautete die wesentliche Forderung im Trommelfeuer für das Shareholder-Value-Konzept. Staatliche Beteiligungen und Unternehmen wie die Deutsche Bundespost sollten hierfür privatisiert und in die Hände von Aktionären gelegt werden. Ein deutscher Minister äußerte sich in diesem Zusammenhang mehr als besorgt über *»die Couponschneider in New York und Los Angeles«,* denen in Zukunft ehemalige Flaggschiffe der deutschen Industrie gehören würden.

Eine Abwehrlinie aber hielt: Die deutschen Wasserwerke als Einrichtungen der Daseinsvorsorge blieben im Wesentlichen in öffentlicher Hand. 2010 gerieten sie über geplante Freihandelsabkommen, darunter TTIP mit den USA, wieder ins Blickfeld der Begehrlichkeiten. Aber TTIP fand ein – vielleicht auch nur vorläufiges – Ende. Gewiss ist eines: Wenn für die Bevölkerung notwendige Einrichtungen von den Wasserwerken über die Stadtreinigung bis zum öffentlichen Nahverkehr in ausländische Aktionärshände gelegt werden, braucht man bei uns nicht mehr von »Staat« reden. Erste Anzeichen waren in der Rede von Angela Merkel auf dem CDU-Bundesparteitag 2002 in Leipzig zu hören gewesen, worin sie die Forderung erhob, eine »marktgerechte Demokratie« anzustreben – vermutlich hatte man weder den einen noch den anderen Begriff wirklich verstanden.

Mit nahezu religiösem Eifer wurde nun quer durch die politischen Strukturen Deutschlands der »schlanke Staat« angestrebt. Dabei ließ man sich selbst nicht aus, wie sich etwa im Abbau staatlicher Elemente wie der Polizei offenbarte. Wenn in einer Mitteilung der Bundesregierung aus dem Sommer 2017 die gewaltige Summe von rund 100 Millionen Euro für eingeholte Beratungsleistungen außerhalb staatlicher Strukturen genannt wird, kann man den Bedeutungsverlust innerhalb der Ministerien erahnen. Traditionell lag gerade deren Leistungsfähigkeit ja ursprünglich darin, die notwendigen Gesetzesvorlagen für die Regierungsarbeit und die Entscheidungen im Parlament selbst zu fertigen. Diese Kompetenz war die Grundlage dafür, jederzeit über das tradierte Wissen des Staates verfügen zu können. Es muss nachvollziehbar sein, warum Entscheidungen in der Vergangenheit getroffen worden sind, auch in der Frage, wer und welche Interessen dabei eine Rolle gespielt haben.

Das setzt voraus, über hochqualifiziertes Personal sowie über archiviertes Wissen zu verfügen. Wenn dieses Wissen über den Gang einer Entwicklung in den Händen angelsächsischer Anwaltskanzleien liegt und der deutsche Staat selbst weder über die Kenntnisse noch die Fähigkeiten zu gesetzgeberischem Vorgehen verfügt, ist staatliches Handeln nicht mehr möglich, jedenfalls nicht mehr mit Substanz. Nach dem Finanzcrash 2007/2008 und mit den in dessen Folge getroffenen Entscheidungen im Amtsbereich des Bundesfinanzministers wurde offenbar, wie viele Kernaufgaben hier nicht mehr wahrgenommen wurden: Gesetzesvorhaben wurden etwa in ausländischen Anwaltskanzleien erstellt. Damit dankte die staatliche Verwaltung in Deutschland ab. Konrad Adenauer ist einmal vorgeworfen worden, er, sei der »Kanzler der Alliierten«. Was werden die Deutschen über Angela Merkel sagen, wenn ihnen die Umstände bewusst werden sollten?

All diese Entwicklungen kamen nicht über Nacht, sie zeichneten sich beim Siegeszug von Shareholder Value deutlich sichtbar ab. Auch Rita Süssmuth machte sich irgendwann im vertrauten Kreis darüber Luft, im welchem Maße sie gedrängt wurde, Arbeiten der Bundestagsverwaltung in die Hände von Beratungsunternehmen privatwirtschaftlicher Natur zu legen. Heute vergeht kaum eine Woche, in der nicht ein ostwestfälisches Unternehmen verkündet, wie desaströs sich wieder ein staatlicher Sektor entwickelt habe. Zudem wird zunehmend zentraler Einfluss darauf ausgeübt, die Lerninhalte deutscher Universitäten auf die Bedürfnisse der Wirtschaft auszurichten und von Wissenschaft immer weniger übrig zu lassen.

Nach dem Umzug von Bonn nach Berlin nahm uns die neue/alte Hauptstadt auf – mehr schlecht als recht, wenn man den baulichen Zustand der Gebäude betrachtete. Doch wer wollte sich beklagen, denn Berlin war neben Shanghai für ein Jahrzehnt die größte Baustelle auf dem eurasischen Kontinent. Allerdings fehlte uns ein wichtiger Koffer: jener voller nationaler Zuständigkeiten, welche bis zuletzt die Arbeit in Bonn bestimmt hatten. Dieser Koffer war nach Brüssel umgeleitet worden, sodass uns die nun fehlenden Kompetenzen wie ein Phantomschmerz quälten. Und in Berlin erwarteten uns zahlreiche Lobby- und Nichtregierungsorganisationen sowie »Councils« für dieses und jenes, die sich bereits in luxuriösen Büroﬂuchten festgesetzt hatten oder gar an den schönen Berliner Seen residierten, etwa in prächtigen, alten, großzügig aufgemöbelten Villen, die zur Kaiserzeit berühmte Familien beherbergten. In der Geschäftsordnung der Bundesregierung ist festgelegt, wer in die Gesetzgebungsarbeit einzubeziehen ist. Das bot für NROs beste Möglichkeiten, Einfluss auf die deutsche Politik zu nehmen. Ein Einfluss, der faktisch alles überstieg, was beim Parlament und weiter Teile der Regierung an Kompetenz noch übriggeblieben war. Wer abends in der Villa Bleichröder zu einem parteiübergreifenden Hintergrundabendessen im kleinsten Kreis eingeladen war, fühlte sich geehrt – und wusste, worauf es ankam.

»Dem deutschen Volke«: Die Inschrift über dem Eingangsportal des Reichstagsgebäudes wirkt heute fast wie Hohn

Letztlich kann der Umzug nach Berlin also tatsächlich als Zeitenwende betrachtet werden. Das bürgerliche Deutschland, das nach dem Krieg in der Tat »mehr Demokratie gewagt« hatte und damit mehr und mehr ein staatsbürgerliches Deutschland wurde, in dem der Einzelne als alleiniger Souverän gilt, wurde zurückgestuft auf eine politische Ordnung nach angelsächsischem Vorbild, in welcher der Staatsbürger nicht viel zu melden hat. Er ist vielmehr zum störenden Element für Lobby- und Nichtregierungsorganisationen geworden. Der Deutsche Bundestag in Bonn war über Jahrzehnte ungehindert zu betreten und in jeder Hinsicht »durchsichtig«. Der Reichstag in Berlin hingegen ist nur Fassade und eine dominierende dazu. Immerhin prangt über seinem Westportal die Inschrift »Dem Deutschen Volke«, eine Erinnerung an den Staatsbürger, der gehört werden will und muss. Der Hinweis in einem der Innenhöfe, nach dem der faktische Müllhaufen »der Bevölkerung« gewidmet sei, trifft die Lage nach dem Umzug nach Berlin auf den Kopf.

Die Metamorphose der Republik

Der Antikriegskanzler

Wer traf sich da vor dem Dom zu Speyer? Es war augenfällig, dass vor allem ehemalige Kolleginnen und Kollegen aus dem Deutschen Bundestag an diesem düsteren Nachmittag in Gruppen und Grüppchen beisammenstanden. Von einigen Ausnahmen aus Baden-Württemberg sowie den benachbarten Wahlkreisen abgesehen, waren es also »Bonner Gesichter«, in die ich hier blickte. Die Anzahl war überschaubar und entsprach bei Weitem nicht dem, was man hätte erwarten können.

Die Person Helmut Kohls ist bekanntlich umstritten, seit er im Herbst 1999, während der Zeit, die sich als »CDU-Spendenaffäre« in die Erinnerung der Deutschen eingegraben hat, in die Kritik geriet – damals erkennbar daran, wie plötzlich der Wunsch der Diplomaten und Politiker, sich mit ihm sehen zu lassen, abbrach. Nach Amtsantritt des neuen Bundeskanzlers Gerhard Schröder wurde im Anschluss an eine Feierstunde im Bonner Bundestag indes mehr als deutlich, wem die Sympathien galten. Als Kohl den Plenarsaal verließ, war er sogleich von jungen Leuten umlagert, sie wollten mit ihm einige Worte wechseln, und Kohl ging auf sie zu und genoss die offenkundige Zuneigung. Das Gespräch wollte und wollte kein Ende finden. Als alle anderen die Lobby bereits verlassen hatten, stand der Ex-Bundeskanzler noch immer mit Trauben von jungen Menschen zusammen. Die Mitglieder der neuen Regierung aber wurden von ihnen keines Blickes gewürdigt, ihre Aufmerksamkeit galt allein ihrem Idol.

Im September 1999, unmittelbar nach Beendigung des NATO-Krieges gegen Jugoslawien, war das in Berlin nicht anders. Auf dem Weg vom Reichstagsgebäude zu Kohls Büro begleitete ich ihn wie so oft auf dem Weg durch das Brandenburger Tor, was für uns beide immer etwas Besonderes blieb. Das verband mich sehr viel später auch mit meinem Freund und Münchener Kollegen Peter Gauweiler. Wir genossen es sehr, abends auf dem Weg in ein nahegelegenes Restaurant den kleinen Umweg durchs Brandenburger Tor zu machen. Als Begleitung von Kohl bedeutete es immer, Anschluss halten zu müssen, denn die Menschen, die ihm begegneten, wollten mit

Nach dem großen Fest der Einheit vers

Von deutschem Boden

Millionen feierten den Beginn einer neuen Epoche mit frö

BERLIN. Eine Epoche hat begonnen: 45 Jahre nach dem Ende des Zweiten Weltkriegs sind die Deutschen in einer Demokratie vereint. Die ganze Welt wurde Zeuge, wie Millionen den historischen Augenblick und den sonnigen Feiertag der Einheit in besinnlichen Zeremonien und fröhlichen Volksfesten feierten. Allein in Berlin gingen mehr als eine Million Menschen auf die Straße, am Deutschen Eck erlebten 40 000 Rockkonzert, Staatsakt und Feuerwerk, in fast allen Gemeinden stiegen Raketen auf, und um Mitternacht einte die Hymne eine ganze Nation. Die führenden Repräsentanten der neuen Bundesrepublik riefen vor dem Berliner Reichstag zu gegenseitiger Solidarität auf und bekannten sich zur Einheit Europas. Zahllose Staaten beglückwünschten Deutschland und seine Bürger, daß die unmenschliche Trennung endlich überwunden ist.

Landauf, landab war die Stimmung fröhlich, aber keineswegs national-überschwenglich. Nur selten kam es zu unerfreulichen Störungen; die Deutschen starteten freudig, besinnlich und optimistisch in die neue Nation. Vielerorts begann der Tag der Einheit mit Gottesdiensten, in Ostdeutschland wurden reihenweise Straßen und Plätze umbenannt, vor dem Gebäude der UNO in New York wurde zum letzten Mal die DDR-Fahne eingeholt.

Ausführliche Berichte zur Einheit auf weiteren vier Sonderseiten

Fernsehstationen übertrugen die Botschaft vom Ende der DDR rund um den Globus. Einen Tag nachdem sich die westalliierten Berliner Stadtkommandanten verabschiedet hatten, die erste Lufthansa-Maschine in Tegel gelandet war, gab Bundesverteidigungsminister Stoltenberg den gesamtdeutschen Streitkräften den ersten Tagesbefehl, und Bundeskanzler Helmut Kohl versicherte allen Regierungen: Von deutschem Boden wird nur Frieden ausgehen.

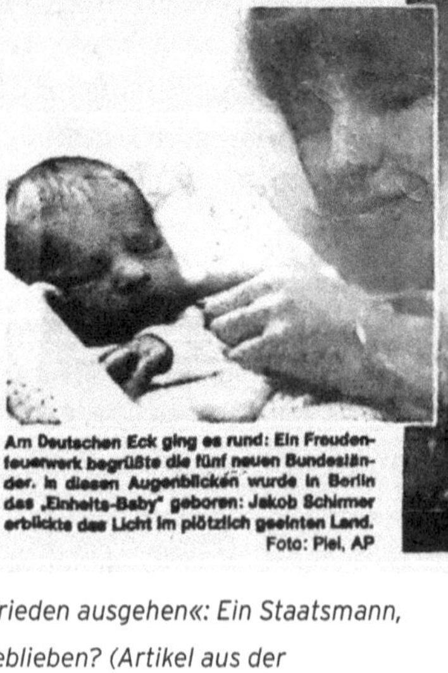

Am Deutschen Eck ging es rund: Ein Freudenfeuerwerk begrüßte die fünf neuen Bundesländer. In diesen Augenblicken wurde in Berlin das „Einheits-Baby" geboren: Jakob Schirmer erblickte das Licht im plötzlich geeinten Land.
Foto: Piel, AP

»Von deutschem Boden wird nur Frieden ausgehen«: Ein Staatsmann, ein Versprechen – was ist davon geblieben? (Artikel aus der Rheinischen Zeitung *vom 4. Oktober 1990)*

ihm sprechen, um ihm zu versichern, dass man nach dem ungeliebten Waffengang gegen ein europäisches Land und die Menschen aus Jugoslawien, die man hier auch als Nachbarn kannte, seine baldige Rückkehr in das Amt des Bundeskanzlers herbeisehnte. Die neue Regierung hingegen war in hohem Maße unbeliebt, und man brachte das auf diesem kurzen Weg zum Ausdruck.

anzler Kohl den Regierungen der Welt:

l nur Frieden ausgehen

sfesten, Freudenfeuerwerken und besinnlichen Zeremonien

Mit keinem Wort gab Helmut Kohl 1999 zu erkennen, ob er den NATO-Krieg gegen Jugoslawien guthieß, den sein Nachfolger Gerhard Schröder und dessen Außenminister Joseph Fischer befürworteten. Das Schweigen des ehemaligen Bundeskanzlers war im wahrsten Sinne des Wortes »dröhnend«. Das war auch der Eindruck, der sich nach draußen übermittelte. Die Menschen spürten, dass es mit Kohl den immer unpopulärer werdenden Krieg nicht gegeben hätte. Die ausbleibende Unterstützung trieb merkwürdige Blüten in der deutschen Presse. Im ersten Interview, zu dem sich Kohl am Höhepunkt der sogenannten »Spendenaffäre« mit einer Tageszeitung, die am Rhein verlegt wurde, bereitfand, sprach er sich deutlich gegen diesen Krieg aus. Und musste erleben, dass der Chefredakteur, der mit ihm das Gespräch geführt hatte, genau diese Passage aus dem Manuskript herausstrich. Das alleine war ungewöhnlich, zeigte es doch, wie es um die Reputation eines Menschen stand, der zuvor höchstes Ansehen in Deutschland genossen hatte. Das Vorgehen des Chefredakteurs machte zudem deutlich, dass jedwede Opposition zu diesem Krieg in der Presse untergepflügt wurde. Es sollte keine abweichende Haltung zum Krieg geäußert werden, zumal sie hier mit dem politischen Gewicht eines Bundeskanzlers a. D. versehen wäre. In den Gesprächen, die ich fast wöchentlich mit Helmut Kohl führte, reifte die Idee, dass er, der soeben zum »Ehrenbürger Europas« ernannt worden war, unmittelbar nach Ende des Krieges – gleichsam als Demonstration seiner Einstellung – nach Belgrad zu einem Besuch des kriegszerstörten Landes aufbrechen wollte.

Ein Gesichtspunkt der geplanten Reise war, dass Kohl an seinem Wunsch festhielt, in den deutschen Beziehungen zum serbischen Volk ein neues Kapitel der Verbundenheit aufzuschlagen, seiner Vorstellung nach war das nach den grauenhaften Kriegen des 20. Jahrhunderts eine Pflicht gegenüber den von extremem Leid gepeinigten Menschen. Mit dem Fall des Eisernen Vorhangs bot sich die einmalige Chance, dass nicht länger Krieg und Elend zwischen den Völkern der Sowjetunion und dem deutschen Volk stehen mussten. Die neuen Bande sollten so dauerhaft wie möglich geknüpft werden, um für die Zukunft auszuschließen, noch einmal zum Schlachtfeld zu werden. Seit den Geschehnissen in Sarajewo im Jahr 1914 waren die Beziehungen zwischen Serbien und Deutschland vergiftet. Das hatte sich auch während des Zweiten Weltkrieges gezeigt, als das Deutsche Reich von der jugoslawischen Regierung für den Aufmarsch der Wehrmacht gegen Griechenland Durchmarschrechte zu erzwingen suchte, welche nun auch die NATO bei den Verhandlungen von Rambouillet im Vorfeld des Krieges einforderte. Das alles war nicht die Welt des Helmut Kohl, der auf die Serben zuging, wie er vorher auf die Russen zugegangen war.

Im August 1999 fuhr ich über Wien und Ungarn nach Belgrad, um mit dem jugoslawischen Präsidenten Slobodan Milosevic die Details eines Besuches von Helmut Kohl zu besprechen. Alleine die Fahrt war ungewöhnlich, nicht nur wegen der weit vom Kosovo entfernt gelegenen Autobahnbrücke über die Donau, die durch NATO-Bomben zerstört worden war. Über dem ungarisch-jugoslawischen Grenzgebiet hing eine riesige, fast pechschwarze Wolkenformation, und Regen setze die Pannonische Tiefebene unter Wasser. Als wir etliche Tage später Jugoslawien wieder verließen, hatte sich am Himmel nichts verändert. In Belgrad hörten wir von Ereignissen, die sich die Menschen nicht erklären konnten. So hatte es vor massiven NATO-Angriffen auf die wenigen noch vorhandenen Industriekomplexe genau dort Erdbeben gegeben. War das wohl Zufall gewesen …? Gedanken dieser Art wurden kurze Zeit später noch in den Schatten gestellt. NATO-Flugzeuge hatten nuklear angereicherte Munition verschossen, in deren Folge stellten sich hohe Krebsraten vor allem bei Kindern in Jugoslawien ein.

Kohl im Kreuzfeuer

Trotz der Wahlniederlage im Herbst 1998 hatten Politiker aller Parteien das Gespräch mit Kohl gesucht. Nun brach alles mit der Spendenaffäre von einem Tag zum anderen ab. Dabei ging in der anschwellenden öffentlichen Empörung fast unter, dass auch Berichte darüber aufgetaucht waren, der BND habe in Liechtenstein im Auftrag des Bundeskanzleramtes gegen deutsche Staatsbürger ermittelt. Warum wohl war Gerhard Schröder an Recherchen gelegen, welche die CDU ins Rampenlicht rückte, über kurz oder lang also auch seinen Amtsvorgänger? Vermutlich war der neuen Regierung angst und bange geworden, als sie nach dem Ende des Jugoslawien-Kriegs die Umfragedaten zur Kenntnis nehmen musste, wonach sie in der Bevölkerung keine Sympathien mehr hatte. Das musste geändert werden.

In der Politik und vor allem in den eigenen Reihen ging man auf größtmögliche Distanz zu Helmut Kohl. Damit hätte man allenfalls bei denen rechnen können, die gut zehn Jahre zuvor auf dem Bremer Parteitag vergeblich versucht hatten, ihn als Parteivorsitzenden zu stürzen, und ihre Niederlage nach wie vor nicht verwinden konnten. Verblüffend war es bei denen, die ihre Regierungs- und Parteiämter dem Umstand zu verdanken hatten, dass sie zu seinem Umfeld gehörten. Man war an der Karriere bei Kohl interessiert, aber kaum an einer gemeinsamen politischen »Schlachtformation«. Im Büro »Unter den Linden 71« wurde es nun förmlich still, nachdem Kohl bei einem Fernsehgespräch von sich aus zugab, gut zwei Millionen DM für die CDU persönlich entgegengenommen zu haben. Die Spender kenne er, und jedem einzelnen habe er sein Wort gegeben, ihren Namen nicht zu nennen. Nun brach es über ihn herein: Diejenigen aus dem politischen Leben in Deutschland, die stets ihre Abneigung ihm gegenüber deutlich gemacht hatten, fielen über ihn her, allem voran die Frondeure des Bremer Bundesparteitages gingen publikumswirksam mit der Forderung in die Öffentlichkeit, er müsse die Namen preisgeben. Jene aber, die – wie Bernd Neumann aus Bremen – in aller Öffentlichkeit zu ihm hielten, waren an einer Hand abzuzählen, mehr als fünf Kollegen sind es jedenfalls nicht gewesen. Das allein macht deutlich, wie einschneidend die Affäre gewesen ist.

Seit Anfang der 90er-Jahre war mir aufgefallen, wie sehr in der Bundestagsfraktion und der Partei alles mehr und mehr davon bestimmt war, einen Platz in der Regierung oder jedenfalls einen gut dotierten Posten zu erhalten. Offen wurde darauf abgezielt, Helmut Kohl beerben zu können. Unter diesen Umständen habe ich mich seinerzeit gefragt, wer an seiner Seite noch zu finden sein würde, wenn es einmal ernst würde. Skandale gab es schließlich genug, die an der politischen Verantwortung einzelner Personen rüttelten. Und dabei handelte es sich nicht immer um reinigende Gewitter, wie sie ein Staat wie Deutschland dann und wann nötig zu haben scheint. Um den Bundeskanzler wurde es einsam, sehr einsam. Nachdem meine Frau mich darauf aufmerksam gemacht hatte, dass die Kaskaden der gegen Kohl vorgetragenen Vorwürfe offenkundig auf nachrichtendienstliche Hintergründe hinwiesen, erwähnte ich dies ihm gegenüber. Er wiederum meinte, dass dieselbe Vermutung just auch in seinem Familienkreis geäußert worden sei. Und im Ausland machte man sich ebenfalls seine Gedanken, wie sich bei Gesprächen mit dem Präsidenten der russischen Staatsduma, Ivan Rybkin, in Berlin zeigte. Mit ihm verband mich seit 1994 eine enge Zusammenarbeit, in deren Zuge es uns mit Unterstützung des Bundeskanzlers und des damaligen Präsidenten der Parlamentarischen Versammlung der OSZE, Frank Swaelen, gelang, die Voraussetzungen zu schaffen, unter denen der erste Krieg in Tschetschenien 1996 seitens der Russischen Föderation beendet werden konnte. Was Rybkin nun sagte, überraschte mich dann schon. Nach seinen Worten vermutete man in Moskau, dass es ein über die Kritik an Kohl weit hinausreichendes Ziel für die maßlosen Angriffe gegen ihn gab, nämlich dass man aus strategischem Interesse jeden prominenten Deutschen, welcher in seinem Land und

Ivan Rybkin, von 1994 bis 1996 Präsident der russischen Staatsduma

darüber hinaus Ansehen genoss, nach Beendigung seines Amtes umgehend in Misskredit zu bringen suchte, um Deutschland ins Zwielicht zu stellen. Das war eine interessante Sicht vonseiten eines Staates, mit dem wir seit der Wiedervereinigung freundschaftlich verbunden waren.

In jener Zeit nahm die aus unterschiedlichsten Quellen gespeiste publizistische Welle gegen den Bundeskanzler bedrohliche Dimensionen an. Er geriet ins Trommelfeuer derjenigen, die es ihm schon immer einmal zeigen wollten. Andere schlugen sich in die Büsche und wurden jedenfalls in seiner Nähe nicht mehr gesehen. Kein Wunder also, dass ich ihn, als ich zu den fast wöchentlich stattfindenden Gesprächen sein Büro im Bundestagsgebäude betrat, förmlich in Abwehrhaltung vorfand. Vermutlich meinte er, schon wieder mit jemanden sprechen zu müssen, der ihn drängen wollte, die Namen der Spender zu nennen. Das allerdings war nicht meine Absicht, vielmehr war mir daran gelegen, mit ihm gemeinsam mögliche Auswirkungen zu erwägen. Ich bat ihn um eine Einschätzung: Wie würden wohl diejenigen, welche ihm vertraut hatten, über ihn denken, wenn er sein einmal gegebenes Wort bräche? Und was würde dies für die CDU, ja für Deutschland bedeuten? Das war aus meiner Sicht ein zutiefst moralisches Problem. Auf der anderen Seite mussten die rechtlichen und politischen Konsequenzen bedacht werden, die im Falle einer Weigerung, die Namen preiszugeben, zweifellos auf ihn zukommen würden.

Der ständige Gedankenaustausch mit Kohl über nationale und internationale Fragen war entstanden, nachdem Verteidigungsminister Gerhard Stoltenberg 1992 wegen aufgeflogener Waffenlieferungen aus Beständen der Bundeswehr sein Amt verlassen musste und ich in meiner damaligen Funktion als Parlamentarischer Staatssekretär die Entlassungsurkunde gleich mit erhielt, meine Arbeit auf internationalem Terrain aber fortführte, die wiederum zunehmend das Interesse des Bundeskanzlers fand. Wenn ich dann zwischen Washington, den Kaukasusstaaten, Zentralasien, Iran, China oder Indonesien mit

Gesprächspartnern zusammentraf, wussten diese Persönlichkeiten um die Zusammenarbeit zwischen Kohl und mir.

Harvard Boys gewinnen an Einfluss

So konnte ich im fernen Indonesien erste Erfahrungen sammeln, was uns in Deutschland und Europa nach der von den USA gesteuerten Politik des Shareholder Value, vorangetrieben durch die sogenannten »Harvard Boys«, eine Gruppe von Ökonomen um besagten Jeffrey Sachs, bevorstehen sollte. Der Inselstaat war für Helmut Kohl eine feste Größe und die Zusammenarbeit mit Übergangs-Staatspräsident Bacharuddin Jusuf Habibie, der hochgesteckte Entwicklungsziele für sein Land hatte, ausgezeichnet. Im Dom zu Speyer sah ich mit Wehmut, wie er zusammen mit seiner Ehefrau dem verstorbenen Bundeskanzler die letzte Ehre erwies. Indonesien hatte immer mein Interesse gefunden, alleine wegen der strategischen Bedeutung während des Kalten Krieges und der Routen für Nuklear-U-Boote durch die Inselwelt auf dem Weg vom Pazifischen in den Indischen Ozean. Die dortige Regierung verfügte über exzellente Verbindungen nach Europa, und unsere Gespräche konnten ohne Dolmetscher geführt werden, weil die Dialogpartner in Deutschland studiert hatten oder sogar dort aufgewachsen waren. Gegen Mitte der 90er-Jahre änderte sich das Bild, auch in Indonesien begannen die »Harvard Boys« kräftig mitzumischen, während der europäische Einfluss zielgerichtet beseitigt wurde, sodass Shareholder Value in dem Inselstaat Fuß fasste, bevor es uns erwischte.

Der israelische Botschafter in Berlin, Shimon Stein, brachte mir gegenüber später einmal zum Ausdruck, wie man 1985 meine Wahl in das in jener Zeit des Kalten Krieges bedeutsame Amt des verteidigungspolitischen Sprechers und Vorsitzenden der Arbeitsgruppe Verteidigungspolitik der CDU/CSU-Bundestagsfraktion wertete. Stein war mir aus der Zeit vertraut, als er Mitarbeiter der Botschaft seines Landes war und jeden Abgeordneten kannte, was man sonst nur über die Vertreter Taiwans in Bonn sagen konnte, die sich ebenso intensiv um parlamentarische Kontakte kümmerten. Meine Wahl, so Stein, sei in den Bonner diplomatischen Kreisen ein deutliches Signal dafür gewesen, dass sich etwas verändert habe. Kohl müsse nun offenbar die Fraktion bestimmen lassen, wer wichtige Ämter einnimmt, man ließe es sich nicht mehr gefallen, dass Personalentscheidungen ausschließlich danach getroffen wurden, ob jemand zum »Freundeskreis Helmut Kohl« gehöre, also eine besondere Nähe zum Bundeskanzler für sich in Anspruch nehmen konnte. Ich gehörte keinem Freundeskreis um Helmut Kohl an, und die spätere enge Zusammenarbeit fand nur »unter vier Augen« statt.

Die inneren Abläufe in der Bundestagsfraktion waren von einer Reihe von Grenzlinien bestimmt. Dazu zählten vor allem die Positionen bestimmter Ministerpräsidenten oder CDU-Landesvorsitzenden, was von Helmut Kohl berücksichtigt werden musste, sie wirkten unmittelbar in das Machtgefüge und die politische Ausrichtung innen- und außenpolitischer Fragen hinein. Eine Alleinstellung, wie sie heute von Bundeskanzlerin Angela Merkel eingenommen wird, wäre in Bonn undenkbar gewesen. Wie jeder CDU-Bundeskanzler und -Parteivorsitzende musste Kohl Begrenzungen seiner Handlungsmöglichkeiten in Kauf nehmen. So wies etwa der Vorsitzende der CDU Hessen, Alfred Dregger, ein eigenständiges politisches Profil auf, wobei aber kein Zweifel bestand, dass er dem Bundeskanzler innerhalb der Fraktionsreihen den Rücken freizuhalten bereit war. Dregger baute auf die Kraft der Argumente, wenn Debatten ausgefochten werden mussten, Besprechungen der Arbeitsgruppenvorsitzenden mit ihm waren von großer Fairness bestimmt.

Gerangel in der CDU

Eine feste Größe im politischen Leben in Bonn war der informelle Austausch der CDU-Bezirksvorsitzenden, allesamt Mitglieder der Bundestagsfraktion, sie sollten 1989 eine entscheidende Rolle beim

Versuch, Helmut Kohl zu stürzen, spielen, indem sie sich hinter ihn stellten. An einem ungemütlichen Wochenende im Herbst 1988 hatte sich eine Runde auf Gut Höhne bei Düsseldorf eingefunden, um Fragen zur aktuellen Entwicklung der Partei zu besprechen. Hier nun berichtete einer der Teilnehmer, dass bestimmte Personen planten, beim bevorstehenden Bremer Parteitag der CDU den Sturz Kohls herbeizuführen. Im Mittelpunkt stünde Generalsekretär Heiner Geissler, es wurden aber auch andere Namen genannt. Kurz nach Beendigung des Treffens wurde der Bundeskanzler über das Vorhaben unterrichtet.

In der alten Bundesrepublik waren die Parteien ungleich agiler als heute. Politische Themen wurden sogleich aufgegriffen, etwa Planungen bei der Infrastruktur, Fragen des Umweltschutzes oder zur Außenpolitik. Heute hingegen sind die Parteien im Vergleich dazu leere Hüllen, die nach Bedarf zur Akklamation genutzt werden. Diese Entwicklung ist mit großen Nachteilen verbunden, weil die Parteien nach der deutschen Rechtsordnung ja eigentlich an der Willensbildung des Volkes mitwirken sollen. Wenn diese in der Fläche nicht mehr stattfindet, dann muss man nach der Existenzberechtigung der Parteien fragen bzw. danach, was unternommen werden muss, um demokratische Prozesse im Land wieder zu ermöglichen – wenn sie überhaupt noch erwünscht sind. Der dramatische Mitgliederschwund bei allen Parteien ist ein Ausdruck dieser Misere. Warum, so fragen sich die Bürgerinnen und Bürger, sollen sie beitreten, wenn kritische Debattenbeiträge auf Parteiveranstaltungen noch in der Nacht nach Berlin gemeldet werden, weil man andernfalls die eigene Position in Berlin gefährdet sieht?

Ein wichtiger Unterschied zwischen heute und der Bonner Republik besteht darin, dass es damals innerhalb der sogenannten »Volksparteien« neben dem jeweiligen Bundesvorsitzenden mehrere Machtzentren gab, meist in Person des einen oder anderen Ministerpräsidenten oder Landesvorsitzenden. Sie sorgten dafür, dass in Partei und Gesellschaft virulente sach- und personalpolitische Anliegen mit

Gewicht versehen waren. Diese Grundanlage, gleichsam ein inneres System von »Cheques and Balances«, verankerte die Parteien, auch die CDU, mitten im Leben des Landes. Derzeit hingegen existiert neben Bundeskanzlerin und Parteivorsitzender Angela Merkel kein weiteres Machtzentrum, alles ist von einer demonstrativen Willfährigkeit bestimmt. Diese Entwicklung, die meines Erachtens mit dem Umzug von Bonn nach Berlin begann, bringt ein weiteres gravierendes Problem mit sich: Was geschieht innerhalb der CDU/CSU, wenn die Nachfolge für beide Spitzenämter geregelt werden muss? Bis zum Ausscheiden Kohls gab es, jedenfalls für das Amt des Bundeskanzlers, ein festgelegtes Verfahren, dem das Zusammenwirken der Ministerpräsidenten zugrunde lag. Aus ihrer Runde, davon konnte ausgegangen werden, wurde der Nachfolger gekürt. Heute aber steht die Frage im Raum, ob überhaupt noch jemand eine Nachfolgeentscheidung treffen kann und darf, wie das politischen Leben in Deutschland vor der Bundestagswahl 2017 und besonders die Zeit der geschäftsführenden Bundesregierung im Frühjahr 2018 gezeigt hat.

Sitzt die Bundeskanzlerin noch fest im Sattel?

Durch den Vorsitz von Angela Merkel hat sich die CDU intern stark verändert. Nach der Bundestagswahl 2009 wurde die Partei von einem Quartett geführt, neben Merkel waren dies Ronald Pofalla, Peter Hintze und Herman Gröhe. Es mag Zufall gewesen sein, dass es sich bei allen um evangelische Christen handelte. Nach der Regierungsbildung durch die große Koalition wurde nun aber mit Annegret Kamp-Karrenbauer eine Persönlichkeit ins Amt der CDU-Generalsekretärin gewählt, die sich zum katholischen Glauben bekennt. Der Bundeskanzlerin ergebene Protestanten wie Herman Gröhe oder Thomas de Maizière mussten dafür ins »politische Gras« beißen. Eine zentrale evangelische Führungsgruppe ist nicht mehr vorhanden. Der Verzicht auf besonders treu ergeben Kabinettsmitglieder muss als Versuch der Rettung der eigenen Person unter Inkaufnahme grundlegender Opfer angesehen werden. Schlimmer kann sich niemand ins eigene Fleisch schneiden. Damit steht nun eindeutig die Frage im Raum, wann die Tage Angela Merkels als vergangen betrachtet werden müssen.

Latente Überlegungen zu einer Minderheitsregierung mögen darüber hinweggetäuscht haben. Hierzu ersann die Anfang März noch geschäftsführende Bundeskanzlerin wohl ein Szenario, dies zeigt ein ausgehandelter Koalitionsvertrag mit der SPD, welcher im Falle von Neuwahlen jederzeit als Grundlage für eine Minderheitsregierung hätte herangezogen werden können. Auffallend war in diesem Zusammenhang, dass bei den Sondierungsverhandlungen zwischen CDU/CSU, FDP und Grünen nichts unternommen wurde, Unterschriften zu einem später vorweisbaren Koalitions- oder Duldungsvertrag zu erhalten. Umstände dieser Art tragen dazu bei, das Verfallsdatum der beiden politischen Ämter Merkels aktuell sehr viel näher anzusetzen, als es ihr lieb sein dürfte. Damit kommen die drei Landtagswahlen 2017 ins Spiel, wodurch in Schleswig-Holstein und Nordrhein-Westfalen die Riege der CDU-Ministerpräsidenten wieder aufgefüllt wurde, das Saarland blieb ohnehin in der Hand der Christdemokraten. Für die Amtsnachfolge Merkels steht nun also wieder eine relevante Anzahl von potenziellen Bewerbern zur Verfügung.

Vom Umgang miteinander

Bundeskanzler Helmut Kohl vermochte es, unabhängig von allen strukturell vorgegebenen Diskussionsforen, sei es in der Bundestagsfraktion, sei es in den Parteigremien, eine unmittelbare Kommunikation herzustellen. Ich habe das 1990 bei Gesprächen mit Lothar de Maizière, dem Parteivorsitzenden der Ost-CDU, feststellen können, als die Zusammenarbeit zwischen den beiden Parteien auf Messers Schneide stand. Dass alles dann letztlich doch erfolgreich abgeschlossen werden konnte, lag vorderhand an der reibungslosen Kommunikation, sei es über das Bundeskanzleramt in Bonn oder Kohl direkt in seinem Privathaus in Ludwigshafen-Oggersheim.

Bei Kohls Rede während der offiziellen Öffnung des Brandenburger Tors am 22. Dezember 1989 waren Freude und Erleichterung die dominierenden Emotionen. Welche Probleme vor allem wirtschaftlicher Natur mit der Wiedervereinigung auf Deutschland warteten, wurde erst nach und nach absehbar

Die Wiedervereinigung war das einschneidende Erlebnis im politischen Leben unseres Landes. Eigentlich hatten wir keine Vorstellung, was da auf uns zukam. Die anstehenden Probleme nahmen uns den Atem; die Sanierung der ostdeutschen Wirtschaft muss dabei als die gewaltigste Aufgabe bezeichnet werden. Mit der Auflösung des Warschauer Paktes und dem Zusammenbruch der Sowjetunion als wirtschaftlich wesentlichen Absatzmarkt beschleunigte sich der Übergang von sozialistischer Planwirtschaft zur Sozialen Marktwirtschaft. Noch 1988 hatten Analysten der CIA von der wirtschaftlichen Leistungsfähigkeit der DDR berichtet, im weltweiten Ranking besetzte sie Platz 17. All dies war plötzlich hinfällig, und die Sorgen drohten uns über den Kopf zu wachsen. Auch in den wöchentlich stattfindenden Fragestunden des Bundestages kam die verzweifelte Lage der »neuen Länder« häufig zur Sprache. Hier wurden die Schicksale der Menschen sowie der Betriebe aller Regionen öffentlich beklagt. Über Jahre war das politische Leben in Bonn davon bestimmt, die mit der Wiedervereinigung entstandenen wirtschaftlichen Probleme zu bewältigen – Ausgang ungewiss.

Wie aufgeladen die Stimmung war, musste Helmut Kohl bei einem Besuch in Halle erleben. Die Bilder gingen um die Welt, als er unter Eierwürfen zur Selbstverteidigung überging. Ähnliches zeichnete den Wahlkampf 2017 der Bundeskanzlerin aus: Bei Auftritten unter freiem Himmel wurde ihr kaum zugehört, ihre Reden gingen unter massiven Störungen unter, nicht nur vonseiten der AfD. Es ist auffallend, wie durch die Geschäftsordnung zur Regelung der parlamentarischen Abläufe die Presseberichterstattung über die AfD und Verlautbarungen aus Regierungskreisen der Eindruck genährt wird, dass die neue Partei zu den nächsten Bundestagswahlen nicht mehr antreten könne. Wie man hört, sind derartige Überlegungen weit verbreitet. Man geht allerdings auch davon aus, dass sich die Menschen in den neuen Bundeländern einen derartigen Eingriff nicht gefallen lassen werden. Da im Bundeskabinett der CDU 2018 kein Minister und keine Ministerin aus dem Landesteil zwischen Rostock und Dresden aufgestellt wurde, fühlen sich die Menschen in Ostdeutschland zunehmend diskriminiert. Ein Verbot der AfD könnte da einen Orkan zur Folge haben, der das derzeitige politische System in Deutschland hinwegzufegen im Stande wäre.

Der Umbau Europas

Die Lage der Nation lenkte uns ab 1989/90 von sich anbahnenden weltpolitischen Veränderungen ab. Nach dem Maastrichter Vertrag 1992 und jenem Abkommen, das nach dem Mosel-Ort Schengen benannt wurde, sollte der politische Umbau Europas vonstattengehen, de facto eine politische und rechtliche Modifikation von der Europäischen Gemeinschaft hin zur Europäischen Union. Das äußerte sich in zwei gravierenden Elementen: Zum einen sollte von der staatlichen Verantwortung jedes einzelnen Mitgliedsstaates rund 80 Prozent auf die Zentrale in Brüssel übertragen werden. Dass damit also nur noch 20 Prozent auf die staatlichen Institutionen verfielen, löste sofort eine Diskussion über die Frage aus, was dann von den deutschen Bundesländern übrigbliebe, denn man ging davon aus, dass deren Kompetenzen anschließend auf den Bund übertragen würden, um die politische Blutleere in Berlin nicht zu offenkundig werden zu lassen.

Der faktische Wegfall der Grenzen sollte gut zwanzig Jahre nach Inkrafttreten des Schengener Vertrages einer der Gründe für die existenzielle Krise der EU darstellen, da er in Zusammenhang mit der gewaltigen Migrationsbewegung zu sehen ist. Dies geschah unter gezielter Mitwirkung und eigener Verantwortung der Bundesregierung. Über die wahren Ursachen der überbordenden Migration wird gerne der Mantel des Schweigens gelegt. Zwischen Afghanistan und Mali wird unter der Fuchtel der NATO die Welt in Schutt und Asche gelegt. Menschen werden zu Millionen aus ihrer Zivilisation herausgebombt. Eine Zukunft ist in diesen Ländern nicht mehr möglich und das eigene Leben auch nicht. Wo die NATO hinkommt, werden stattdessen Mord und Totschlag eingebürgert. Krieg und Unruhen zwischen Bangladesch und Nigeria trieben die Menschen zur Flucht, aber auch wirtschaftliche Überlegungen. Europäische Staaten, vor allem England, Schweden, Deutschland und Österreich, waren die »gelobten Länder«.

Ausschlaggebend für die Migrationsentwicklung war die seit Jahrzehnten bekannte Unfähigkeit von Staaten vornehmlich im Mittelmeerraum, die Außengrenzen der EU zu schützen, wie im Schengener Vertrag vorgesehen. Zudem darf die Identität von Flüchtlingen nicht mehr unmittelbar an einer Staatsgrenze kontrolliert werden, das ist nur im sogenannten Hinterland erlaubt. Die EU-Staaten haben somit darauf verzichtet, Personen mit fehlendem Nachweis durch Personalpapiere zurückweisen und am Betreten des Landes hindern zu können. Diese Bestimmung ist als Hauptursache dafür anzusehen, dass den Migranten der Zugang zur deutschen Rechtsordnung, nicht nur der Asylgesetzgebung, ermöglicht wird.

Vom Rhein an die Spree - mehr als ein Ortswechsel

Vereinigtes Wirtschaftsgebiet Deutschland

Die Entscheidung für eine gemeinsame europäische Währung – am 1. Januar 2001 in der Form des Euro eingeführt – und der auf dem NATO-Gipfel am 24. April 1999 auch von Deutschland mit beschlossene Zweckbestimmungswandel der NATO von einem reinen Verteidigungsbündnis, streng limitiert auf ein im Vertrag festgelegtes Gebiet, hin zu einem weltweit einsatzfähigen Aggressionsbündnis, ohne die erforderliche Zustimmung des Bundestags einholen zu müssen, zeigen den Souveränitätsverlust unseres Landes auf. Von dem für die eigenen Belange zuständigen und auf das Grundgesetz verpflichteten Deutschland, wie es sich in der Bonner Republik manifestierte, sollte wenig übrig bleiben. Der Staatsbürger ist nicht mehr gefragt, ebenso wenig das Parlament, seine Stimme. Stattdessen wird der Einzelne nur noch als Steuerzahler und als Konsument gewertet. Seit dem Umzug von Bonn nach Berlin kann man bestenfalls noch von Deutschland als einem »Vereinigten Wirtschaftsgebiet« sprechen, ähnlich wie in der Phase nach der bedingungslosen Kapitulation der Wehrmachtsführung am 8./9. Mai 1945 bis zur Gründung der Bundesrepublik. Die Wiedervereinigung hatte ihren Preis.

Die neue Hauptstadt war nicht nach dem Geschmack des einen oder anderen Kollegen. Bei manchem saß die Abneigung tief und ging bis auf den Großvater zurück, der als katholischer Rheinländer in preußischen Garderegimentern im Umfeld von Berlin seine Erfahrungen hatte sammeln müssen. Andere waren neugierig, alleine schon aufgrund des Kontrastes zu Bonn, wo jeder jeden zu kennen schien. Auffallend war, in welchem Maße die östlichen Stadtteile gemieden wurden. Dort zu leben, das wollte sich keiner antun. Dieses Verhalten fand sich auch bei den aus Berlin stammenden Mitarbeitern. Je nachdem wo sie herkamen, hatten sie teilweise die Stadtteile im Westen oder im Osten noch nicht betreten. In Westberlin aber war es schwierig, eine zweckmäßige Unterkunft zu finden. Der für Abgeordnete vorgesehene Apartmentbau in der Nähe des Reichstages gefiel nicht allen. Ein wenig Unabhängigkeit sollte sein, und viele wollten sich nicht der Kontrolle aussetzen. Die wurde offenbar, wenn einem den Ratschlag erteilt wurde, man solle trotz aller Unbequemlichkeit doch lieber ein Taxi als den Fahrdienst des Bundestages nutzen, da man nicht wissen könne, an wen die jeweiligen Fahrtziele weitergegeben würden. Wurde hier etwa gezielt abgeschöpft, wie man das aus der jüngeren Vergangenheit Berlins kannte…? Zumindest stand der Verdacht im Raum.

Da saßen wir 1994 anlässlich der Wahl des Bundespräsidenten in einer rheinischen Runde im später berühmten »Café Eckstein« an der Straße »Unter den Linden« zusammen und machten unsere erste Bekanntschaft mit dem Geschäftsführer, Herrn Wollstein. Es war Spargelzeit, aber einem Kollegen wollte der Spargel aus Beelitz partout nicht schmecken. Auch das frisch gezapfte Bier rief seinen Unmut hervor – dabei stellte sich heraus, dass es sich um »Königs Pilsener« aus dem heimischen Duisburg handelte. Aber es war eben Berlin und nicht Bonn… Den mitgereisten Ehefrauen hingegen gefiel das Café, nicht zuletzt aufgrund der Ausstattung im Pariser Bistrostil. Doch es half nichts, mit der Stadt hatte man anfänglich nichts am Hut, dafür war sie einfach zu groß, und das gewohnte Umfeld für den Parlamentsbetrieb fehlte. Auch brauchte es Jahre, bis in der Innenstadt Stühle und Tische vor Cafés und Restaurants auf den Bürgersteig gestellt wurden. Berlin hatte Potenzial, die Stadt musste sich aber erst dazu durchringen, daraus etwas zu machen. Vorerst nutzten einige Kollegen die Möglichkeit, montags oder am Dienstagmorgen zu den Sitzungen nach Berlin einzufliegen und sich freitags wieder aus dem Staub zu machen. Man musste sich fragen, ob hier etwas nicht zusammen kommen konnte, weil man weder das eine noch das andere wollte. Helmut Kohl meinte, es sei auffallend, wie wenig es eine »Berliner Gesellschaft« gebe und dass sich von den Zugereisten am Wochenende niemand blicken ließ, vom ehemaligen Bundeswehrgeneral und damaligen Minister in Brandenburg, Jörg Schönbohm, einmal abgesehen.

Auch vermissten viele die in Bonn eingespielten Verbindungen zu namhaften Journalisten mit den sich daraus ergebenden Möglichkeiten, bestimmte Themen hervorzuheben, was nicht immer der Regierung bzw. der Opposition gefiel. »Pressezaren« wie Karl Feldmeyer, Friedrich Kuhn oder Alexander Szandar waren alleine deshalb gefragte Gesprächspartner, weil sie besser als andere die Zusammenhänge kannten. In Berlin herrschte bereits mehr Stromlinienförmigkeit, mit der Jagd nach Quoten hatte eine andere Zeit begonnen: Eine Nachricht musste der »Hammer« sein, um Interesse hervorzurufen. Bei den öffentlich-rechtlichen Medien war es zudem kein Geheimnis, welcher politischen Couleur der eine oder andere Journalist oder die eine oder andere Journalistin zuzurechnen war. Ebenso verhielt es sich bei bedeutenden Medienhäusern: Man wusste um die jeweilige Grundeinstellung zu den NATO-Kriegen, zum russisch-deutschen Verhältnis oder zu den Entwicklungen im Nahen Osten. Somit machte es häufig keinen Sinn, sich auf Gespräche einzulassen. Denn den Medien ging es nicht darum, dass jemand seine eigene Position erläutern konnte, vielmehr wurde darauf geachtet, dass die Informationen des Interviewpartners ins eigene Konzept passten. Die Haltung zur von Bundeskanzler Gerhard Schröder einst präferierten Aufnahme der Türkei in die Europäische Union ist da ein Beispiel. Große Verlage hatten den türkischen Markt fest im Blick. Kein Wunder, dass Schröders Türkei-Politik hier unterstützt wurde, denn davon hing die eigene wirtschaftliche Entwicklung auf dem Medienmarkt ab. Das war beim Ankauf von Magazinen und Zeitungen der ehemaligen Ostblockstaaten im Vorfeld der sich abzeichnenden Aufnahme von Ungarn, Polen und Tschechien in die EU nicht anders. Neue Zeiten brachen an.

Und wie neu die Zeiten waren! Im Büro an der Mauerstraße, unmittelbar neben einem Wohnkomplex der russischen Botschaft, konnten wir nicht glauben, was uns am 11. September 2001 im Fernsehen präsentiert wurde. Noch weniger konnte man die offenkundige Schutzlosigkeit der US-Amerikaner verstehen, deren Luftverteidigung gemeinhin als die leistungsfähigste der Welt gilt. Wenn man angenommen hatte, dass es wegen der genannten Täter jetzt gegen Saudi-Arabien gehen würde, sah man sich getäuscht. Allerdings sollte man sich in den Folgejahren ja noch oft genug täuschen. Argumente schienen inzwischen wirkungslos zu sein, sondern eher eine Art »Futter« für eine Öffentlichkeit, die aus demokratischer Gewohnheit etwas schlucken musste. Das Ziel hieß nicht Saudi-Arabien, sondern Afghanistan. Darüber sowie auch zum Thema Kaschmir hatte ich Jahre zuvor lange mit dem deutschen Botschafter in Indien und langjährigen Genscher-Vertrauten Frank Elbe im Garten seiner Residenz in New Delhi geredet. Wir beide kannten uns aus Bonn, und strategische Überlegungen waren stets der Mittelpunkt unserer Gespräche.

Zeichen an der Wand: Der Afghanistan-Krieg war absehbar

Schon damals äußerte ich die Ansicht, dass sich die Vereinigten Staaten über kurz oder lang wohl in Kaschmir oder Afghanistan engagieren würden. Das war das Modell des amerikanischen Vorgehens, wie wir es aus Europa kannten, wo sich die Nationen in zwei Weltkriegen derart ineinander verbissen hatten, dass sie getrennt werden mussten, wie man es von Boxern kennt, die sich nicht mehr aus einer Umklammerung lösen können. Die amerikanische Truppenstationierung in Europa sowie massive Kontingente in der Bundesrepublik hatten natürlich ihre Begründung in der militärischen Situation, die sowohl vom Warschauer Pakt als auch der NATO bestimmt gewesen ist. Die Präsenz auf deutschem Gebiet war allerdings auch im Interesse west- sowie osteuropäischer Staaten: als Kontrollmechanismus für einen Staat, den man in zwei Weltkriegen auf dem eigenen Territorium erlebt hatte. Im Umfeld der Ukraine-Entwicklung mit dem Putsch gegen die legitime Regierung im Frühjahr 2014 wurden in den Vereinigten Staaten Stimmen laut, die genau diese Zusammenhänge herausstrichen.

In Mittelost drohte sich etwas zu wiederholen, was wir bereits aus Europa kannten: Staaten, die sich nicht grün waren, mussten in den Krieg getrieben werden, damit sich die USA im Konfliktgebiet festsetzen konnte. Mit Helmut Kohl hatte ich bereits im Vorfeld des Jugoslawien-Krieges die Frage erörtert, ob es im US-amerikanischen Verhalten seit der Brandschatzung von Atlanta im Bürgerkrieg 1864 nicht außenpolitische Konstanten gäbe – im Sinne eines »Werkzeugkastens«, der nach Bedarf zur Verfügung steht –, egal wie man es nun nennen mochte, Übergriffigkeit, Manipulation oder »Weltpolizeigebaren«. Bei jeder krisenhaften Entwicklung gibt sich die Welt ach so verwundert über das diplomatische oder militärische Vorgehen der USA. Schaut man genauer hin, ist nichts davon überraschend. Bei allen Kriegsszenarien, die wir in Europa und unseren Nachbarregionen seit dem völkerrechtswidrigen Krieg des Jahres 1999 gegen die Bundesrepublik Jugoslawien erlebt haben, war das Verhalten der USA vorhersehbar. Es beginnt stets damit, die Persönlichkeit an der Spitze eines Staates, dessen man habhaft werden will, die sich aber einer Unterwerfung widersetzt, mit blankgezogenem Propagandaschwert zur »Unperson« zu erklären.

Nun also war Afghanistan dran – wenngleich hier nicht ein einzelnes Staatsoberhaupt zur Zielscheibe wurde. Mitte der 90er-Jahre hatten amerikanische Diplomaten erklärt, dass man »Afghanen mieten, aber nicht kaufen könne«. Die Taliban wurden von ihnen als »unsere Jungs« bezeichnet: von ihnen aufgebaut, um dann für ihre Zwecke benutzt zu werden. Und das geschah so: Im Zusammenwirken mit pakistanischen Regierungsstellen wie dem Nachrichtendienst ISI wurde ein LKW-Konvoi ausgestattet, der aus Pakistan kommend bis in die afghanische Region um Kandahar vordringen sollte, um so etwas wie Stabilität in eine von immerwährendem Bürgerkrieg zerrissene Region zu bringen. Doch die Sache entglitt. Es wurde ein Siegeszug vornehmlich paschtunischer Kräfte in Afghanistan, der in eine fundamentalistische Schreckensherrschaft münden sollte. Goethes »Zauberlehrling« passt trefflich auf die Situation: Die gerufenen Geister wurden die Amerikaner nicht mehr los, sie müssen bis zum heutigen Tage mit Waffengewalt bezwungen werden. Das dahinterstehende amerikanische Modell indes kann auf alle Kriegsgebiete übertragen werden: Vorrangiges Ziel ist, eine im Amt befindliche Regierung aus welchen Gründen auch immer zu vertreiben. Geopolitisch geht es um die Kontrolle über die Erdgas- und Erdölversorgung oder der Handels- und Infrastrukturwege. Dazu bedient man sich nationaler oder internationaler Kräfte, die gegen die jeweilige legitime Regierung in Stellung gebracht werden, um später die eigene Militärmacht im Zielstaat einsetzen zu können. Afghanistan sollte das Musterbeispiel werden.

Bundeskanzler Gerhard Schröder sicherte den Vereinigten Staaten 2001 angesichts des mörderischen Angriffs auf New York und Washington »uneingeschränkte Solidarität« zu, ähnlich äußerten sich andere Staatschefs zwischen Teheran, Moskau, Peking, Buenos Aires und Pretoria. Bilder des Krieges in Afghanistan wurden bald live auf *CNN* gesendet, man hörte die Bomben explodieren. Dem Kampf gegen die Taliban waren indes weitere Provokationen vorausgegangen, so etwa die Ermordung von Ahmad Shah Massoud, Führer der tadschikischen Volksgruppe in Afghanistan und Held im Kampf gegen die sowjetische Besatzung. Nach Kriegsende folgte leider kein dauerhafter Frieden im Land, im Gegenteil. Was bis jetzt noch nicht zerstört worden war, fiel internen Auseinandersetzungen zum Opfer.

Vermittlungsversuche im Krisengebiet: Besuch bei Shah Massoud

Die Villa im tadschikisch-afghanischen Grenzgebiet, wo Massoud durch zwei Selbstmordattentäter der al-Qaida, die sich als belgisches Fernsehteam ausgegeben hatten, starb, war mir gut bekannt. 1998 war ich dort mit dieser beeindruckenden Persönlichkeit im Auftrag des Bundeskanzlers zusammengetroffen. Durch die Beobachtung tadschikischer, usbekischer und kirgisischer Wahlen besuchte ich öfters die Gegend westlich des Hindukusch. Wichtige Kontaktpersonen vor Ort waren für mich der deutsche Militärattaché in der kasachischen Hauptstadt Almaty, Hartmut Digutsch, und der Resident des Bundesnachrichtendienstes in der usbekischen Hauptstadt Taschkent. Beide Herren waren nicht nur exzellente Kenner der Region, sondern auch angesehene Gesprächspartner.

Ahmad Shah Massoud (1953–2001), Anführer des afghanischen Widerstands gegen die Taliban

Zum Treffen mit dem Mudschaheddin-Kämpfer und Nationalhelden fuhr ich direkt nach der Landung auf dem Flughafen der tadschikischen Hauptstadt Duschanbe mit einem russischen Fahrer über gut ausgebaute Straßen in den Grenzort, den Massoud aufsuchte, wenn er sich zurückziehen wollte. Die Fahrt war beeindruckend, weil es über Stunden durch eine sanfte Hügellandschaft ging, entlang schier endlos erscheinender Pistazienplantagen. Hier konnte ich in Augenschein nehmen, wo eine mögliche Stromtrasse von Tadschikistan zum indischen Subkontinent verliefe und welche geographischen Herausforderungen sich ergeben würden, wenn, wie angedacht, die hier im Überfluss vorhandene Wasserkraft zur Energieversorgung Indiens genutzt würde. Dem stand aber der Einspruch von Staaten entgegen, die in dieser Region ein gewichtiges Wort mitzureden hatten. Eigentlich wie immer.

Tadschikistan war ein Musterbeispiel dafür, wie zur Energiegewinnung die natürlichen Möglichkeiten hätten genutzt werden können. Das Land verfügt über Wasserkraft im Überfluss, man hätte den gesamten indischen Subkontinent mit elektrischer Energie versorgen können, und das bettelarme Tadschikistan wäre saniert gewesen. Indien und Pakistan wiederum wären aus dem Dilemma, über zu wenig elektrische Energie für ihre Volkswirtschaften zu verfügen, herausgekommen. Energiesicherheit für beide Staaten hätte Stabilität bedeutet, doch daran hatten andere Staaten in der Großregion kein Interesse…

Von welcher Bedeutung diese Überlegungen stets sind, konnte ich nach einer der zahlreichen Afghanistan-Konferenzen nach dem amerikanischen Einmarsch dort vor gut siebzehn Jahren erfahren. Die Bundeskanzlerin wollte der afghanischen Regierung mit Präsident Karzai unter die Arme greifen, indem sie den Bau von Kraftwerken an der tadschikisch-afghanischen Grenze unterstützte. Sie sprach mit mir über diese Pläne, und ich regte an, den Energieversorger E.ON aus Düsseldorf einzubeziehen. Die globale Erfahrung dieses Unternehmens sprach dafür, sich seines Rates zu bedienen, um aus den Überlegungen Realität werden zu lassen. Innerhalb von zwei Stunden fand sich der damalige Vorstandsvorsitzende von E.ON, Wulf Bernotat, bereit, mit mir über die Pläne der Bundeskanzlerin zu sprechen.

Doch zurück zu Shah Massoud. Dieser empfing mich in seiner gewohnt freundlichen und aufmerksamen Art. Er begrüßte sehr die von deutscher Seite unternommenen Versuche, Verständigungslinien im zerstrittenen Afghanistan auszuloten. Zum Ende der Amtszeit von Helmut Kohl hatte ich das gesteckte Ziel unserer Gespräche erreicht: die Zustimmung aller Stammesführer zum Umbau hin zu einer föderalen Struktur des Landes und zum Finanzausgleich unter den Stämmen. Denn einige waren auf ihrem Territorium mit Bodenschätzen gesegnet, andere nicht, und darum ging der Kampf. Mit der Ermordung Massouds am 9. September 2001 war dann die wohl wichtigste afghanische Führungspersönlichkeit beseitigt. Für viele bestand kein Zweifel daran, dass der spätere Präsident Hamid Karzai, Angehöriger des Stammes der Paschtunen, diese Position nicht hätte erlangen können, wäre Massoud noch am Leben gewesen.

Aus Pakistan kamen später Angebote, Osama bin Laden vor ein europäisches Gericht zu stellen. Darüber ist öffentlich berichtet worden, weil ein deutscher Abgeordneter des Europaparlaments zu diesem Zweck kontaktiert worden war, doch die Bemühungen verliefen im Sande. Berlin hüllte sich dazu in Schweigen, genau wie Jahre später, 2007, als ein ausländischer Emissär die Bundesregierung aufsuchte und zu Gesprächen empfangen wurde, um über einen möglichen Aufenthaltsort Bin Ladens in Pakistan zu reden und ihn ausfindig machen zu können. Man musste den Eindruck gewinnen, dass die Vereinigten Staaten sich des Problems zu einem ihnen genehmen Zeitpunkt ohne die Hilfe eines dritten Staaten annehmen wollten.

Afghanistan kann als eine Art Wasserscheide in der parlamentarischen Auseinandersetzung in Bonn bzw. der neuen Hauptstadt Berlin angesehen werden: Was man in Bonn nicht für möglich gehalten hätte, wurde in Berlin mit einer neuen, transatlantischen Nonchalance überspielt. Woran lag dieser Umschwung? Zweifellos daran, dass in der Bonner Republik auch während des Kalten Krieges bestimmte moralische und rechtliche Standards gegolten hatten. Ein russischer Journalist sprach mich anlässlich der Jubiläumsveranstaltung von *RT* im November 2015 darauf an: Er und seine Generation hätten den Westen früher wegen dieser Standards nicht nur bewundert und geachtet, sondern diese auch als Maßstab für sich selbst empfunden. Was man aber jüngst erlebt habe, etwa den völkerrechtswidrigen Krieg gegen die Bundesrepublik Jugoslawien, lasse einen fahlen Geschmack zurück und das Gefühl, Chimären nachgelaufen zu sein.

Ein anderes Beispiel für den Verfall der westlichen Werte ist das Verhalten der USA im Afghanistan-Krieg. Vor dem Einmarsch der Amerikaner hatten die Taliban-Herrscher mächtig unter internationalem Druck gestanden wegen der gewaltigen, primär für Westeuropa vorgesehenen Opiumproduktion. Deshalb waren von den Vereinten Nationen Sanktionen über Afghanistan verhängt worden. Die Taliban nahmen offenbar ernst, was die Weltgemeinschaft ihnen auferlegte, und verbrannten das Rauschgift tonnenweise. Die Bilder gingen durch die Medien. Mithilfe dieser Drogen waren Milliarden Dollar erwirtschaftet worden. Allerdings hatten hohe Beamte schon 1993 im russischen Innenministerium bei Gesprächen in Moskau darauf verwiesen, wie die Versorgungswege über das usbekisch-kirgisische Fergana-Tal und Russland nach Rotterdam verliefen. Sie hofften auf Kooperation, um dagegen vorgehen zu können, und boten diese ausdrücklich an.

Mit Kriegsbeginn 2001 sollte sich alles ändern. Es waren Mitarbeiter der EU, die mir gegenüber sechs Jahre später in Kabul klarstellten, in welchem Umfang amerikanische Unterhändler mit afghanischen Drogenbaronen die Modalitäten des militärischen Engagements bereits *vor* dem Einmarsch abgesprochen hatten. Ein Verfahren, das an Sizilien 1943 erinnerte, als die Amerikaner im Kampf gegen die Wehrmacht mit der Mafia vor Ort und der in New York kooperierten... Statt weiterer UNO-Sanktionen gegen die Taliban wegen der Opiumproduktion, die bereits stark eingedämmt war, wollte man fortan lieber mit ins Drogengeschäft einsteigen und von den Gewinnen profitieren. In parlamentarischen Beratungen in Berlin hörten wir auch von der Bundesregierung Erstaunliches. Man erklärte uns, wie wichtig die Erlöse aus dem Rauschgifthandel für den Aufbau Afghanistans seien. Um sich davon eine Vorstellung machen zu können, wurde auf den Grundstücksmarkt von Kabul verwiesen, die Preise glichen denen von Washington. Nicht nur die USA, auch die Bundesregierung und die NATO als Ganzes erwiesen sich damit als tatkräftige Komplizen der internationalen Drogenbarone.

Einsatz der Bundeswehr am Hindukusch

Den Deutschen hatte man verkauft, in Afghanistan an der Seite der Vereinigten Staaten den internationalen Terrorismus bekämpfen und zum Frieden beitragen zu wollen. Patrouillen der Bundeswehr konnten dann vor Ort sehen, wie die amerikanischen Verbände gegen die afghanische Bevölkerung vorgingen. Da wurden keine Gefangenen gemacht. Es war der Nachteil der Bauern, landestypische Kleidung zu tragen. Prinzipiell wurde so jeder verdächtigt, ein Feind zu sein. Hinzu kam die Missachtung von Stammesregeln, von militärischer Seite wollte man nicht zu Kenntnis nehmen, dass Gebiete abseits zentraler Straßen nur mit Genehmigung des dort ansässigen Stammes betreten werden durften. Auf den Straßen selber war man sicher, beim Verlassen galt dies nicht mehr. Noch 2007 berichtete ein Mitarbeiter des BND in Kabul davon, dass er sich im ganzen Land ungehindert bewegen konnte, weil er die Stammesgesetze des Landes beachtete.

Was seitens der Bundesregierung sowie der deutschen und internationalen Presse über den Afghanistan-Krieg berichtet wurde, war zwiespältig. Nehmen wir die bestialischen Morde in der usbekischen Hochburg Sheberghan, wo ich mich in den Jahren zuvor mit Ältesten der afghanischen Stämme im festungsartigen Anwesen von General Dostum getroffen hatte, etwa mit Repräsentanten der Usbeken, Hazara und Tadschiken, denn es galt die Übernahme des ganzen Landes durch die Taliban zu verhindern. In Sheberghan spielte sich eine Tragödie ungeahnten Ausmaßes ab. Amerikanische Verbände und ihre örtlichen Verbündeten pferchten tausende Gegner in bereitgestellte Container und beschossen diese anschließend mit

Maschinengewehren. Das kam im Bundestag folgenlos zur Sprache – so die Wirklichkeit in einer »westlichen Wertegemeinschaft«. Es war zwar nicht so, dass diese Verbrechen ganz unter den Tisch fielen, doch die Ausschüsse, in denen sie angesprochen wurden, befanden sich in Händen von Abgeordneten, die schon als Minister alles daran gesetzt hatten, die Bundeswehr von den historischen Fesseln der Nürnberger Kriegsverbrecherprozesse und den Bestimmungen des Grundgesetzes zu befreien. So war in Artikel 26 als Konsequenz aus dem Zweiten Weltkrieg ausdrücklich festgeschrieben worden, dass man nur noch einen Beitrag zum Frieden in der Welt leisten wolle. Die Beteiligung an einem Angriffskrieg war untersagt und auch im Strafgesetzbuch sowie im Soldatengesetz unter schwere Strafe gestellt. Zur Jahreswende 2016/2017 fand sich schließlich im Bundestag eine Mehrheit dafür, diese Bestimmungen aus dem Strafgesetzbuch zu streichen (siehe Anhang).

Nachdem sich Deutschland nicht am Ersten Golfkrieg des Jahres 1991 beteiligt hatte, wollte man diese Verweigerungshaltung offenbar unter allen Umständen aufbrechen. Um die Deutschen langsam daran zu gewöhnen, die eigenen Soldaten nicht mehr nur im räumlich begrenzten Gebiet des NATO-Vertrages eingesetzt zu sehen, wurde 1992 damit begonnen, die Bundeswehr in Kambodscha medizinische Hilfe leisten zu lassen. Die kriegerischen Auseinandersetzungen auf dem Balkan waren der nächste Schritt. Regierungsseitig und in der NATO forderte man das über Jugoslawien verhängte UN-Waffenembargo durch eine Blockade mithilfe der NATO-Marine auf der Adria durchzusetzen. Damit wäre eine erste Einsatzmöglichkeit der NATO in Europa geschaffen.

Das »Adria-Urteil« des Bundesverfassungsgerichtes in Karlsruhe aus dem Jahr 1994 riss Hürden ein, denn »out of area« sollte auch für deutsche Soldaten bald der Normalfall werden. Und mit Abweisung der 2007 von der Fraktion »Die Linke«, meinem Kollegen Peter Gauweiler sowie den Völker- und Staatsrechtlern Dieter Murswick und Norman Paech eingereichten Klage vor dem Bundesverfassungsgericht wurde durch höchstrichterlichen Beschluss dem Ganzen die NATO-freundliche Krone aufgesetzt. Ein Einsatz der Bundeswehr außerhalb der reinen Verteidigung war fortan nicht mehr außer Reichweite. Das Gericht verstieg sich sogar zu der perfiden Begründung, dass die Veränderung des ursprünglich defensiv ausgerichteten Vertragszwecks der NATO zu einer weltweit agierenden Militärmaschinerie eine zulässige Weiterentwicklung sei. Peter Gauweiler und ich aber sahen durch den beabsichtigten Einsatz von Tornado-Aufklärungsmaschinen der Bundesluftwaffe in Afghanistan den NATO-Vertrag verletzt. 1955 war die Bundesrepublik der Allianz beigetreten unter der Bedingung, dass sie ihre Aktivitäten auf ein genau festgelegtes Gebietes beschränkte. Afghanistan fiel unter keinen Umständen darunter, und die deutschen Piloten drohten im Anschluss an den Einsatz *»direkt nach Den Haag zum Kriegsverbrechertribunal zu fliegen«*.

Auf dem Washingtoner Gipfel im April 1999 hatten schließlich die Staats- und Regierungschefs der NATO ein neues strategisches Konzept vorgelegt, wodurch der bislang völker- und staatsrechtlich zwingend vorgeschriebene Weg über Entscheidungen in den Parlamenten fortan umgangen werden konnte. Allerdings war man sich wohl darüber im Klaren, in keinem kontinentaleuropäischen Parlament eine Mehrheit für die Änderung des Vertragszwecks zu erhalten. US-Präsident Bill Clinton hatte fast zeitgleich in neuen sicherheitspolitischen Richtlinien festgelegt, dass die Vereinigten Staaten jederzeit Krieg zu führen bereit seien, wenn nationale amerikanische Interessen tangiert würden. Eine vorherige Zustimmung des Sicherheitsrates der Vereinten Nationen kam in diesem Ansatz für nationales Handeln nicht vor.

Das Bundesverfassungsgericht stützte 2007 durch seine Entscheidung zu unserer Klage die eigenmächtige Veränderung des NATO-Vertragszwecks. Der Bundeswehr aber war wohl doch etwas mulmig zumute, denn im Anschluss daran wurden die deutschen Tornados aus Afghanistan abgezogen und nicht mehr ersetzt.

Abschied von der Parlamentsarmee?

Für die Befürworter des neuen NATO-Kurses reichte indes auch das Urteil des Bundesverfassungsgerichtes nicht aus, sie beabsichtigten nun, das vielleicht größte Hindernis auf deutscher Seite für den weltweiten Einsatz der Bundeswehr zu beseitigen, den sogenannten Parlamentsvorbehalt, wonach wichtige Regierungsdirektiven, so auch bezüglich jedes militärischen Engagements, der direkten Zustimmung des Bundestags bedarf. Die Gründe dafür müssen auf den Tisch gelegt werden, die deutsche Öffentlichkeit verlangte Klarheit über Zweck und Ziele. Im deutschen Staatsverständnis sind unsere Streitkräfte also eine »Parlamentsarmee«, da die Entscheidung über ihre Einsätze im Bundestag getroffen wird. Letzteres ist seit 2005 konkret im Parlamentsbeteiligungsgesetz geregelt. Damit soll verhindert werden, dass die NATO auf die Mitgliedsländer zu viel Druck ausüben kann, denn die Regierungschefs haben nicht das letzte Wort. Andernfalls besteht die Gefahr, dass sie sich gezwungen sehen, jeden Einsatz durchzuwinken, weil sonst angeblich »die Allianz auseinanderfliegt«.

Bis zum Jahr 2011 war zudem der Hinweis auf die allgemeine Wehrpflicht ein schlagkräftiges Argument, um sich einem militärischen Einsatz der Bundeswehr im Ausland zu verschließen. Selbst innerhalb der NATO-freundlichen Parteien gab es Abgeordnete, die aus ihrer Skepsis gegenüber einem Militäreinsatz im Ausland kein Hehl machten, vor allem wenn Wehrdienstleistende dabei in Mitleidenschaft gezogen werden konnten. Darüber hinaus sorgte die NATO-kritische Oppositionspartei »Die Linke« für eine umfassende Diskussion.

Nach der Bundestagswahl 2013 versuchte man erneut, die deutschen Streitkräfte aus der Zuständigkeit des Bundestages zu lösen, indem das Parlamentsbeteiligungsgesetz gekippt, zumindest entschärft werden sollte. In dem 2014 veröffentlichten Buch »Wiederkehr der Hasardeure« hatte ich auf dieses unheilvolle Vorhaben hingewiesen.

Weitere öffentliche Aufmerksamkeit erhielt das Ansinnen, die Befehlsgewalt über die Bundeswehr abzugeben, über die *Pleisweiler Gespräche* von Albrecht Müller, SPD, meinen ehemaligen Bundestagskollegen, sowie die von ihm herausgegebenen *NachDenkSeiten* mit einer bundesweiten Leserschaft. Hier widmete man sich intensiv der Frage, was die Pläne der Regierung für Deutschland bedeuten würden. Auch Ken Jebsen trug über sein *YouTube*-Sendeformat »Positionen« zur Verbreitung bei, indem die komplexen Sachverhalte durch Persönlichkeiten unterschiedlichster Herkunft und Denkweise über mehr als zwei Stunden diskutiert wurden. Danach konnten sich Hunderttausende ein Bild von der Problematik machen, wie die Anzahl der Seitenaufrufe beweist. Daneben gab es Veranstaltungen in drei Gemeinden am Bodensee mit einem gebildeten, vornehmlich bürgerlichen Publikum. Im Frühjahr 2014 war ich hier zu Vortragsveranstaltungen unterwegs, sowohl auf der schweizerischen als auch der deutschen Seite. Die dem Völkerrecht verpflichtete Genossenschaft *Zeit-Fragen* in Sirnach/Schweiz bot mir die Möglichkeit, vor hunderten, auch aus Deutschland angereisten Zuhörern auf die Konsequenzen einer beabsichtigten Beseitigung des Parlamentsvorbehalts für das demokratische Deutschland und seine Souveränität

Auf Vortragstour am Bodensee (Bild: Kaiserstube im Hotel Krone, Rielasingen-Worblingen, 9. April 2015)

aufmerksam zu machen. Die Veranstaltungen fanden zum Teil auf badischem Gebiet statt, einer Gegend, die in der jüngeren deutschen Geschichte durch ihren ausgeprägten Bürgersinn und ihre Vorstellungen von individueller und gesellschaftlicher Freiheit für das moderne Deutschland als prägend herausgestellt hatte. Baden war das Kerngebiet der deutschen Revolution der Jahre um 1848, also gut für revolutionären Geist, und wer dort die Feuertaufe der Argumente bestand, konnte getrost seine Vorstellungen in anderen deutschsprachigen Gebieten, in der Schweiz und Österreich, vortragen.

Bei Wahlkampfterminen in der Bodenseeregion hatte ich früher die Erfahrung gemacht, dass man froh sein konnte, dreißig bis vierzig Zuhörer zu begrüßen. In Rielasingen-Worblingen, hart an der Grenze zur Schweiz, war das anders. Das Ehepaar Schaer, örtliche Buchhändler, hatten in den Spiegelsaal des Hotels Krone eingeladen, und es kamen mehr als 150 Zuhörer. Das gleiche Bild ergab sich im großen Rathaussaal der Seegemeinde Immenstaad, wohin viele Gäste der Einladung durch den in der Region bekannten Obstbauern Hubert Lehle folgten. Beide Male wollten die Menschen diskutieren und nahmen sich dafür Zeit. Ebenso an einem zauberhaften Frühlingsabend sonntags in der großen Scheune des Schlosses zu Salem, des über Deutschlands Grenzen hinweg bekannten Internates, wo sich fast vierhundert Menschen auf Einladung Udo Daeckes, Mitglied der grünen Kreistagsfraktion, einfanden. Ken Jebsen nahm die Veranstaltungen mit seinem Team auf, und bei *YouTube* war die Hölle los: Die Seite wurde in der Schweiz, Österreich und Deutschland vielfach aufgerufen. Und im Anschluss brachte die Bundestagsabgeordnete der Partei »Die Linke« Sevim Dagdelen das Thema auf die parlamentarische Ebene: Sie ließ im Deutschen Bundestag nicht locker und erzwang parlamentarische Debatten.

Bunkergeist im Reichstag

In der Zeit, als sich das politische Bonn plötzlich in Berlin wiederfand, war vieles davon bestimmt, sich erst mal orientieren zu müssen. Das betraf auch die Arbeit in den Ausschüssen des Bundestages und der Fraktionen. Etliche Abgeordnete hatten bereits bei der Wahl 1998 nicht erneut kandidiert, weil sie den Umzug scheuten. Ähnliches galt für die Bundestagswahl 2002, wo sich zeigte, dass zahlreiche Abgeordnete ihr Mandat nicht verlängern wollten. Neue Leute kamen, und damit änderte sich die Art und Weise, wie man miteinander umging. Ein Stimmungswandel bestimmte auch den Umgang mit dem Krieg gegen Jugoslawien, bei dem es sich, wie ich schon damals betonte und dafür heftig kritisiert wurde, um einen ordinären Angriffskrieg handelte, so wie der Einmarsch der Wehrmacht 1939 in Polen. Auf dem Niveau waren wir wieder angekommen. Diejenigen, die bereits 1998 gegen den kriegsunwilligen Bundeskanzler Helmut Kohl agierten, wie Wolfgang Schäuble und Verteidigungsminister Volker Rühe, entwickelten nun eine Art Bunkermentalität: Sie verschanzten sich hinter Argumenten, um den gegen geltendes Völker- und Verfassungsrecht geführten Krieg mit ihren Freunden in der CDU, SPD, bei den Grünen und der NATO zu rechtfertigen. Dieser Bunkergeist bestimmte alle Beratungen, auch zu anderen Themen. Und er dominiert bis heute den Bundestag, denn seither wird überall auf dem Globus mit deutscher Beteiligung Krieg geführt. Besonders pikant ist die Tatsache, dass Abgeordnete im Verteidigungsausschuss sitzen, die bei der Bundeswehr hohe Dienstgrade als Reserveoffiziere bekleiden und somit am gemeinsamen Strang mit der NATO ziehen.

Im Jahr 2002 zog Peter Gauweiler in den Bundestag ein. Er hatte sich nicht nur als Minister in Bayern einen Namen gemacht, sondern war deutschlandweit als beinharter Verfechter seiner Ansichten bekannt. Während des Jugoslawien-Krieges hatte er sich in den großen deutschen Zeitungen ähnlich wie ich geäußert. So kam es für mich eigentlich nicht überraschend, als er anfragte, ob ich mir vorstellen könne, wegen der drohenden Kriegsgefahr im Irak und der schwierigen Lage der dort lebenden Christen einen Besuch in Bagdad mit ihm durchzuführen. Joseph Kardinal Ratzinger hatte den bayerischen Protestanten Gauweiler im Auftrag von Papst Johannes Paul II. gebeten, diese wichtige Mission auf sich zu nehmen.

Umgehend informierte ich die Bundeskanzlerin, welche eine Dienstreise nach Bagdad indes verweigerte. Privat könnten wir allerdings machen, was wir wollten. Auch die Reaktion des Kölner Kardinals ließ mich daran zweifeln, ob in Deutschland ein Interesse an der Lage der Christen im Nahen Osten bestand. Wochen nach der Reise erhielt ich immerhin einen Brief, in dem man die Hoffnung ausdrückte, dass wir gut zurückgekommen seien. Andere nahmen unsere Reise sehr ernst und erkundigten sich sogleich nach unserer Beurteilung der Lage. Altbundeskanzler Gerhard Schröder etwa empfing uns zu einem stundenlangen Gespräch in seinem Büro, zuvor noch Kardinal Ratzinger auf der Rückreise von Bagdad nach Berlin in den bescheidenen Amtsräumen im Gebäude der Glaubenskongregation in Rom, unmittelbar neben dem Petersdom. Während unseres Aufenthaltes bemühte er sich darum, Kontakte zu seinen evangelischen Amtsbrüdern in

März 2003: Mit Peter Gauweiler (l.) zu Besuch bei Joseph Kardinal Ratzinger, dem späteren Papst Benedikt XVI.

Deutschland und zu methodistischen Bischöfen in den USA herzustellen, dabei strahlte er eine Gelassenheit und Sorgfalt besonderer Art aus.

Am Vortag des Krieges

Peter Gauweiler hatte an alles gedacht. So war mir während der Reise aufgefallen, dass auf den verschiedenen Flughäfen stets eine schwere, schwarze Tasche zu seinen Füßen stand. Das Auswärtige Amt hatte ihm für alle Fälle mehr als 100 000 Dollar mitgegeben, denn es wurde damit gerechnet, bei Kriegsausbruch könnten wir vor Ort festgehalten werden. Sollte eine Rückreise nach Deutschland nicht möglich sein, war das Geld dafür bestimmt, dass wir uns in den Iran durchschlagen konnten.

Um nach Bagdad zu gelangen, mussten wir den Weg über Damaskus wählen und eine Boeing 707 ohne Kennzeichen nutzen, sie allein flog noch durch die von den Vereinigten Staaten eingerichtete Flugverbotszone. Sie zählte zu den ersten Maschinen überhaupt, die von diesem Flugzeugtyp gebaut worden waren, und wies fast keinerlei Lackspuren mehr auf. Angeblich war sie früher von der Lufthansa geflogen worden, bevor sie dann in den Weiten Afrikas ihren Dienst versah. Da wir jederzeit damit rechnen mussten, von der US Air Force abgeschossen zu werden, fielen uns nach der Landung zentnerschwere Steine vom Herzen.

Auf der Fahrt vom Flughafen zum Hotel passierten wir einen Friedhof, auf dem ein Pilot der Reichsluftwaffe, Sohn des ehemaligen Reichswehrministers Werner von Blomberg, beigesetzt war, der im Zweiten Weltkrieg hier den Tod gefunden hatte. Der spätere irakische Ministerpräsident Raschid Ali al-Gailani hatte sich von den Kolonialherren, den Briten losgesagt, die den Irak seit dem Ersten Weltkrieg kontrollierten. In der deutschen Luftwaffengruppe, die den Irakern im Kampf gegen die Briten Unterstützung leisteten, befand sich auch der spätere Bundespräsident Walter Scheel. Der Name al-Gailani ist für mich nicht nur mit der Vergangenheit, der deutschen Geschichte, verbunden. Gemeinsam mit dem ehemaligen pakistanischen Botschafter in Deutschland, General Muhammad Asad Durrani, traf ich bei einem Besuch in Kabul mit dem afghanischen Präsidenten Karsai sowie mit einem Mitglied der im Nahen und Mittleren Osten offenbar weit verzweigten Familie al-Gailani zusammen.

Dass die Bundeswehr sich späterhin im Nahen und Mittleren Osten engagieren würde, war für Peter Gauweiler und mich damals nicht vorstellbar, wenngleich türkische Gesprächspartner nach der Wiedervereinigung mir gegenüber wiederholt die Vermutung geäußert hatten, dass Deutschland an einer Kooperation mit den im Irak lebenden Kurden interessiert sein könnte, um sich die Erdölquellen von Mosul zu sichern. Der Krieg gegen den Irak, der unmittelbar nach unserer Abreise losbrach, spülte eine Frage nach oben, die schon am Ende des Ersten Weltkrieges anstand: Würde dem Volk der Kurden mit rund vierzig Millionen Menschen das Recht auf einen eigenen Staat zugestanden werden? Dies in einer Region, die seit fast zwei Jahrhunderten Interessen von Staaten unterworfen war, die selbst nicht zur Region zählten.

Seit 2017 unterstützen Soldaten der Bundeswehr die Kurden in ihren Gebieten im Irak im Kampf gegen den »Islamischen Staat«. Die deutsche militärische Präsenz stimmt mit israelischen und amerikanischen Interessen überein, und die Armeen beider Staaten sind ebenfalls involviert. Die Situation ist aber nicht nur aufgrund der Auseinandersetzungen mit diesen vornehmlich sunnitischen Gruppen auf dem Gebiet sowohl des Irak als auch Syriens brenzlig. Die kurdische Seite tat alles, um über ein Referendum die staatliche Unabhängigkeit vom Irak zu erhalten. Und die kurdischen Siedlungsgebiete in der Türkei, die fast ein Drittel des Staatsgebietes umfassen, werden in Ankara als existenzielle Bedrohung empfunden, was auch Auswirkungen auf die Beziehungen zwischen Berlin und Ankara hat. Wenn man bedenkt, dass in Deutschland gut drei Millionen Menschen mit türkischem Pass leben, und diese zu den rund 24 Völkerschaften in der Türkei hinzuzählt, kann man die Dimension daraus resultierender Probleme erahnen. Die Türkei lebt in der ständigen Sorge, das Schicksal des Balkans nach 1990 erleben zu müssen. Die ehemalige Ministerpräsidentin Tansu Çiller sprach dies in aller Deutlichkeit an, als ich Mitte der 90er-Jahre die erste Delegation aus der Parlamentarischen Versammlung der OSZE in die Türkei leitete. Wir trafen mit ihr und mit Staatspräsident Süleyman Demirel zusammen.

Deutschlands militärisches Engagement im Ausland ist schlichtweg ein Bruch mit der guten Tradition unserer Politik seit 1949. Früher vermied man es, in die Konflikte anderer Staaten und Gruppen hineingezogen zu werden, und ist gut damit gefahren. Das sagt nichts über die berechtigten Belange anderer aus, auch nicht die der Kurden. Selbst die NATO hat bis 1999 diesem Grundsatz entsprochen: Kein Land konnte einst damit rechnen, dass sein Beitrittsgesuch zur NATO angenommen werden würde, solange es ungelöste Probleme mit anderen Staaten hatte. Heute beteiligt sich die NATO und damit die Bundeswehr an Manövern in der Ukraine oder Georgien, obwohl beide Staaten Konflikte mit der Russischen Föderation vom Zaun gebrochen haben.

Nichts von dem war im März 2003 im Irak absehbar. Die Bischöfe machten deutlich, wie frei die Christen ihren Glauben unter Saddam Hussein praktizieren konnten. Nach einem amerikanischen Angriff aber sähe man keine Lebensgrundlage mehr für die Gemeinden, die seit Jahrtausenden nördlich von Bagdad ansässig waren, womit sie recht behalten sollten. Beeindruckend war der Besuch beim päpstlichen Nuntius, wo uns von den Gesprächen eines römischen Kardinals mit Saddam Hussein berichtet wurde. Der irakische Präsident sei sich darüber im Klaren gewesen, was im Falle eines amerikanischen Angriffes auf ihn zukäme: Er habe die Gewissheit geäußert, vor seinen göttlichen Richter treten zu müssen. In derselben

Gesprächsrunde kam man auch auf die Begegnung eines anderen Kardinals mit George W. Bush zu sprechen, wobei der amerikanische Präsident betont habe, seine Weisungen unmittelbar von Gott zu erhalten.

Ein Sonntagsgottesdienst in Bagdad war ein weiterer Höhepunkt der Reise. Er fand in der Sprache statt, die zur Zeit des Herrn gesprochen wurde. Die Gesänge waren von unbeschreiblicher Eindringlichkeit.

Alle Dimensionen d

Gauweiler und Wimmer berichten im Vatikan über Irak-Be

Willy Wimmer (CDU). Foto: Bundestag

Die Abgeordneten Peter Gauweiler (CSU) und Willy Wimmer (CDU) sind von ihrer Irak-Reise zurückgekehrt. Nach Aufenthalten in Bagdad und Beirut haben sie auch in Rom Station gemacht. Wimmer ist seit 1976 Mitglied des Bundestages. Von 1988 bis 1992 war er Parlamentarischer Staatssekretär im Verteidigungsministerium. Mit ihm sprach Markus Reder.

Mit welchen Eindrücken kommen Sie zurüc

Das war ja eine Reise, die Peter Gauwei und ich auf Einladung des Patriarchen v Babylon durchgeführt haben. Wir haben Bagdad mit der Führung der christlic Minderheit gesprochen und sehr offene G spräche mit den Repräsentanten, vor al der chaldäischen Kirche führen könn aber auch mit den Repräsentanten der an ren mit Rom verbundenen Kirchen. Es e tiert eine große kirchliche Vielfalt unter etwa 800 000 Gläubigen. Die 53 Kirc verfügen über ein hervorragendes Geme deleben. Der bewegende Abschluss unse Besuches war eine Sonntagsmesse Hunderten von Gläubigen. Für Peter G weiler und mich war das ein Gottesdie der uns an die Nieren gegangen ist: konnten am nächsten Tag Bagdad ver sen, aber die Menschen, die mit uns ge ert haben, wissen nicht, ob sie Ostern e ben werden.

Anschließend haben Sie in Rom mit Kard Ratzinger gesprochen. Worum ging es?

Das war eines der wichtigsten Gesprä meines politischen Lebens. Es ging um

Über die Irakreise berichteten einige Medien, etwa die Leipziger Volkszeitung *oder auch* Der Freitag *(siehe Anhang). Oben stehender Artikel erschien am 15. März 2013 in* Die Tagespost

Wir beide, Peter Gauweiler und ich, wussten, dass wir vermutlich noch vor dem Angriff der USA die Stadt würden verlassen können. Auf die Gläubigen in der Kirche aber warteten Krieg und Tod.

(K)onfliktes bedenken

· Muslims würden Krieg als religiösen Konflikt empfinden

enntnisse aus unserem Besuch und un- : Einschätzung der Lage in der Region. ın ein Krieg in diesem Gebiet ausbricht, :eht die große Sorge, dass die muslimi- e Mehrheit – unbeschadet ihrer Unter- ıng in schiitisch oder sunnitisch – die- Krieg als religiösen Konflikt empfin- Dies könnte die Lebensgrundlage der isten in dieser Region sehr gefährden.

r diese Reise auch ein Protest gegen Ihre :ne Partei?
:einster Weise. Als die Idee zu der Reise kam, habe ich sofort die Parteivorsitzen- angerufen. Wir haben ein professionel- und gutes Gespräch geführt. Vom Kol- :n Gauweiler weiß ich, dass er Entspre- ndes auf seiner Seite unternommen hat.

en sich die C-Parteien zu eilig auf die Sei- merikas geschlagen?
Parteivorsitzende und der bayerische isterpräsident haben immer wieder ge- :: Dieser Konflikt muss im Rahmen der einten Nationen gehalten werden. Daran sich nichts geändert. Dass es in der on zu Entwicklungen in diese oder jene Richtung gekommen ist, ist für eine große Volkspartei normal. Peter Gauweiler und ich haben für uns in Anspruch genommen, dass wir die Belange der christlichen Kirchen im Vordergrund sehen. Es hat sich ja niemand deutlicher zu allen Dimensionen dieses Konfliktes geäußert als der Heilige Vater. Warum soll man in einer C-Partei sein, wenn uns dies nicht Wegweisung ist?

Wie würde sich ein Alleingang Amerikas auf das Stimmungsbild in der Union auswirken?
Wir erleben in diesen Stunden ständig neue Entwicklungen. Deswegen will ich auch mit der Antwort auf hypothetische Fragen kein Öl ins Feuer gießen. Aber man muss in einer so schwer wiegenden Frage an alles denken. Ich will in diesem Zusammenhang eines nicht verhehlen: Das Gespräch mit Kardinal Ratzinger war ein Gespräch, wie man es sich nur wünschen kann, weil alle Dinge mit Ernst und mit Sorgfalt auf den Tisch gekommen sind, Folgen sind bedacht worden und man hat sich einem Ziel verpflichtet gefühlt. Ich würde mir diese Form von sorgfältiger Beratung manchmal im politischen Berlin genauso wünschen.

Wie wählen unsere Nachbarn? – Wahlbeobachtung zwischen Posen und Wladiwostok

Osteuropa unter Argusaugen

Ende Oktober 1994 war ich mit einem polnischen Kollegen zu einer ersten KSZE-Mission zur Wahlbeobachtung in der Ukraine unterwegs. Wir besuchten eine Reihe von Ortschaften nordwestlich der Metropole Lemberg, dem heutigen Lwiw, und nahmen an der Stimmauszählung teil. Für meinen Geschmack war es für die Jahreszeit bitterkalt, wir plauderten und waren beide froh, nach einer fast einstündigen Autofahrt uns dem neuen Ziel zu nähern. Wo das Stimmlokal sein sollte, hatte man uns bei der Abfahrt in Lemberg nicht gesagt. Irgendwo auf dem Land in einer katholischen Kirche, das war alles, was wir wussten. Als das Ortseingangsschild in Sicht kam, verstummte mein Kollege schlagartig. Erst auf meine freundliche Nachfrage, was ihm denn auf der Seele liege, erklärte er mir den Grund: Wir befanden uns im Heimatort seiner Familie, die über Jahrhunderte hier gelebt hatte, bevor es sie im Zweiten Weltkrieg ins heutige Polen verschlug. Mein Begleiter hatte Tränen in den Augen, als wir am Wahllokal ankamen, das Pfarramt neben einem Kirchengebäude. Wir suchten zunächst für ein Gebet die Kirche auf und standen dort vor einem Altar, den ein Onkel von ihm geschnitzt hatte. Er und ich konnten es nicht glauben: Bei der ersten Wahlbeobachtung im neuen KSZE-Mitgliedsland Ukraine, welches damit auch für den Aufbruch, das gemeinsame Europa stand, war das Erste, auf das wir beide stießen, die gemeinsame schreckliche Geschichte des 20. Jahrhunderts.

Im Wahllokal regierten die Lehrerinnen der örtlichen Schule, sie wachten über die Wahllisten. Allem Anschein nach machten sie das nicht zum ersten Mal, was sie auf Nachfrage bestätigten, sondern hatten die Aufgabe bereits in der sowjetischen Ära übernommen. Wir staunten, dass es keinen Unterschied zu den Wahlabläufen, wie ich sie von zu Hause gewohnt war, zu geben schien. Wie mochten früher die Ergebnisse zustande gekommen sein, wenn hier alles so korrekt abgelaufen war wie jetzt? Aus der Volksrepublik Polen kannte mein Kollege vermutlich die Antwort, doch er behielt sie lieber für sich. Dafür hatte ich Verständnis. Aber offenbar ist es ja auch bei uns angebracht, was die Korrektheit von Wahlergebnissen anbelangt, eine gewisse Zurückhaltung an den Tag zu legen, wenn man an die »freundliche Hilfe« bei der Briefwahl in den Seniorenheimen der verschiedenen Konfessionen und sozialen Dienste denkt. Zur Bundestagswahl am 24. September 2017 fand eine OSZE-Wahlbeobachtung in Deutschland statt, und auf diesem Feld scheint das angemessen gewesen zu sein.

Eine wichtige Frage in diesem Zusammenhang lautete, warum es so lange dauerte, Wahlbeobachtungsmissionen auch in westeuropäischen Mitgliedsstaaten zu sehen. Man sollte doch voneinander lernen und das wechselseitige Vertrauen stärken. Stattdessen fanden sie mehr und mehr in Zentralasien oder Osteuropa statt und dienten eher als Kontrollinstrument, mit dem innenpolitischer Einfluss ausgeübt werden konnte. Beispielhaft war die Wahlbeobachtung in der Ukraine, welcher wegen zu schneller Beurteilungen der Wahlergebnisse durch den Leiter der Mission der Geruch von Manipulation anhaftete.

Da eine Wahlbeobachtung sehr früh ansetzen muss, nämlich bei der Vorbereitung, wurde in Warschau durch die KSZE eine Einrichtung installiert, die ihre Mitarbeiter bereits Wochen vor der Wahl in das Mitgliedsland entsandte, um das Verfahren an Ort und Stelle zu kontrollieren. Dazu zählte vor allem der Nachweis, dass allen Parteien gleiche Chancen eingeräumt wurden, was sich auch auf die Darstellung in den Medien und die finanziellen Mittel erstreckte. Wahlbeobachtung war geradezu in Mode gekommen, sogar außerhalb der KSZE-Mitgliedsstaaten, wie entsprechende Missionen in anderen Teilen der Welt zeigten. Die einladenden Staaten wollten international den Nachweis führen, dass auf ihrem Territorium demokratische Gepflogenheiten umgesetzt wurden.

Wahlmaschinen und Erdöl in Venezuela

Nach diversen Missionen zur Wahlbeobachtung in ehemals sowjetischen Ländern – sei es in der Russischen Föderation, Usbekistan, Tadschikistan oder Kirgistan – bekam man ein Gefühl für sorgfältige Arbeit. Merkwürdig erscheinende Wahlergebnisse in den Verwaltungsbezirken oder gar im ganzen Land konnten ihre Ursache nur in der elektronischen Übermittlung der Zahlen aus den einzelnen Wahllokalen haben. Früher standen die Ergebnisse bekanntlich fest, aber auch später gab es durch die Bank Zweifel an der Übermittlung, die höchstwahrscheinlich weiterhin dazu beitrug, gewünschte Wahlergebnisse zu produzieren.

Bei der Parlamentswahl in Venezuela im Jahr 2004 durfte ich als OSZE-Wahlbeobachter miterleben, von welcher Bedeutung die Übermittlung war. Damals suchte ich in der Hauptstadt Caracas Wahllokale sowohl in den armen Vororten als auch den wohlhabenden Vierteln auf. Der Zustrom war beeindruckend: Wo ich auch hinkam, lag die Wahlbeteiligung ungewöhnlich hoch. Und stets begrüßten mich die Menschen mit überschwänglicher Freude: Ein solcher Besuch wie meiner war in ihrer Gegend noch nicht vorgekommen. Überhaupt hatte es das in dem lateinamerikanischen Land noch nicht gegeben, dass ein deutscher Abgeordneter im Auftrag einer großen internationalen Organisation herkam, um sich ein eigenes Urteil über die Wahl zu bilden. Ein Ausländer wagt sich in ein Wahllokal – obwohl doch sonst gemeinhin im Zusammenhang mit Venezuela nur von Drogen und Kriminalität die Rede war! Aber auch hier waren die Wahlhelfer mit allem Ernst und jeder nur möglichen Sorgfalt bei der Sache.

Allerdings stachen mir die aus den USA stammenden elektronischen Wahlmaschinen ins Auge, womit die abgegebenen Stimmen sogleich weitergeleitet wurden, ohne dass die örtlichen Wahlvorstände erst einmal einen Einblick in die Ergebnisse nehmen konnten. Es mag antiquiert scheinen, dass in Deutschland die Stimmen konventionell ausgezählt und dann telefonisch an eine Zentrale übermittelt werden, doch durch diverse Kontrollen vor Ort ist das mit der Gewissheit verbunden, dass die Zahlen stets korrekt sind. Davon konnte hier ebenso wenig die Rede sein wie in der Russischen Föderation oder Usbekistan. Auch die Wahlhelfer vor Ort hatten große Zweifel, dass alles mit rechten Dingen vor sich ging – in Caracas lag Misstrauen förmlich in der Luft. Darüber sprachen wir in unserer international bunt zusammengewürfelten Truppe aus Wahlbeobachtern nach Schließung der Wahllokale. Aufschluss erhofften wir uns bei einer für den folgenden Tag angesetzten internationalen Pressekonferenz mit dem ehemaligen US-Präsident Jimmy Carter, der sich zum Wahlergebnis äußern wollte. Sie sollte in dem Hotel stattfinden, in dem auch ich für den kurzen Aufenthalt in Caracas untergekommen war.

Unsere Skepsis rührte daher, dass wir hier in Venezuela nicht nur eine Wahl zu beobachten hatten. Vielmehr ging es um die Politik von Präsident Hugo Chávez – in Lateinamerika damals so etwas wie ein bunter Vogel. Bei meinen Gesprächen mit dem venezolanischen Verteidigungsminister und Oberbefehlshaber der Streitkräfte erfuhr ich, welchen Einfluss kubanische Militärs und Nachrichtendienstoffiziere in Caracas hatten. Das war vielen im Lande, aber mehr noch in Washington, ein Dorn im Auge. Kubanisches medizinisches Personal hatte die Versorgung der hiesigen Bevölkerung übernommen, Venezuela – weltweit fünfgrößter Erdölexporteur und einziges lateinamerikanisches Mitglied der Organisation erdölexportierender Länder (OPEC) – musste dafür im Gegenzug die Versorgung Kubas mit Erdöl sicherstellen. Aber auch die Vereinigten Staaten hingen von einer garantierten Lieferung des Öls ab. Damit wurden Kuba und die USA auf eine Ebene gestellt, die sich in jener Zeit spinnefeind waren. Kein Wunder, wenn man voller Sorge beobachtete, dass große amerikanische Flottenverbände vor der Küste Venezuelas kreuzten, um Druck auszuüben. Der General betonte, wie sehr er auf der Höhe strategischen und militärischen Denkens war. Neben seinem Arbeitszimmer befand sich ein kleiner, spartanisch eingerichteter Raum, wo er in sicherer Umgebung nächtigen konnte, wenn die Zeiten wieder einmal danach waren. Dort lag auf dem Schreibtisch ein offenbar fleißig durchgearbeitetes Buch über Generalfeldmarschall Erwin Rommel. Mein Gesprächspartner machte aus seiner Bewunderung für die deutsche Generalität beider Weltkriege kein Hehl. Darin unterschied er sich nicht von anderen hochrangigen Persönlichkeiten aus aller Welt, mit denen ich während der Zeit meiner Mitgliedschaft im Bundestag zu tun hatte.

In Caracas stand stets die Frage im Raum, ob jemand mit indigenen Wurzeln wie Hugo Chávez oder besser ein Angehöriger der alten spanischen Elite an der Spitze des Landes stehen sollte. Die Stadt kam in dem Bogen hispano-amerikanischer Staaten von Venezuela

Hugo Chávez (1954-2013), 62. Staatspräsident Venezuelas. Sein Tod gibt bis heute Anlass zu Spekulationen (im Bild rechts, an Bord des US-Kreuzers »Yorktown« im Jahre 2002)

über Kolumbien, Ecuador und Peru eine besondere Bedeutung zu. Noch aus der Zeit vor der Unabhängigkeit, also während der spanischen Herrschaft, gab es verschiedene Zuständigkeiten: Lima war Sitz des Vizekönigs und damit der Verwaltung, in Quito befand sich das wichtigste Kloster, und Bogotá war Standort der Universität. Caracas wiederum diente als Militärbaracke und war damit auf die Streitkräfte ausgerichtet. In dem Geflecht formal unabhängiger Staaten sind die Medienhäuser und die Zeitungen, die sich in Händen der spanischen Oberschicht befinden, von besonderer Bedeutung. Und beim Inhaber der wichtigsten Zeitung in Caracas erfuhr ich, wie er die Wahl sah, zu deren Beobachtung ich mich eingefunden hatte. Für ihn ging es weniger um eine Abstimmung über die Präsidentschaft allgemein, sondern darum, ob er oder dieser Emporkömmling Hugo Chávez in Venezuela das Sagen haben würde. Es war also eher ein Kampf um die Vorherrschaft im Lande zwischen der spanischen Elite und der aufbegehrenden Bevölkerung, deren Wurzeln auf die Urbevölkerung des Kontinentes zurückgehen.

In Berlin wurde ich später von einer Persönlichkeit aus der Staatsspitze nach meinen Eindrücken befragt. Als zentralen Aspekt aller Gespräche in Caracas und darüber hinaus nannte ich die tiefe historische Verwurzelung: Die Geschichte Lateinamerikas, vornehmlich seit der Eroberung durch Spanien und Portugal, kommt in jedem dritten Satz zum Vorschein. Die besondere Bedeutung von Staatspräsident Hugo Chávez wie seines Nachfolgers, Nicolás Maduro, muss auch in diesem Zusammenhang gesehen werden. Bis heute hat man im von Spanien geprägten Lateinamerika den Verlust von Texas und Kalifornien an die Yankees nicht verwunden, und es wird alles unternommen, diese Gebiete für den eigenen kulturellen Kosmos zurückzugewinnen. Die Vereinigten Staaten hingegen lassen keine Zweifel daran, dass sie der bestimmende Faktor zwischen El Paso und Feuerland sind.

Bei der Pressekonferenz im Sitzungssaal des Hotels machte es Jimmy Carter kurz. Er sagte nichts zu den umherschwirrenden Gerüchten über Unregelmäßigkeiten der Präsidentschaftswahl, sondern versah sie mit dem internationalen Gütesiegel »frei und fair«. Damit saß Hugo Chávez wieder fest im Sattel. Es kam dennoch die Frage auf, was den ehemaligen US-Präsidenten zu dieser für uns überraschenden Geste gegenüber dem umstrittenen Staatschef veranlasst haben mochte. Die Antworten reichten von der Versorgung amerikanischer Tankstellen bis hin zu dem Hinweis, dass der Hersteller der amerikanischen Wahlmaschinen der Demokratischen Partei in den Vereinigten Staaten nahe stehe.

Am Wahlabend hatte ich noch bis tief in der Nacht auf der Terrasse eines eleganten Hauses in einem Villenvorort von Caracas gesessen. Hier hörte ich, welche Erwartungen an das Wahlergebnis vonseiten des deutschen Botschafters in Venezuela, Hermann Erath, bestanden sowie anderer in der Runde deutscher und amerikanischer Geschäftsleute. Botschafter Erath kannte ich bereits aus der Zeit, als er unser Land in Thailand vertrat. Mich beeindruckten seine offenkundig guten Verbindungen in alle Teile der Gesellschaft Caracas' sowie zu den deutschen und internationalen Stiftungen im Land. Nach meinem Eindruck hatten sich die wirtschaftlichen Beziehungen Deutschlands zu Lateinamerika nach der Aufnahme neuer Mitgliedsstaaten in die Europäische Gemeinschaft aus Süd- und Südosteuropa erheblich verändert: Die deutschen Investitionen gingen hier deutlich zurück, stattdessen wurden die Gelder in den neuen EU-Mitgliedsstaaten angelegt. Dennoch ist neben Istanbul das brasilianische São Paulo weiterhin der bedeutendste Platz deutscher Auslandsinvestitionen.

Die Umlenkung des Investitionsstroms aber betraf auch die deutschen politischen Stiftungen in Venezuela, deren Vertreter der Stiftungen vornehmlich mit oppositionellen Kräften zusammenarbeiteten. Zur Regierungsseite hatten sie hingegen keine Kontakte oder wurden von der Zentrale angehalten, diese nicht zu sichtbar werden zu lassen. Von außen gesehen, schienen unsere Stiftungen nur dem Zweck verpflichtet, die Übernahme von Regierungsverantwortung durch die Opposition sicherzustellen. Bei großen Demonstrationen, an denen auch ich teilnehmen konnte und die hunderttausende Menschen auf der durch Caracas führenden Autobahn auf die Straße brachten, waren deutsche Stiftungsvertreter stets an der Spitze zu finden.

In jenen Jahren gab es Berichte in der deutschen Presse, nach denen die Büros deutscher Stiftungen in Washington von Mitarbeitern amerikanischer nachrichtendienstlicher Organisationen geradezu durchsetzt gewesen sein müssen. Manchmal kam es sogar im Bundestag zu Gesprächen mit führenden Mitarbeitern der Stiftungen über politische Fragen. Dabei stellte sich immer wieder heraus, dass es offenbar eine Anweisung durch ihre Zentrale geben musste, sich in anderen Teilen der Welt nicht für spezifisch deutsche Interessen einzusetzen, sondern die generellen Linien der amerikanischen Außenpolitik zu beachten. Für mich war es kein Wunder, wenn die Regierungen vor Ort zumindest ungehalten darauf reagierten.

Ich genoss den Abend auf der Terrasse in Caracas. Die große Stadt war nicht weit weg, aber weit genug, um den Lärm der zentralen Autobahn im Tal nicht zu uns hochdringen zu lassen. Die Gäste, welche allesamt entweder schon lange hier lebten oder über jahrzehntelange wirtschaftliche Erfahrung vor Ort verfügten, unterschieden sich von der Elite des Landes, deren Sehnsuchtsort Miami in Florida hieß, wo sie eher lebten als im heimischen Venezuela. Man ging unisono vom Wahlverlust für Chávez aus aufgrund seiner Vorstellungen von einer »bolivarischen Revolution«. Meine positiven Eindrücke von der Wahl sah man mir nach, da ich ja nur für einen kurzen Besuch im Lande war. Doch ich hatte selbst gesehen, wie die Menschen vor allem in den Armutsvierteln auf den Hügeln hinter dem Präsidentenpalast geduldig anstanden, um ihre Stimme abzugeben. Das war nicht die weiße, spanische Elite, das war die Mehrheit der Venezolaner! Somit bestand für mich kein Zweifel daran, Präsident Chávez weiter im Amt zu sehen.

Allerlei Beobachter in Zentralasien

Wahlbeobachtungen wie die in Venezuela signalisierten erste Indikationen für kommende weltpolitische Veränderungen, ob in der Ukraine oder Kasachstan, um nur zwei Staaten zu nennen. Nach der Aufnahme der Nachfolgestaaten der ehemaligen Sowjetunion in die KSZE galt es, ein Verständnis für diese Region zu finden, wo die Städtenamen aus der Märchenwelt zu stammen schienen, etwa Samarkand, Buchara oder Chiwa neben Dushanbe oder Almaty. Man ging offen miteinander um und wollte von neuen Möglichkeiten Gebrauch machen. In jeder Beziehung sollte das gelten, denn die dunkle Seite des Mondes war bekannter als diese Staaten.

An der deutschen Botschaft in Almaty nahm mich im Jahr 1993 der deutsche Militärattaché Hartmut Digutsch unter seine Fittiche, als ich von der Parlamentarischen Versammlung zur Wahlbeobachtung in Kasachstan und Kirgisien eingeteilt war. Er machte mich mit dem kulturellen Erbe Kasachstans bekannt. Gemeinsame Fahrten in die unmittelbare Umgebung von Almaty zeigten eindrücklich die

Die Moderne hat die ehemaligen sowjetischen Metropolen längst erreicht (im Bild: Astana, Hauptstadt von Kasachstan)

religionsgeschichtliche Bedeutung der Region unterhalb des Tian-Shan-Gebirgsmassivs, das die Steppe von den Wüsten Chinas trennt. Abgesehen davon musste ich erstaunt feststellen, dass die meisten Blumen in unserem häuslichen Garten ursprünglich von hier stammen. Felsen zeigten gut erhaltene frühbuddhistische Zeichnungen aus der Zeit, als der Glaube vom indischen Subkontinent nach Norden und von dort nach Osten, in Richtung China, vordrang.

Unsere Wege führten uns zudem mitten ins Niemandsland, zu Kasernenanlagen der Roten Armee, die dazu gedient hatten, sowjetische Einheiten nach dem vereinbarten Abzug aus Deutschland aufzunehmen. Man bekam den Eindruck, dass sie hier in der Steppe gleichsam ausgekippt werden sollten. Heute kann man wegen der Dynamik in diesen Ländern nur staunen, was in den wenigen Jahrzehnten nach dem Zusammenbruch der Sowjetunion dort geschaffen wurde. So haben etwa die berühmtesten Architekten der Welt beeindruckende Gebäude erbaut. Almaty hatte seine Rolle als Hauptstadt eingebüßt. Das mitten in der kasachischen Steppe gelegene Astana sollte diese Rolle übernehmen. Innerhalb weniger Jahre wurde eine schillernde Fata Morgana aus dem Boden gestampft. International angesehene Architekten gaben Astana ein futuristisches Aussehen, wie man es auch in der aserbeidschanischen Hauptstadt Baku oder anderen Metropolen des ehemaligen sowjetischen Großreiches feststellen konnte. Bei der ersten Wahlbeobachtung in Almaty und dem benachbarten kirgisischen Bischkek im Jahr 1991 sah das noch ganz anders aus.

Die deutsche Botschaft hatte mich ursprünglich in einem Haus untergebracht, das sich Hotel nannte und einer Asylunterkunft nicht unähnlich war. Hartmut Digutsch sorgte nun umgehend für meinen Umzug ins Gästehaus der kasachischen Regierung. Es war mir bereits von einer Reise im Jahr zuvor zusammen mit der schwedischen Außenministerin und KSZE-Ratsvorsitzenden Margaretha af Ugglas bekannt. Nun staunte ich nicht schlecht, die NATO im Tian-Shan-Gebirge vorzufinden, wo sie in einer Gebirgsstation oberhalb gewaltiger Wintersportanlagen ein Seminar abhielt – es konnte mit dem Wagen einfach nicht höher gehen, sonst wären wir in den Wolken gelandet. Wer angenommen hatte, dass die Militärallianz nach dem Ende des Kalten Krieges an Bedeutung verlieren würde, war nicht auf dem letzten Stand. Das machte mir gegenüber auch ein blitzgescheiter junger britischer »Fernspähjournalist« deutlich, Mitarbeiter der weltbekannten Militärzeitung *Jane's Defense Weekly*, welcher in den Wochen vor unserem Treffen das Grenzgebiet zu Fuß und per Lasttier erkundet hatte.

Der Anblick des Tian-Shan-Gebirges nimmt einem den Atem – die westeuropäischen Alpen schienen eine Miniaturausgabe dieses Grenzgebirges zu China zu sein. Vor allem gen Osten hatten wir nur imposante Berge im Blickfeld, und die Täler erweckten den Eindruck, dass Straßenbau hier zwecklos wäre. Unweit der beeindruckenden Wintersportanlagen nahe Almaty stoßen Kasachstan, Kirgistan mit China zusammen. Dessen Grenze ist neben der Kontrolle aus der Luft auf interessante Weise geschützt: Da es sich um eine tausende Kilometer lange Grenzlinie handelt, wurden für die chinesischen Grenztruppen Lagerkomplexe erbaut. Von dort aus werden Patrouillen losgeschickt, die dann wochenlang die Grenze ablaufen. Hier war auch der britische Journalist, ganz im Stile des Abenteurers Andreas Kieling, unterwegs gewesen. Und als Hartmut Digutsch und ich dann zur Wahlbeobachtung in die kirgisische Hauptstadt Bischkek fuhren, trafen wir dort im Hotel amerikanische Fernmelde- und Logistiktruppen an, welche gleichfalls zur Erkundung der Region angetreten waren. Die Reise von Almaty nach Bischkek dauerte wenige Stunden, beide Hauptstädte liegen knapp zweihundert Kilometer voneinander entfernt. Dabei fuhren wir am Saum der endlos erscheinenden Bergkette entlang, man konnte den Blick nicht davon abwenden. Dort, wo die unsichtbare Grenze verlief, machte die Straße eine heftige Biegung. Hier wurde zur Versorgung der Reisenden auf offenen Feuern gegrillt. In dieser Zeit war die Straße kaum befahren. Nur ein Konvoi schwer beladener Lastkraftwagen mit iranischen Kennzeichen war hier unterwegs,

Das Tian-Shan-Gebirge im Inneren Asiens: ursprüngliche Naturlandschaft

man sagte, auf dem Weg nach China. Was wir sahen, war insgesamt ausgesprochen ärmlich und heruntergewirtschaftet. Die Menschen hatten förmlich nichts.

Hartmut Digutsch und ich beschäftigen uns mit der Straße als solcher, sie war interessant genug: gebaut, um schweren Verkehr aufzunehmen, am Rand standen in recht kurzen Abständen Betongebäude, die an Hütten erinnerten. Dem Vernehmen nach waren sie für die unterirdischen Telefonverbindungen der sowjetischen Raketenstreitkräfte bestimmt gewesen. Jetzt hatten vielleicht andere ein Auge darauf geworfen, amerikanische Militärs, die in Kampfbekleidung im Hotel oder mit ihren Fahrzeugen auf den Straßen zu sehen waren. Wir hörten davon, dass sie sich auch für den groß dimensionierten Flughafen Manass bei Bischkek interessierten. So sahen wir ihre Präsenz hier als Vorboten gesteigerten Interesses gegenüber China. Die Volksgruppen westlich der Berge waren jetzt unabhängig, weil es die Sowjetunion nicht mehr gab. Tadschiken, Kirgisen, Uiguren und Kasachen nahmen ihre Dinge also wieder selbst in die Hand. Doch auch im Osten, auf chinesischem Staatsgebiet, gab es inzwischen Unabhängigkeitsbestrebungen, denn dort lebten dieselben Volksgruppen. *Der Spiegel* in Deutschland berichtete darüber, in welchem Umfang die CIA hier Aktivitäten bis hin zu schweren Anschlägen entfaltete. Es drohte eine blutige Zukunft für die Grenzprovinz Xinjiang. Denn warum sollten Teile der Volksgruppen im Gegensatz zu ihren Brüdern und Schwestern nebenan keine Unabhängigkeit erhalten, sondern unter chinesischer Kontrolle verbleiben?

Die verschiedenen Regierungen suchten nun, meist auf Initiative des kasachischen Präsidenten Nursultan Naserbajew, die Erfahrung der KSZE zu nutzten, um Konflikte in dieser Region, die schon regelrechte Grenzkriege zwischen der Sowjetunion und der Volksrepublik China gesehen hatte, im Zaun zu halten. Man einigte sich schließlich darauf, den Verlauf regionaler Grenzen zu akzeptieren und keine Bestrebungen nach Unabhängigkeit in den Gebieten unter chinesischer Hoheit zu fördern. In München aber eröffnete die Zentrale der Exil-Uiguren. Im März 2018 wurde auf diesen besonderen Umstand erneut hingewiesen, als man eine Führungspersönlichkeit aus der Zentrale auf chinesischen Druck hin bei einer Flugreise in Südkorea festhielt.

Hier, weit entfernt von jeder Zivilisation, musste man den Hut vor denen ziehen, die in einem windschiefen Schulgebäude aus Holz Wahlen durchführten. Die Menschen hatten stundenlange Wege hinter sich, wenn sie in dem Wahllokal ankamen, aber sie kamen in Scharen. Die Wahllisten gaben keinen Grund zur Klage, und den ganzen Tag über waren örtliche Wahlbeobachter anwesend, um sicherzustellen, dass alles korrekt ablief. Genau das gaben wir an die Parlamentarische Versammlung weiter. Für westliche Überheblichkeit, leider gang und gäbe, lag kein Grund vor. Diese Arroganz gab es auf der Regierungsseite der KSZE und später der OSZE im Übermaß, vor allem vonseiten derjenigen Diplomaten, die in ihren Heimatländern im Leben nicht die Aufgabe eines Wahlhelfers absolviert hätten. In den Weiten Kasachstans oder im armenischen Jerewan behandelten sie die örtlichen Repräsentanten durchweg von oben herab.

Krieg im Kaukasus

In Zentralasien wie auch im Kaukasus war bereits das Wetterleuchten einer Auseinandersetzung zu verspüren, die sowohl Staaten innerhalb als auch außerhalb der KSZE/OSZE betraf. Die ungelösten Konflikte waren indes noch nicht zementiert. Es hätte also durchaus Lösungsmöglichkeiten gegeben, wie ich das mehrfach in langen Gesprächen mit dem aserbeidschanischen Präsidenten Heydar Aliyev sowie dem armenischen Präsidenten Lewon Ter-Petrosjan erörtern konnte. 1994 kam es zwischen beiden Staaten zum Waffenstillstand. Dabei war offenkundig, in welchem Maße sich sowohl die Russische Föderation als auch Frankreich für Armenien engagierten, wenn auch aus unterschiedlichen Gründen. Wegen der anstehenden Förderung der Erdöl- und Erdgasvorhaben des Kaspischen Meeres durch westliche Konsortien, vornehmlich aus den USA, Großbritannien und Norwegen, gab es einen beachtlichen Einfluss dieser Staaten in Baku, der Hauptstadt Aserbeidschans. Russland war traditionell mit Armenien verbunden, was vor dem Ersten Weltkrieg und danach zu blutigen Auseinandersetzungen zwischen Armeniern und Osmanen führte. Wie der Beschluss des Bundestages 2016 zum massenhaften Mord an der armenischen Bevölkerung im Osmanischen Reich – während des Krieges der Bündnispartner des kaiserlichen Deutschlands – zeigte, wirft all das, was damals geschah, einen sehr langen Schatten. Auch das Engagement Frankreichs für Armenien in den mit der Streitschlichtung betrauten Gremien der KSZE/OSZE, die nach der Stadt Minsk benannt sind, hat historische Ursachen. Hunderttausende Armenier sind seinerzeit aus ihren Siedlungsgebieten im Osmanischen Reich nach Frankreich geflohen und spielen dort bis heute eine wichtige Rolle im politischen, wirtschaftlichen und kulturellen Leben.

Vor dem Waffenstillstand konnte ich erleben, was Krieg bedeutete. Während der Hubschrauber, der mich in die südaserbeidschanische Stadt Fisuli bringen sollte, am östlichen Stadtrand niederging, nahmen von Westen aus armenische Truppen die Stadt ein. Die Luft war ungemein eisenhaltig und das Elend der Menschen offenkundig. Mithilfe beachtlicher Finanzmittel der Europäischen Gemeinschaft waren in aller Eile Holzhäuser errichtet worden, um Vertriebenen ein Dach über dem Kopf geben zu können. Die Häuser waren stabil und absolut wetterfest. Hundertausende waren in diesen Monaten auf der Flucht, und fast der gesamte südwestliche Teil des aserbeidschanischen Staatsgebietes geriet dauerhaft unter armenische Besatzung. Doch nicht nur die Europäische Gemeinschaft war karikativ tätig, wie sich herausstellte, auch in einem Lager aus Plastikplanen wurde den Menschen geholfen, und zwar durch Iraner, die Decken und Medikamente zur Verfügung stellten. Sie erkannten in Gesprächen vor Ort mit mir neidlos an, was durch die Europäer geleistet wurde. Nach Angaben der Vereinten Nationen waren zwischen 600 000 bis eine Million Menschen aserischer Herkunft aus ihrer Heimat, die bis heute unter armenischer Kontrolle steht, vertrieben worden. Doch auch die armenischen Opfer des Konfliktes umfassten Hundertausende, welche zuvor in Baku und anderen Teilen Aserbeidschans gelebt hatten.

Im Gespräch unter vier Augen zeigten sich beide Präsidenten gegenüber einer Beilegung des Konflikts aufgeschlossen. Letztlich verblieb als einziger Streitpunkt noch eine Straßenverbindung zwischen Armenien und Bergkarabach. Aber auch dazu gab es Lösungsmodelle, die bei einer Begegnung der beiden Präsidenten besprochen werden konnten. Es war also durchaus möglich, sich unmittelbar zu verständigen. Wenn es dennoch nicht zu einer Beendigung des Krieges kam, lag es daran, dass gewisse Mächte im Hintergrund nicht daran interessiert waren. Da ging es um mehr als verlorene Gebiete und das Elend von Flüchtlingen.

2017 brach der Konflikt wieder aus, aber die Öffentlichkeit wollte nichts davon wissen. Die Soldaten standen unter hoher Gefechtsbereitschaft, und Scharfschützen auf beiden Seiten sorgten täglich wieder für Todesopfer. Niemand sollte sich daran gewöhnen, dass eigentlich kein Krieg mehr war.

Heydar Aliyev, der Präsident Aserbaidschans, 1996 mit Soldaten im Schützengraben (Motiv auf einer Briefmarke des Landes)

Um Baku herum bestand während der 90er-Jahre stets Kriegsgefahr. An einem Nachmittag im Jahr 1997 war das vor einem Treffen mit Präsident Heydar Aliyev besonders augenfällig. Die Gespräche fanden meist in seinem Büro statt, das sich im Gebäude des ehemaligen Zentralkomitees der Kommunistischen Partei befand, für Präsident Aliyev vertrautes Gebiet, da er für den sowjetischen Geheimdienst gearbeitet hatte. Vor dem Büro befand sich ein Raum, in dem man die Zeit verbrachte, bis man hineingebeten wurde. Bei besonders sensiblen Gesprächen notierte Präsident Aliyev sich jeden einzelnen Aspekt auf Notizzettel. An diesem Spätnachmittag war die Wartezeit für mich äußerst kurzweilig, denn es waren bereits zwei Herren vor mir eingetroffen. Sie stellten sich freundlich vor: Es waren der Vorstandsvorsitzende der Unocal-Ölgesellschaft aus den Vereinigten Staaten und ein Mitarbeiter. Die Pipeline-Vorhaben dieses Unternehmens waren für mich die wesentliche Ursache für die nicht enden wollenden Auseinandersetzungen in Afghanistan. Ich ging den Herrn mit dem deutschen Namen Schmidt deswegen direkt an: Entweder sollten alle Stammesverbände Afghanistans am wirtschaftlichen Erfolg beteiligt werden, oder es dürfe keine Pipeline geben. Da Präsident Aliyev auf sich warten ließ, kam die ganze Entwicklung Afghanistans zur Sprache. Schließlich stellte mir der Unocal-Chef bei einem Einvernehmen über die geplante Pipeline eine 10-prozentige Beteiligung Deutschlands an dem Projekt in Aussicht.

Eine neue transeurasische Eisenbahnlinie

In jener Zeit war viel Bewegung in Asien. Die riesigen Räume zwischen der chinesischen Westgrenze und Europa wollten überwunden werden, und Zukunftswerkbank wurde zunehmend die Region um die Metropole Shanghai. Dort produzierte Güter sollten schnellstmöglich nach Westen gebracht werden, beabsichtigt war der Ausbau des transkontinentalen Schienenverkehrs Richtung Ruhrgebiet, Rotterdam und schließlich London. Noch waren die immer größer werdenden Containerschiffe, die ihren Weg durch den Indischen Ozean und den Suez-Kanal oder um das südafrikanische Kap der guten Hoffnung nahmen, dem Gütertransport auf der Schiene überlegen. Das sollte sich bald ändern, wie die täglichen Züge von Shanghai nach Duisburg oder gar London heute deutlich machen. Damals ging man also daran, die alte Idee einer den eurasischen Kontinent umspannenden »Seidenstraße« wieder aufleben zu lassen.

Im Mai 1996 wurde mit großem Aufwand die Eisenbahnverbindung zwischen der turkmenischen Hauptstadt Aschgabat und der iranischen Millionenstadt Maschhad eröffnet. Damit konnte erstmals nach dem Zusammenbruch der Sowjetunion der Güterverkehr zwischen China und dem iranischen Hafen Buschehr wieder aufgenommen werden. In meiner Eigenschaft als Vizepräsident der Parlamentarischen Versammlung der OSZE erhielt ich eine Einladung, Sie war von der iranischen Seite ausgesprochen worden. Turkmenistan war mir von Wahlbeobachtungen her bekannt. Dieses Land war schwierig, was seine Herrschaftsmethoden anbetraf. Im persönlichen Gespräch zeigte sich der Präsident weltoffen und bestens über regional- und weltpolitische Zusammenhänge informiert. Doch mit der Umsetzung der demokratischen Standards für ein Mitgliedsland der KSZE/OSZE nahm man es in der Region nicht so genau, vermutlich aus Rücksicht auf die wichtige Rolle Turkmenistans in der Rohstoffförderung im Kaspischen Meer.

Die Pilgerstadt Maschhad zu besuchen war ein Erlebnis der besonderen Art. Dazu trug der besondere Charakter der Veranstaltung bei, weil ich hier, zur Eröffnung der neuen Bahnstrecke, manchen Staatspräsidenten wiedertraf, mit dem ich bereits Gespräche geführt hatte. In einem brandneuen Hotel wurde zu Ehren der Gäste aus nah und fern ein abendliches Bankett durch den iranischen Präsidenten Akbar Haschemi Rafsandschani gegeben. Ich fand mich an einem Tisch mit hohen Würdenträgern aus dem benachbarten Afghanistan wieder. Die heutige Staatsgrenze des Iran entspricht nicht der ehemaligen Ausdehnung des Persischen Reiches, früher gehörten hierzu auch Teile Afghanistans, etwa die Stadt Herat. In diversen Kriegswirren hatte es viele Menschen von dort nach Maschhad verschlagen, wo sie Unterschlupf fanden. Für mich war diese erste Begegnung mit Vertretern Afghanistans, die mit Staatspräsident Burhanuddin Rabbani angereist waren, der Startschuss für eine intensive Reisetätigkeit in politischer Mission nach Afghanistan. Meine Tischnachbarn waren überaus herzlich und betonten, wie sehr sie es schätzten, einen Deutschen zu treffen.

Am nächsten Tag fuhr die ganze internationale Gästeschar mit einem Luxuszug durch endloses Steppengebiet ins Nachbarland Turkmenistan, um den zweiten Teil der Feier in den in großer Zahl aufgestellten landestypischen Jurten zu begehen. Kaum hatten wir den Bahnhof verlassen, wurde hinter uns der gesamte Bereich aus Sicherheitsgründen abgeriegelt. Zu dem Zeitpunkt bemerkten wir das kaum, da wir uns auf das Zusammensein in den Zelten freuten. Enttäuscht mussten wir jedoch feststellen, dass diese bereit überfüllt waren, mit so vielen Gästen hatte hier wohl keiner gerechnet. Also standen wir unter freiem und leider nicht so heiterem Himmel herum. Schließlich beschlossen wir, zum Bahnhof zurückzukehren. Davor allerdings hatten sich nun schwerbewaffnete Soldaten aufgebaut und verwehrten uns den Zutritt. Sie hatten jedoch nicht mit unserem Durchsetzungsvermögen gerechnet: Kurzerhand stürmten wir den Bahnhof. Die Aktion brachte uns die Achtung der Mitreisenden ein, die es bis in die Zelte geschafft hatten und wenig später wieder zu uns stießen. Dazu zählte einer der Söhne von Präsident Rafsandschani. Der junge Mann gesellte sich zu uns und bot mir an, mit seinem Mobiltelefon zu Hause und im Bonner Büro anzurufen. Mitte der 90er-Jahre war es schon etwas Besonderes, aus dem iranisch-turkmenischen Grenzgebiet nach Deutschland zu telefonieren! Und es machte deutlich, mit welch großen Entwicklungsschritten alle unterwegs waren.

Aus der mehr zufälligen Bekanntschaft mit Rafsandschanis Sohn entwickelte sich eine Abfolge von Entscheidungen auf höchster staatlicher Ebene. Meine häufigen Reisen nach Teheran und die Gespräche dort brachten Ergebnisse. So sollte es 1997 über diese Kontakte zur Wiederaufnahme der vollen diplomatischen Beziehungen zwischen dem Iran und der Bundesrepublik Deutschland kommen, welche nach dem Anschlag auf die Westberliner Diskothek »La Belle« abgebrochen waren, auch weil es amerikanischen Soldaten das Leben gekostet hatte. Die Verwicklungen führten zu einer temporären Eiszeit zwischen Bonn und Teheran, noch im selben Jahr hatte das Auswärtige Amt Bemühungen zur Normalisierung vonseiten des Iran zurückgewiesen.

Ich war soeben beim Mittagessen im Restaurant des Bundestages, als der Restaurantchef an meinen Tisch kam und mir diskret bedeutete, ihm in die Küche an ein Wandtelefon zu folgen. Überrascht stellte ich fest, dass Bundeskanzler Helmut Kohl mit mir zu sprechen wünschte. Er bat mich, ihm noch einmal die Modalitäten einer Wiederaufnahme der diplomatischen Beziehungen zum Iran zu erläutern. Um mich herum herrschte geschäftiges Treiben, und aufgrund des Lärmpegels musste ich sehr laut sprechen, damit er mich verstehen konnte. Die Köche bekamen also mal etwas anderes zu hören, als es ihrem Tagesgeschäft entsprach. Am Schluss stand eine erfreuliche Entscheidung: Ich konnte meinem iranischen Gesprächspartner mitteilen, dass die Beziehungen wieder auf der üblichen diplomatischen Ebene ablaufen würden. Zudem kam es bald zu Vereinbarungen zwischen Teheran, Tel Aviv und Bonn. Im Sommer 1998 wurden die sterblichen Überreste israelischer Soldaten sowie auch Gefangene der Schiitenmiliz Hisbollah ausgetauscht. Das Schicksal des israelischen Piloten Ron Arad konnten wir aber selbst unter Einschluss nahöstlicher Kräfte nicht klären. Darum hatte wiederholt die Familie des Piloten bei Gesprächen im Bonner Kanzleramt gebeten.

Im Anschluss an die Bundestagswahlen 1998, die Gerhard Schröder gewann, brachen die Kontakte wieder ab. Nach Einschätzung meines sozialdemokratischen Bundestagskollegen Johannes Pflug verschwand ganz Zentralasien vom politischen Radar. Die neue Bundesregierung setzte andere Prioritäten – bis die Region am 11. September 2001 wieder schmerzhaft in den Blick geriet. Doch so vieles war seither anders geworden – den Kontakt zu afghanischen Persönlichkeiten aus allen Stämmen, auch zu den paschtunischen Taliban, hatten wir verloren.

Freund hört mit

Während des Irak-Krieges, gerade in den ersten Wochen nach dem Einmarsch amerikanisch-britischer Truppen, bestand die Befürchtung, dass die Streitkräfte nicht in Bagdad haltmachen, sondern gleich nach Teheran weitermarschieren würden. Bei meinen Besuchen in Afghanistan hatte mich mehrfach der iranstämmige, in Köln lebende Journalist Mostafa Danesch begleitet, der etwa den Führer der hier lebenden Usbeken, General Abdul Raschid Dostum, zu seinen Bekannten zählte. Danesch kannte sich in dem Land aus. Als wir einmal zusammen mit dem Residenten des BND mit mehreren Automobilen von der usbekischen Grenzstadt Termiz aus unterwegs waren, kam es kurz vor Masar-i-Scharif zu einem bedrohlichen Zwischenfall. Die sonst gut ausgebaute Straße war fast zur Hälfte mit Flugsand bedeckt, sodass wir anhalten mussten, woraufhin sich sogleich Bewaffnete aus den Dünen näherten. Danesch aber meinte, er habe unter den Milizsoldaten Bekannte, und wir stiegen aus. Kurz darauf lagen sich der Anführer der bewaffneten Gruppe und Danesch in den Armen. Sie kannten sich aus der Zeit des Widerstandes gegen die Sowjetunion. Es hätte auch anders verlaufen können.

Nach dem Irak-Krieg erörterten Danesch und ich häufig die Lage im Kriegsgebiet. Dass die Vereinigten Staaten und die NATO-Verbündeten auch noch den Iran angreifen könnten, ließ uns lange nicht los. Im Sommer des Jahres 2007 gingen Helmut Kohl und ich bei unseren wöchentlichen Gesprächen von einem unmittelbar bevorstehenden Angriff aus. Das hätte unsere Nation vor schwierigste Herausforderungen gestellt, weil zweifellos in der NATO der Ruf nach einem Einsatz der Bundeswehr vorgetragen worden wäre. Nach meiner Ansicht gab es nur zwei Persönlichkeiten, denen das deutsche Volk in der Stunde der Not vertrauen würde. Ich sagte dies zu Kohl und fügte hinzu, dass es sich um ihn und seinen Amtsvorgänger Helmut Schmidt handeln würde. Da die beiden zu diesem Zeitpunkt nicht miteinander sprachen, regte ich an, dass sich diese Tatsache nun ändern müsse und dass ich nach Hamburg fahren könnte, um Schmidt die Überlegung vorzutragen. Die Antwort des Bundeskanzlers an mich war knapp: »Mach.« Kurz darauf erhielt

Eines der zahlreichen Treffen mit Helmut Schmidt

ich vom Verlagshaus der *Zeit* einen Termin und machte mich auf den Weg. Gleich im ersten von mehreren langen Gesprächen machte Schmidt die klare Zusage, sich, wenn notwendig, zusammen mit Helmut Kohl an die Nation zu wenden. Schließlich fuhr Letzterer nach Hamburg, um mit seinem Amtsvorgänger das erste ausführliche Gespräch überhaupt zu führen. Zudem legte ich Bundeskanzlerin Angela Merkel nahe, möglichst umgehend ebenfalls mit Schmidt zu reden, was sie auch tat.

2003 erreichte mich die Bitte um ein Interview mit dem Chef des deutschen Programms vom iranischen Rundfunk, Seyed-Hedayatollah Shahrokny. Bis heute führen wir Telefongespräche über aktuelle strategische Themen, die noch am Abend des jeweiligen Aufnahmetages gesendet werden, meist zwischen zehn und zwanzig Minuten lang. Die Wiedergabe, ob nun in der Übertragung oder in schriftlicher Form, ist stets korrekt. Auch die Fragen seitens Herrn Shahrokny sind immer sachgerecht und nicht im Ansatz polemisch oder gegen irgendein anderes Land gerichtet. Selbst zur israelischen Politik kann ich mich während der Interviews trotz des schwelenden iranisch-israelischen Konflikts verständnisvoll äußern. Das Programm des iranischen Rundfunks in deutscher Sprache mag nicht viele Hörer haben. Und doch findet es im politischen Berlin offenbar hohe Aufmerksamkeit, wie wir vom ersten Interview an feststellten, dafür entwickelt man schnell ein Gespür. Wenn sich Abhörgeräte auf ein Telefongespräch aufschalten, dann verliert sich das gesprochene Wort gleichsam in den Tiefen des Telefonnetzes, um sofort wieder zurückzukommen. Aus Sicherheitskreisen erfuhr ich, dass bei jedem Telefonat die ersten dreißig Sekunden genutzt werden sollten, bevor sich Abhöranlagen aufschalten. Manchmal bleiben die Hinweise weg, und wenn man anderntags die Zeitung aufschlägt, glaubt man auch zu wissen, warum. Für Herrn Shahrokny und mich sind unsere Gespräche somit eine Art von Seismograph zur internationalen Lage.

Teilung Russlands ist das Ziel

Giftige Exiltartaren gegen die russische Regierung

Die Inhalte meiner Gespräche mit den Staatschefs der drei Republiken im Kaukasus reichten weit über diese überschaubare Region hinaus. Sie betrafen auch die weltpolitischen Ereignisse, welche mit Ländern wie Afghanistan über Iran bis nach Jordanien und der Ukraine zusammenhingen.

Nach Ende des ersten Krieges in der russischen Provinz Tschetschenien mehrten sich die Meldungen über afghanische Talibankämpfer, die dort eingesetzt gewesen sein sollten. Nach der Annexion des Kaukasus durch das Russische Reich im 19. Jahrhundert waren Tschetschenen, Inguschen und andere Völkerschaften, die nicht unter der Herrschaft des Zaren leben wollten, von dort aus bis hinunter ins heutige Jordanien, Syrien oder den Libanon gezogen. Der seit 2011 in Syrien tobende Krieg muss auch in diesem Zusammenhang gesehen werden, weil die gegen Präsident Baschar al-Assad kämpfenden Bürgerkriegsformationen vielfach von jenen Stämmen gestellt werden, die ursprünglich ihre Heimat im Kaukasus hatten. Ein Sieg dieser Kräfte und damit die Übernahme der syrischen Regierung wäre eine unmittelbare Herausforderung für die Russische Föderation an ihrem »weichen Unterleib«, zu dem die Provinzen und Republiken im Kaukasus gehören.

Seit Langem streben diese Kräfte von Süden aus in die angestammten Siedlungsgebiete im nördlichen Kaukasus. In diesem Vorhaben finden sie nicht nur Unterstützung bei den wahhabitischen Strukturen im saudi-arabischen Staatsverband, sondern auch bei den unterschiedlichsten Geheimdiensten westlicher Staaten, etwa der Vereinigten Staaten, Großbritanniens und Frankreichs. Bis heute ist die gesamte Kaukasusregion der Russischen Föderation nach dem Ende des zweiten Tschetschenien-Kriegs anschlaggefährdet. Immer wieder hört man von Vorfällen, auch wenn die fast völlig zerbombte tschetschenische Hauptstadt Grosny ultramodern wiederaufgebaut wurde. Vor sportlichen Großereignissen wie den Olympischen Spielen oder Fußballwelt- oder -europameisterschaften werden angebliche Verfolgungen der ein oder anderen »Gendergruppe« vornehmlich in Tschetschenien angeprangert. Damit scheint die Absicht verbunden, einen global wirksamen Aufschrei und Boykottmaßnahmen gegen die Russische Föderation bewirken zu können.

Auch die aktuellen Ereignisse im Frühjahr 2018 in der britischen Stadt Salisbury müssen in diesem Kontext betrachtet werden. Ein angeblicher Giftgasanschlag auf einen ehemaligen russischen Agenten, der zudem im Dienste Großbritanniens stand, und auf seine in Russland lebende Tochter, die ihn besucht hatte, macht die im Westen verankerte Diffamierung deutlich. Am 16. März 2018 wurde als Erfinder des Giftgases der in den Vereinigten Staaten lebende Präsident der Exiltartaren namentlich benannt. Von ihm stammt auch die Aussage, dass dieser Anschlag nur durch den russischen Staat hatte verübt werden können. Inzwischen ist offenkundig, dass es der Londoner Regierung nicht um eine Aufklärung des Vorfalls geht. Russland soll aus den internationalen Strukturen herausgedrängt werden.

Bestrebungen, den Kaukasus von der Russischen Föderation abzuspalten, kann man schon seit Langem verfolgen. Bei Besuchen in Teheran in der zweiten Hälfte der 90er-Jahre sprachen iranische Gesprächspartner höchsten Kreises sehr freimütig über ihre wiederholten Reisen in diese Gebiete und die Hoffnung, von Süden aus einen Keil in das russische Staatsgebiet treiben zu können, um die muslimischen Gebiete dort unter iranischen Einfluss zu bringen. Zweifellos spielte dabei der Wettbewerb mit dem Erzfeind Saudi-Arabien eine Rolle. Seit Jahrzehnten unternimmt man aus diesem Staat jede nur denkbare Anstrengung, Kräfte jenseits der iranischen Grenzen auf seine Seite im Kampf gegen den Iran zu ziehen. Bei Kasan wollten iranische Kreise den Spieß offenbar umdrehen und eigene Verbündete gewinnen. Die Veröffentlichungen über die Hintergründe des Salisbury-Anschlags machen allerdings deutlich, dass in diese Überlegungen auch amerikanische Pläne einbezogen werden müssen. Das gilt ebenso für den Giftgasanschlag, wenn es denn ein solcher gewesen sein sollte.

Der deutsche Militärattaché Oberstleutnant Hartmut Digutsch war in der riesigen zentralasiatischen Region pausenlos unterwegs. Ihm entging wenig, sei es in Kasachstan oder in Usbekistan, das ebenfalls zu seinem Aufgabengebiet gehörte. So war es ihm auch möglich, sich mit Zustimmung der usbekischen Behörden ein eigenes Bild von den riesigen Chemieanlagen bei der Stadt Nukus zu machen. Von dort aus gingen die Testgebiete für den größten Chemiewaffenkomplex der Sowjetunion bis zum Aralsee. Im Jahre 1999 berichtete die *New York Times* darüber, mit welchem Millionenaufwand sich die Vereinigten Staaten dieses riesigen Arsenals angenommen hatten. Hier war das Nervengift Novichok durch den heutigen Präsidenten der Exiltartaren entwickelt und produziert worden. Hartmut Digutsch und mein Reisepartner aus Taschkent, der usbekischen Hauptstadt, und Resident des BND in dieser Region, waren damals vor Ort.

Die beiden Kriege in Tschetschenien haben deutlich gemacht, mit welchem Nachdruck die Völkerschaften in die Region zurückdrängen, welche seit fast 150 Jahren zu Russland zählt. Die militärische Schlagkraft ihrer Kämpfer zeigte sich in der berühmten »Arabischen Legion« des Königreiches Jordanien: Die Soldaten dieses militärischen Eliteverbandes, der heute zur jordanischen Armee gehört, hatten vielfach ihre Wurzeln im Kaukasus.

Geschacher um Erdöl und Erdgas

War es Vermessenheit oder sorgfältig mit den Vereinigten Staaten abgestimmtes Vorgehen, als im Jahr 2008, in der Nacht vor der feierlichen Eröffnung der Olympischen Sommerspiele in Peking, georgische Verbände in südossetisches Gebiet mit Waffengewalt eindrangen? Nach Südossetien, das völkerrechtlich zu Georgien gehört, sich selbst aber für unabhängig erklärte, gelangt man von Tiflis aus, indem man Gori passiert, die Heimatstadt Josef Stalins, wo sich bis zum Jahr 2010 das vorgeblich letzte und 17 Meter hoch aufragende Denkmal des Diktators befand. Inzwischen wurde es abgerissen, doch gibt es Pläne, die Figur vor dem Geburtshaus – auf niedrigerem Sockel – wieder aufzustellen. Es mutet heute befremdlich an, wenn Stalin in Moskauer Taxis als »Schutzheiliger« über dem Lenkrad baumelt. In Peking und anderen chinesischen Städten ist es Mao Tse-tung.

Südosseten können sehr gastfreundlich sein. Georgier ebenso. Bei Gesprächen mit der südossetischen Führung stellte sich aber heraus, in welchem Umfang sie von jedwedem Schutz Moskaus abhängig waren. Der Grund für die übermäßige Liebenswürdigkeit wurde schnell klar: Man sei schließlich ebenfalls arischer Abstammung und fühle sich schon allein deshalb mit dem Gast verbunden. Die Kurden sahen das auch so, und selbst in New Delhi wurde bei offiziellen Essen der erste Trinkspruch unter dem Hinweis ausgebracht, dass »wir Arier schließlich zusammenhalten müssen«. Dann ist die Vergangenheit plötzlich da, und die sympathischen Gastgeber wundern sich darüber, dass die angereisten Deutschen so überhaupt nicht auf diese Dinge ansprechen.

Die Geschichte holte mich auch in einem anderen Zusammenhang ein, bei einem Treffen unseres Botschafters in der georgischen Hauptstadt Tiflis mit seinem amerikanischen Kollegen sowie anderen Botschaftern aus der Europäischen Gemeinschaft. Im Mittelpunkt des Gespräches stand erneut die Förderung von Erdgas und Erdöl aus dem Kaspischen Meer. Wie bei meinen Gesprächen mit Präsident Aliyev in Baku diskutierten wir die Frage nach einer deutschen Beteiligung an den Konsortien, welche die Rohstoffe nicht nur förderten, sondern auch mit lukrativen Erlösen nach Europa transportieren könnten. Heydar Alijev zeigte mir 1997 den angedachten Verlauf der Pipeline-Route auf der Landkarte: über russische Knotenpunkte am Schwarzen Meer, die Ukraine, Polen bis ins

Ruhrgebiet, also nicht über das unter NATO-Kontrolle stehende Gebiet der Türkei. Den Staatsstreich 2014 in der Ukraine konnten wir damals nicht vorhersehen, obwohl es bereits bei den Wahlbeobachtungen Ende der 90er-Jahre erste Anzeichen gab.

Die Verhandlungen seitens der Bundesregierung mit der Republik Aserbeidschan führten schließlich gegen Ende der Amtszeit von Bundeskanzler Kohl dazu, dass eine deutsche Beteiligung an einigen Konsortien vorgesehen war. Nach Amtsantritt der Regierung Schröder wurden als Erstes drei Entscheidungen getroffen – wie es hieß, auf amerikanischen Druck hin: sofortiger Ausstieg aus den Verträgen mit Aserbeidschan und anderen, die Beteiligung Deutschlands an den Konsortien betreffend. Hinzu kamen eine Änderung des deutschen Staatsbürgerschaftsrechtes und der Verzicht darauf, die *Deutsche Welle* zu einem Medieninstrument mit globaler Wirkung zu entwickeln.

So weit war es in der Residenz des deutschen Botschafters in Georgien noch lange nicht, als ich Mitte der 90er-Jahre zum ersten Male davon hörte, was laut amerikanischem Botschafter das letzte Ergebnis des Zweiten Weltkrieges sei: Deutschland und Japan sei es grundsätzlich verwehrt, Erdöl- und Erdgasexploration zu betreiben, dies sei allein Staaten wie den USA, England, Frankreich und Norwegen vorbehalten. Nach der Rückreise an den Rhein startete ich eine intensive Recherche nach verwertbaren nationalen oder internationalen Festlegungen, welche diese Aussage in irgendeiner Weise würde untermauern können, doch ich wurde nicht fündig. Auch das Auswärtige Amt und das Wirtschaftsministerium durchforsteten erfolglos ihre Archive. Eine spezielle Bundeseinrichtung in Niedersachsen, die sich global mit den Ressourcen beschäftigte, konnte ebenso wenig mit Informationen dienen. Alles lief letztlich darauf hinaus, dass man eine derartige Vereinbarung 1949, unmittelbar nach Amtsantritt der Regierung in Bonn, nicht ausschließen konnte. Ein Verzicht ist zwar nicht dokumentiert, aber dass sich die Deutschen im Erdölgeschäft stark zurückhielten, obwohl die BRD einer der größeren Abnehmer weltweit war, und die Marktpräsenz ausländischer Konzerne aus den vorgenannten Ländern legt manches nahe.

Skandal! Schröder bei Rosneft

Im Sommer 2017 geriet Gerhard Schröder wegen seiner Wahl in den Aufsichtsrat des russischen Erdölkonzerns Rosneft in die öffentliche Kritik, angefangen bei der in Aussicht gestellten Dotation. Die üblichen Reflexe, das heißt die Abwehr gegen alles, was mit Russland zu tun hat, kamen damit wieder zum Vorschein. Eine Kernfrage aber wird in Deutschland nicht angesprochen. Sie betrifft die mit Erdölförderung verbundenen internationalen Organisationen und Gremien der Nuklearmächte. Neben den Vereinten Nationen oder anderen internationalen Körperschaften arbeiten die Staaten, die über Atomwaffen verfügen, auf das Engste zusammen. Hier werden die Streitpunkte geklärt, bevor es zum Konflikt und damit den möglichen Einsatz der Waffen kommen kann. Die nuklearen Fähigkeiten Nordkoreas und anderer Staaten sind deshalb bei dieser Konfliktabklärung in höchstem Maße unerwünscht, weil damit der Kreis der wirklich dominierenden Staaten mehr und mehr erweitert werden muss. Jetzt gab es in der Person Schröders einen Deutschen, der mit den Gepflogenheiten des globalen Energiemarktes vertraut war und dieses Wissen über die Tätigkeit im Rosneft-Aufsichtsrat auch noch würde ausbauen können. In Deutschland aber steht immer zu befürchten, dass sehr zögerlich an die uns selbst betreffenden Dinge herangegangen wird, während Bedenken, die letztlich doch nur das Interesse fremder Staaten oder global agierender Nichtregierungsorganisationen befördern, im Vordergrund stehen. So sollte bei allen Nichtregierungs- und sonstigen Lobbyorganisationen klar sein, woher die jeweilige Finanzierung stammt. Dazu müsste bei der Bundesregierung ein entsprechendes Register angelegt sein. Es würde sich dann herausstellen, dass Organisationen mit erheblichem Einfluss auf die deutsche öffentliche Meinung in gleicher Weise vom Pentagon und global tätigen Mäzenen finanziert werden.

Will man aber die von den NROs angelegten Maßstäbe auch bei den Vereinigten Staaten berücksichtigt sehen, ist nur Fehlanzeige zu konstatieren. Was soll man von Organisationen halten, die mutmaßlich vom amerikanischen Verteidigungsministerium finanziert werden und stets sehr ehrenwerte Beweggründe postulieren, aber geflissentlich die Vereinigten Staaten auslassen, wenn sie wieder einmal zu einem Rundumschlag ausholen und andere kritisieren! Es ist wie mit den jährlichen Berichten des US-Außenministeriums zu den Menschenrechten auf dem Globus: Das eigene Land, in dem weite Teile der schwarzen Bevölkerung gewohnheitsmäßig in Gefängnissen verschwinden, sodass diese sich dank der durchgreifenden Kommerzialisierung aller öffentlichen Bereiche zu einem überaus florierenden Wirtschaftszweig entwickeln konnten, wird in der Kritik ausgespart. Während also, wie 2017 geschehen, ganz offen – und durch den Verfassungszusatz über das Recht auf freie Rede geschützt – nationalsozialistisches Gedankengut, Rassenhass, Diffamierung andersdenkender Menschen und Antisemitismus auf Amerikas Straßen propagiert wurden, hörte man vonseiten jener Organisationen, die bei anderen Staaten laut das Wort zur Verurteilung erheben, rein gar nichts.

In Deutschland und Europa hingegen ist es an der Tagesordnung, Menschen zu verurteilen, die bereit sind, aus dem westlichen Lagerdenken auszubrechen und über die Grenzen hinweg dem wirtschaftlichen Erfolg und damit auch dem friedlichen Zusammenleben dienen. Das macht auch vor einem ehemaligen Bundeskanzler nicht halt.

Verzicht auf Kompetenzen im Bereich Nukleartechnologie

Die Entscheidung von Angela Merkel, aus der friedlichen Nutzung der Kernenergie auszusteigen, wird weitreichende Folgen für unsere Sicherheitspolitik haben. Ebenso wie Japan, das trotz der Nuklearkatastrophe am Atomstrom festhält, beherrschen wir in Deutschland die Technologie, wie unsere Kraftwerke – weltweit berühmt und unter den höchsten Sicherheitsstandards betrieben – bewiesen haben. Nach dem Verzicht auf nukleare Bewaffnung mit dem Nuklearwaffen-Sperrvertrag aus dem Jahr 1969 bot sich uns aufgrund dieser Kompetenz dennoch die Möglichkeit, Einfluss auf die Weiterentwicklung des Vertragswerkes zu nehmen – vorausgesetzt, dass diese Fähigkeit auch weiterhin vorhanden ist. Durch den Ausstieg aus der Kernenergie verliert Deutschland nun seinen Einfluss bei den Verhandlungen über die Anpassung des Nicht-Verbreitungsvertrages an die globalen Gegebenheiten und damit auf die Verbesserung der globalen Sicherheit im Nuklearzeitalter. Deutsche Mitwirkung findet nicht mehr statt.

Auch die Aufregung um Gerhard Schröders Position bei Rosneft zeigt letztlich, dass unsere Nation aus internationalen Entwicklungsprozessen auszuscheiden bereit ist. Wir werden in Kernbereichen unserer eigenen Sicherheit mehr und mehr zur Verfügungs- und Plünderungsmasse Dritter. Das offenbart sich gerade in der Nuklearfrage auch am Beispiel unseres bisherigen Partners Japan. Die Sicherheitslage im nordöstlichen Pazifik gleicht seit Langem einem Pulverfass, das jederzeit droht, hochzugehen und den Globus zu verwüsten. Die Atommacht Nordkorea trägt noch dazu bei, dass sich Japan Bewegungsspielraum bei der nuklearen Rüstung offen hält. Gerade jetzt will die Regierung von Shinzo Abe die militärische Einsatzbegrenzung der Selbstverteidigungsstreitkräfte in der Verfassung ändern. Die politische Diskussion in Japan selbst umfasst mehr und mehr auch die Möglichkeit, sich Atomwaffen ins militärische Arsenal zu legen.

Diplomatische Autopanne

Aus dem dichten Netz an Erfahrungen, die ich durch meine zahlreichen Gespräche mit Staats- und Regierungschefs, den Oberbefehlshabern der Streitkräfte oder den Chefs der Nachrichtendienste in der Großregion von China und Indien über Pakistan und Iran sowie Zentralasien und Afghanistan bis hin nach Israel sammeln konnte, ergab sich für mich ab Mitte der 90er-Jahre eine zwingende Erkenntnis bezüglich der deutschen Politik ganz allgemein: Den Bemühungen um Konfliktschlichtung vonseiten der deutschen Regierung waren klare Grenzen gesetzt, dies bekam ich auch später auf dem Balkan im Vorfeld des Krieges gegen die Bundesrepublik Jugoslawien zu spüren.

Bei den Gesprächen mit Präsident Milosevic fiel mir auf, dass auf Informationen und Eindrücke, die ich, von einer generellen Mitteilung an den Fraktionsvorsitzenden Wolfgang Schäuble einmal abgesehen, doch lediglich an Bundeskanzler Kohl weitergegeben hatte, sowohl in Bonn als auch in Washington umgehend reagiert wurde. Ich musste also davon ausgehen, dass der für außenpolitische Fragen zuständige Mitarbeiter des Weißen Hauses über alle Gesprächsergebnisse informiert wurde. Offenbar liefen dort alle Erkenntnisse zu einem konkreten Sachverhalt zusammen. Für mich bedeutete dies, dass die Inhalte meiner Gespräche stets auf einem amerikanischen Schreibtisch landeten und ich also nie sicher sein konnte, dass der ursprüngliche Sinn und Zweck erhalten blieb. Das wurde mir anhand vereinzelter Aussagen vonseiten hoher Beamter klar, die nachdenklich machten, was den deutschen Handlungsspielraum betraf, auch wenn ich persönlich zu keinem Zeitpunkt den Eindruck haben musste, dass meine Gespräche konterkariert wurden. Bei Besuchen in Belgrad ging mir das immer dann durch den Kopf, wenn ich von Treffen mit Präsident Milosevic auf der Autobahn zum Flughafen unterwegs war und uns die Autokavalkade des amerikanischen Jugoslawienbeauftragten und späteren amerikanischen Botschafters in Deutschland, John Kornblum, entgegenkam. Es war, als wenn sich europäische Provinz im Taxi und Weltmacht im langgezogenen Autokonvoi begegneten. Meine Aufgabe bestand darin, es nicht zum Schlimmsten kommen zu lassen und gute Dienste anzubieten. Andere, so mein Eindruck, setzten einfach nur ihre Interessen durch.

Bei allen meinen Einsätzen in Belgrad musste ich mich dem deutschen Beamtenapparat gegenüber so verhalten, dass nichts von dem bekannt wurde, was eigentlich der Zweck meiner Reise war. Ähnlich in Teheran: Nach Gesprächen mit hochrangigen Vertretern stand 1996 ein kurzfristig angesetztes Treffen mit Staatspräsident Rafsandschani in seiner Residenz an. Es sollte, so die Vorgabe von Helmut Kohl, unter vier Augen stattfinden. Das war leichter gesagt als getan, denn der deutsche Botschafter war immer ebenfalls anwesend gewesen. Wie sollte ich ihm das nun erklären: Das Gespräch war in der Sache entscheidend, aber er durfte nicht dabei sein? Doch nur dadurch war sichergestellt, dass die Inhalte direkt an den Bundeskanzler gelangten. Wären sie nach dem Termin vom Botschafter an das Auswärtige Amt in Bonn weitergeleitet worden, hätten vermutlich lauschende ausländische Nachrichtendienste früher davon erfahren als Kohl. Ich musste also sicherstellen, dass sich bei meinem Weg zum Staatspräsidenten der Fahrer des Botschafters nicht wie selbstverständlich hinter uns klemmte und mein Ziel mitbekam. Aber wie? Nun, wir hatten plötzlich einen »Wagenschaden«, und mein Fahrer bedeutete dem nachfolgenden Fahrzeug, schon einmal vorauszufahren. Die Sicherheit der Gesprächsübermittlung ging vor.

Das Ende der Friedenspolitik in Europa

Bei allen Bemühungen der deutschen Außenpolitik, Konflikte und Kriege erst gar nicht entstehen zu lassen, ahnte ich, dass bei unserer Vermittlertätigkeit eine bestimmte Frage nicht gestellt werden durfte: Vermochten wir tatsächlich Einfluss darauf zu nehmen, wer auf der Welt über Krieg und Frieden entscheidet? Das war wohl eher zweifelhaft. Sowohl bei Besuchen im Kerngebiet des eurasischen Kontinents als auch in Japan, China, Indonesien, Indien oder Pakistan verstärkte sich mein Eindruck, dass das auf fairen Ausgleich zwischen den Staaten ausgerichtete Ansinnen Helmut Kohls letztlich auf eine unüberwindliche Hürde stieß: die Verweigerung amerikanischer und in gewissem Maße auch israelischer Politik. Es war für mich bei den Gesprächen offenkundig, dass sich die Vereinigten Staaten das alleinige Recht vorbehielten, über Krieg und Frieden zu bestimmen. In einer abgespeckten Version galt das auch für Israel, wie die Erfahrungen beim erfolgreichen Abschluss des Austauschs von Gefangenen und Toten im Jahr 1998 anbetraf. Wir hätten vielleicht weit mehr erreichen können, gerade in den Beziehungen zwischen Israel und dem Libanon, die sich bis heute spinnefeind gegenüberstehen. Aber zur Verständigung gehören immer mehrere Partner.

Mit Helmut Kohl 2002 auf Staatsbesuch in Jerusalem. In der Mitte Botschafter Rudolf Dreßler und ein Mitarbeiter

Bei Israel habe ich persönlich stets den Eindruck, dass wir Deutschen dazu angehalten werden, die Füße ruhig zu halten, und keine Rolle zur friedlichen Beilegung des Konflikts spielen sollen, denn dazu müsste uns von allen Konfliktparteien uneingeschränktes Vertrauen geschenkt werden. Stattdessen sollen wir uns klar auf die Seite Israels schlagen. Die militärische Entwicklung seit der Lieferung von Waffen an kurdische Kämpfer im Irak durch Deutschland, die nicht ohne Abstimmung mit Israel möglich gewesen sein dürfte, sowie die im Jahr 2017 erfolgte Positionierung der ehemals in der Türkei stationierten deutschen Kampfflugzeuge in Jordanien macht das deutlich.

Die erfolgreichen Gespräche mit der iranischen Führung bewiesen indes die Effektivität der Vorgehensweise Kohls. Und sie hätten ein Trockenlauf für Gespräche über noch viel kompliziertere Fragen sein können, um weitere Kriege zu verhindern. Diese Möglichkeit wurde nicht genutzt – vermutlich weil man sie nicht nutzen wollte. Vielleicht sollte auch in den von der Vergangenheit bestimmten Beziehungen zwischen den Staaten kein neues Element hinzukommen, das etwas anderes funktionsunfähig zu machen drohte: Die Vereinigten Staaten hatten in angelsächsischer Tradition ein Interesse daran, über die Konfliktzonen in dieser Welt eine optimale Ausgangslage zur Durchsetzung ihrer nationalen Belange herzustellen. Eine Politik, wie Kohl sie betrieben hatte, war da einfach nur hinderlich gewesen. Nach seinem Ausscheiden aus seinem Amt 1998 zeigte sich dann auch, dass seine Arbeit für den Frieden nicht weitergeführt wurde. Damit war es bei künftigen Bundeskanzlern vorbei, auch wegen der immer mehr ausgreifenden Kriegspolitik der Vereinigten Staaten.

USA rein, Russen raus

In jenen Jahren kursierten geflügelte Worte, die zu verdeutlichen suchten, wie die internationalen Organisationen in Europa zu bewerten waren. So äußerte sich etwa der erste Generalsekretär der NATO, der englische Lord Ismay, zu Beginn des Kalten Krieges sehr praktisch und fern jeder Bedrohungsanalyse, wie die angelsächsische Welt sie propagierte: Der Zweck der NATO bestehe darin, die USA in Europa zu verankern, die Russen draußen und die Deutschen unten zu halten. Die Europäische Gemeinschaft sei eine besondere Aufgabe für Franzosen und Deutsche, die KSZE für Russen und Deutsche.

Mit der OSZE/KSZE und der Charta von Paris waren nützliche Instrumente zur Konfliktbeseitigung, generell zur Verhütung von Konflikten geschaffen worden. Dabei nahm die KSZE nicht den Weg, den die europäischen Völker sich ursprünglich vorgestellt und mit den »drei Körben von Helsinki« festgelegt hatten. Die Bearbeitung der hier definierten politischen Felder fiel unterschiedlich aus. Während die Abrüstungs- und Rüstungskontrollverträge das Ende des Kalten Krieges bedeuteten und die jahrlangen Bemühungen vor 1990 krönten, stockte es bei den Menschen- und Bürgerrechten und mehr noch bei der wirtschaftspolitischen Zusammenarbeit, die KSZE geriet völlig aus der Spur. Das lag auch daran, dass seitens der Vereinigten Staaten alle Bemühungen, Handlungskonzepte für eine bessere wirtschaftspolitische Zusammenarbeit in Europa zu entwickeln, zunichte gemacht wurden.

Die USA zeigten demonstratives Desinteresse an der Arbeit der KSZE. Deren Abgeordnete erschienen nicht mehr zu den Jahrestagungen oder zu wichtigen Kommissionssitzungen der Parlamentarischen Versammlung oder wurden gar durch ihre jeweilige Parteiführung im Kongress ausdrücklich daran gehindert. Das geschah selbst als die Konferenzen im benachbarten Kanada stattfanden. Doch dann kam es zur Kehrtwende, und plötzlich stand der so lange sträflich vernachlässigte »Korb drei«, die Wirtschaftspolitik, im Mittelpunkt. Allerdings sollte jetzt alles auf das amerikanische Konzept Shareholder Value ausgerichtet werden.

In Europa – das nach der Charta von Paris eigentlich zusammenwachsen sollte – gab es zwei Bereiche gesteigerter Spannungen, das waren das Baltikum sowie der Balkan. Man musste sich nur mit den Verhältnissen in den baltischen Staaten oder mit in ungarischen Amtsräumen aufgehängten Landkarten beschäftigen, um Aufschluss über die Gefahrenpotenziale für diese Regionen und das Vertragsgebiet als Ganzes zu erhalten. Die wechselvolle Geschichte hatte die drei Staaten Estland, Lettland und Litauen hart getroffen. Die Auseinandersetzungen der größeren Nachbarn war auf dem Rücken ihrer Völker und auf ihren Territorien ausgetragen worden. Alle drei Länder sind 2002 der NATO beigetreten, von der sie sich offenbar die Durchsetzung ihrer nationalen Ziele erhoffen. Doch gehören Teile der im Baltikum lebenden Bevölkerung keiner der drei Titularnationen an, sondern die Menschen sind ethnische Russen, welche früher natürlich die Staatsbürgerschaft der Sowjetunion besaßen. Nun, nach deren Ende, werden sie als Staatenlose geführt und damit den Minderheiten zugezählt, da die Landessprache nicht ihre Muttersprache ist.

Für Minderheiten gelten aber in Europa allgemein akzeptierte Regeln, sodass ihnen eigentlich eine gedeihliche Zukunft auf dem Territorium der neuen Staaten zugesichert sein sollte. Das sieht man bei der deutschen Minderheit sowohl in Belgien als auch in Polen oder umgekehrt der polnischen Minderheit in Deutschland, den Sorben in Sachsen und den Menschen deutscher Sprache in Südtirol. Berühmt sind die Åland-Inseln vor der finnischen Küste, die eine rein schwedische Bevölkerung aufweisen, aber zum finnischen Staat zählen.

Doch in Estland, Lettland und Litauen ist die überwiegende Zahl der ethnischen Russen bis heute staatenlos, was auch vom übrigen Europa in einer unverständlichen Art und Weise hingenommen bzw. vonseiten der internationalen Organisationen OSZE, Europäische Union, Europarat und der NATO totgeschwiegen wird. Man kann sich hier des Eindrucks nicht erwehren, dass Hunderttausenden die Staatsbürgerschaft in ihrer angestammten Heimat verweigert wird, weil sie solcherart als immanente russische Bedrohung gelten können und somit das Spannungspotenzial zwischen NATO und der Russischen Föderation steigern. Mit ihrem Verhalten dienen sich die drei baltischen Länder den Vereinigten Staaten an, welche eine harte Frontstellung gegenüber dem Nachbarland einnehmen, wie die NATO-Panzer im Baltikum beweisen.

Es brodelt östlich der Oder aufgrund der gegen Russland gerichteten Politik, welche das amerikanische Außenministerium auf der Konferenz von Bratislava im Frühjahr 2000 den anwesenden Staats-

und Regierungschefs sowie führenden Beamten aus Ost- und Südosteuropa vorgestellt hatte. Der dort propagierte »Ost-Limes« von Riga nach Odessa und weiter nach Diyabarkir in Anatolien lässt die polnische Regierungspartei heute von einem »Intermarium« zwischen Ostsee und Schwarzem Meer träumen und offenbart damit polnische Großmachtfantasien. Hinzu kommen Forderungen an Deutschland und Russland nach willkürlich zu zahlenden Reparationen jenseits aller vertraglichen Vereinbarungen, sie führen zu einer explosiven Mischung von politischer Irredenta in der »Zone erhöhter Turbulenzen« zwischen Terespol, Narva, Königsberg und dem ukrainischen Mariopol.

Sonderfall Großbritannien

Ungelöste Minderheitenprobleme zogen sich von Anfang an durch die Arbeit der KSZE/OSZE, das galt nicht nur für den Balkan und das Baltikum. Nach den beiden Weltkriegen ist das Auseinanderklaffen zwischen Staatsgebiet und tatsächlichem Territorium, auf dem ein Volk lebt, nicht ungewöhnlich. Das gilt für finnische Inseln mit schwedischer Mehrheitsbevölkerung, die deutschen Gebiete von Eupen und Malmedy, die entgegen der Zusage, keine Gebietsveränderungen anzustreben, am Ende des Ersten Weltkrieges dem Königreich Belgien zugeschlagen wurden, oder auch Südtirol. In all diesen Fällen hat die Entwicklung nach Ende des Zweiten Weltkrieges dazu geführt, dass die Probleme sachgerecht gelöst wurden. Die garantierte Freizügigkeit der Bürgerinnen und Bürger innerhalb der Europäischen Union ist ein entscheidender Faktor, den Grenzen innerhalb Europas die Bedeutung der Vergangenheit zu nehmen. Eine Ausnahme bildet Großbritannien, das alle Streitfragen um Gebietsansprüche und Staatsbürgerschaften dazu nutzt, sein Verhalten gegenüber Nordirland und Gibraltar zu legitimieren.

Ob man zu Embargomaßnahmen greift oder friedliche Verständigungsmöglichkeiten gewählt werden, hängt nach Auffassung deutscher Verhandlungsdiplomaten davon ab, welche Rechtspositionen Großbritannien als wesentlich für seine Besitzungen aus kolonialer Vergangenheit in Europa erachtet. Es ist für die Öffentlichkeit nicht zu erkennen, in welchem Maße die durchaus komplizierte innere Lage des Vereinigten Königreichs bei internationalen Streitfällen die Verhandlungspositionen der britischen Regierung bestimmen. Während andere Staaten wie Deutschland an der Lösung akut auftretender Probleme interessiert sind und Lösungsvorschläge unterbreiten, ist der komplizierte innerbritische Vertragsmechanismus zwischen Wales und Schottland, Nordirland und Gibraltar und womöglich noch anderer Gebiete maßgeblich für die britischen Positionen. Man muss den Eindruck haben, dass Großbritannien im internationalen Leben aufgrund der kolonialen Vergangenheit eine Sonderrolle spielt und nichts gelingen kann, solange London Lösungsvorschläge nicht akzeptiert. Dies scheint nur für solche Lösungen möglich, welche die bestehende interne Struktur des Inselstaates bekräftigen und keinesfalls gefährden.

Dies zeigte sich auch bei den Embargoverhandlungen 1998 gegenüber Jugoslawien, neben einem anderen Aspekt, der Deutschland betraf. In den Jahren nach dem Zweiten Weltkrieg wurde die Zusammenarbeit der westdeutschen Wirtschaft mit Jugoslawien eng und enger. In der Folge wurden auf dem Balkan geltende Industrienormen den in der Bundesrepublik Deutschland geltenden angepasst, Jugoslawien arbeitete also nach deutschen Industrienormen. Die Embargoverhandlungen führten dann dazu, dass die Normen zugunsten der USA und Großbritannien wieder umgestellt wurden. Damit wurde der Geldzufluss an Jugoslawien gestoppt, um, so die offizielle Begründung der Amerikaner, die letzten Reste einer kommunistischen Wirtschafts- und Gesellschaftspolitik vom europäischen Kontinent zu verbannen und den an zur Adria vorherrschenden russischen Einfluss einzudämmen. Im Grunde muss die Beschlusslage des amerikanischen Kongresses von 1990 als zum Jugoslawien-Krieg führendes Steuerungsinstrument angesehen werden, hinter dem die als hauptkriegsursächlich geltenden Nationalitätenprobleme in den Hintergrund traten.

Der lange Arm der Versailler Verträge

In ungarischen Amtsstuben und öffentlichen Gebäuden zeigen Landkarten die Ausdehnung des Staates vor dem Ersten Weltkrieg. Sie überraschte die Besucher aus den Mitgliedsstaaten der KSZE/OSZE, auch weil der Kalte Krieg in Westeuropa einen Wissensverlust über die unter sowjetischer Kontrolle stehende Hälfte Europas mit sich gebracht hatte. Betroffen musste man zur Kenntnis nehmen, dass vom historischen Ungarn durch die sogenannten Pariser Vorortverträge gerade einmal ein Drittel übrig geblieben war.

Im Arbeitsbereich Menschen- und Bürgerrechte stand man beim Thema Minderheitenpolitik vor Problemen, deren Ursache im Ersten Weltkrieg zu suchen ist und mit denen sich die Europäer seither herumschlagen. Das galt und gilt für die Beziehungen der Kaukasusstaaten untereinander oder zwischen Armenien und der Türkei. Doch wurde kein gesamteuropäischer Lösungsansatz für als Minderheit geltende Angehörige eines Volkes entwickelt, wonach es auf dem Restterritorium des ursprünglichen Staates Staatsvolk im völkerrechtlichen Sinne war. Allein der Militärhistoriker Ioan Talpes, ein enger Vertrauter des rumänischen Staatspräsidenten Ion Iliescu, hatte im Zusammenwirken mit Gleichgesinnten ein Konzept zu bieten, das er 1994 auf dem Gipfeltreffen der KSZE in der ungarischen Hauptstadt Budapest vorstellte.

Die Untätigkeit der KSZE/OSZE war fatal, weil die nach wie vor drängenden Fragen Europa erneut zu vergiften drohten. Es muss davon ausgegangen werden, dass die Ursache dafür in der allgemein akzeptierten Alleinschuld Deutschlands und Österreich-Ungarns für den Ausbruch des Ersten Weltkrieges zu sehen ist, wie sie im Vertrag von Versailles und den Pariser Vorortverträge von 1918 bis in die 20er-Jahre hinein festgeschrieben wurde. Da die gesamte europäische Entwicklung darauf beruht, schien ein greifbares Einvernehmen zu herrschen, daran unter keinen Umständen zu rütteln. Inzwischen aber hat der britische Historiker Christopher Clark in seinem Buch

»Die Schlafwandler« das über die Jahre gültige Weltbild zerrissen. Jetzt waren es nicht mehr Deutschland und Österreich-Ungarn allein, sondern alle Beteiligten, die sich die Schuld an der »Urkatastrophe des 20. Jahrhunderts« teilen müssen. Die eigentliche Zündung durch britische Kreise zwecks Ausschaltung unerwünschter Konkurrenz seitens Deutschlands und Österreich-Ungarns wurde auch hier noch schamhaft verschwiegen. So weit wollte man dann doch nicht gehen, bei drohendem Brexit die Zentralverantwortung für den Ausbruch des Ersten Weltkrieges im Vereinigten Königreich zu sehen.

Im Juli 2004 war man da im Königlichen Schloss zu Edinburgh offener. Die Jahrestagung der Parlamentarischen Versammlung begann mit einem festlichen Empfang in hoch über der schottischen Metropole gelegenen Räumlichkeiten. Was die Briten in diesen Tagen an Gastfreundschaft und Effizienz unter Beweis stellten, sollte für lange Zeit in der OSZE eine Ausnahme bleiben. Es war schlicht grandios. Zu meinen schönsten Erinnerungen zählt zum einen die Wiederbegegnung mit dem polnischen Kollegen, mit dem ich meine erste Wahlbeobachtung in der Ukraine absolviert hatte. Eindrücklicher allerdings war die Diskussion mit einem fließend Deutsch sprechenden Vertreter des Foreign Office im Range eines Botschafters. Nach einer allgemeinen Klage über den Zustand der OSZE nach dem Jugoslawien-Krieg und dem amerikanisch-britischen Angriffskrieg gegen den Irak mit hunderttausenden Toten und dem fast vollständigen Verlust des historischen Erbes einer der Wiegen unserer Zivilisation kamen wir zur Sache. Ich sagte, nach meiner Ansicht praktizierten die Vereinigten Staaten in Europa und anderswo jene Form von Politik wie das British Empire nach dem Sieg über Napoleon. Vor dem Hintergrund endloser Verwüstungen hatten sowohl die Charta von Paris als auch der Wiener Kongress das Ziel, Kriege in Europa unmöglich zu machen.

Mein Gesprächspartner war so freundlich, mir den Ort auf dem Balkan zu nennen, wo Großbritannien nach 1820 alles unternommen hatte, die örtlichen Völkerschaften gegen die Herrschaft durch das

Osmanische Reich so aufzubringen, dass dadurch der Rückzug der Osmanen vom Balkan eingeleitet werden konnte. Damit sollte im britischen Interesse jeder Mechanismus zwischen den europäischen Großmächten zerstört werden, der auf einen friedlichen Ausgleich von Interessen und der Vermeidung von Kriegen ausgerichtet gewesen war. Der Erfolg gab den Briten recht, wie auch ihre von Wolfgang Effenberger mehrfach beschriebene Orchestrierung der Voraussetzungen, die für den Ausbruch des Ersten Weltkrieges ursächlich gewesen sind, gezeigt haben. Die Vereinigten Staaten betreiben bis hin zur Wortwahl von der »humanitären Intervention« und dem »Schutzrecht für Dritte« für ihre europäische Aggressionspolitik nichts anderes als eine Neuauflage der britischen Politik im 19. Jahrhundert.

Bis heute sind die Briten dabei in einer komfortablen Situation. Das wird deutlich, wenn man etwa Christopher Clarks Rolle bei der Meinungsbildung in Europa betrachtet. Die Deutungshoheit über die Geschichte, auch die deutsche, haben ausnahmslos englische Historiker, wie es der Militärhistoriker John Keegan im Zusammenhang mit dem Zweiten Weltkrieg meisterlich herausgearbeitet hat.[4] Auch Timothy Garton Ash, der im Jahr 2017 den Aachener Karlspreises erhielt, erklärt den Deutschen seit vielen Jahren, was sie von der eigenen Geschichte zu halten haben. Auffällig sind zudem Dauerkommentierungen über alle Aspekte der beiden Weltkriege durch prominente Vertreter aus Großbritannien und die häufigen Publikationen britischer Historiker über die Welt im 20. Jahrhundert. Sie unterscheiden sich indes kaum von Sendungen der öffentlich-rechtlichen Fernsehanstalten oder privater Programme in Deutschland oder Österreich mit ihren Endlosschleifen über verbrecherisches Handeln, das der einen oder anderen deutschen Staatsführung vorgeworfen wird. Potenzieller Sendeplatz für aktuelles kriegerisches und völkerrechtswidriges Verhalten der Vereinigten Staaten, Englands, Frankreichs oder Deutschlands ist schon belegt mit Sendungen über die deutsche Vergangenheit.

[4] »The Battle for History: Refighting World War II«, New York 1995

Der ehemalige Bundespräsident Joachim Gauck hat auf die Gefahr hingewiesen, die sich daraus ergeben kann, wenn bei Entscheidungen über den Einsatz der Bundeswehr in anderen Teilen der Welt und damit außerhalb des Vertragsgebietes der NATO die deutsche Geschichte herangezogen wird. Sie ist schließlich die Grundlage aller als sachgerecht zu bezeichnenden Entscheidungen, vor allem wenn ansonsten die Gefahr besteht, einschlägige Bestimmungen im Grundgesetz über die deutsche Friedenspflicht und des strikten Verbotes, sich an Angriffskriegen zu beteiligen, auszuhebeln. Deutsche Geschichte ist nicht nur dann Geschichte, wenn die Fehler der Vergangenheit heute auf der Seite der Mächtigen wiederholt werden sollen.

Es scheint einen in fast allen Publikationen und Sendungen kommunizierten Konsens zu geben, nicht nur in den Reportagen bei *ARTE,* die an das Jahr 1914 und den Ausbruch des Ersten Weltkrieges erinnerten, dass die »Sieger der Geschichte« ausnahmslos die Entente-Staaten seien, also die gegen die Mittelmächte gerichtete Kriegskoalition. Wo bleibt eine Dokumentation in den öffentlich-rechtlichen Medien, die den Versuch einer objektiven Darstellung der Ereignisse aus dem Blickwinkel der Mittelmächte unternimmt? Im Jahr 2016 wurde in Nordfrankreich an die großen Schlachten vor hundert Jahren erinnert. Es blieb Staatspräsident François Hollande und Premierminister David Cameron vorbehalten, auch den gefallenen deutschen Soldaten ehrende Worte zu widmen. Unvergessen ist zudem die Rede von Staatspräsident François Mitterand im Berliner Schauspielhaus am Gendarmenmarkt im Jahre 1994, worin er hervorhob, was deutsche Soldaten ausgemacht hatte. In Deutschland aber wurde das Thema vonseiten der Staatsspitze übergangen. Offenbar wird bei uns noch immer eine Alleinschuld am Ersten Weltkrieg akzeptiert. Bundesregierung und Medien halten somit an etwas fest, was längst überholt ist, selbst nach Ansicht ehemaliger Kriegsgegner.

Schreckgespenst Bundeswehrmacht

Eine andere aktuelle Diskussion über deutsches Regierungshandeln weist gleichfalls in die Geschichte zurück, bis vor die Zeit des Ersten Weltkrieges. Nach fragwürdigen Funden bei Bundeswehrsoldaten und Vorfällen in den Kasernen, ob tatsächlich oder behauptet, will man sich Gedanken machen über die Tradition, in der die Bundeswehr steht – ebenso wie Justiz, Wirtschaftsordnung oder Geistesleben, Medizin oder Polizei. Eine Kommission sollte einen neuen »Traditionserlass« aus der Taufe heben. Dabei standen nicht nur die Kaiserliche Armee, die Reichswehr, die Wehrmacht oder die Nationale Volksarmee, sondern auch die Bundeswehr selbst auf dem Prüfstand, alle Streitkräfte und damit Instrumente des deutschen Staates wie andere Einrichtungen auch. Natürlich entzünden sich die Diskussionen stets an der Wehrmacht: Devotionalien im Spind einer deutschen Kaserne bringen es garantiert in die Nachrichtensendungen. In den Fluren des Pentagons hingegen hängen

Paris, 14. Juli 2017: US-Präsident Donald Trump und der französische Präsident Emmanuel Macron gedenken der Gefallenen. Ein solch selbstverständliches Bekenntnis zur eigenen Militärtradition wäre heute in Deutschland undenkbar

ganz selbstverständlich und unhinterfragt Gemälde von siegreichen Schlachten der Wehrmacht oder heldenhaften Einsätzen einzelner deutscher Soldaten. Die hat man nicht selbst malen lassen, sondern die Bestände gleich mitgehen lassen. Und wer die Direktiven amerikanischer Präsidenten seit Bill Clinton zur Nationalen Sicherheit und darin die Ermächtigung zum globalen Krieg aus rein amerikanischem Interesse liest, fragt sich ohnehin, auf welcher Grundlage die Nürnberger Kriegsverbrecherprozesse gegen deutsche Militärs geführt worden sind.

Es ist erhebend, wie die Franzosen am Arc de Triomphe auf den Champs-Élysées ihrer Gefallenen gedenken. Die dort eingravierten Orte, die für französisch geführte Schlachten stehen, kennzeichnen die Blutspur von Imperialismus und Kolonialismus, und dennoch steht die Nation zu ihren Gefallenen, nicht anders als dies in Großbritannien der Fall ist. Am 14. Juli 2017 wurde mit einer großen Militärparade auf den Champs-Élysées der französische Nationalfeiertag in Anwesenheit von Donald Trump begangen. Der US-Präsident war gekommen, um an den Eintritt der Vereinigten Staaten in den Ersten Weltkrieg zu erinnern. Damit entschieden die USA diesen Krieg zugunsten der Entente-Staaten, der keineswegs von den Mittelmächten initiiert worden war, und verhinderten die drohende Niederlage der Entente. Dazu bekannten sich beide Präsidenten ohne jede Spur historisch gebotener Nachdenklichkeit.

Und in Deutschland sollen nun den Soldaten Thesen, in welcher Tradition sie sich zu sehen haben, »Sinn« geben können? Militärhistorisch wissen wir heute genau, worauf sich spezifisch deutsche militärische Fähigkeiten zurückführen lassen, welche sich von denen des amerikanischen Bündnispartners und seiner spezifischen »Befehlstaktik« unterscheiden. Wer aber zur Zeit des Kalten Krieges deutsche oder französische Großübungen erleben konnte, merkte auf Anhieb, wie man sich dort verstand. Beide europäischen Armeen praktizieren die unvergleichliche »Auftragstaktik«, welche die amerikanische Methode weit in den Schatten stellt. Und nach dieser

Doktrin haben die deutschen Streitkräfte auch während der Kriege im 20. Jahrhundert gekämpft. Und genau deshalb hängen die Bilder im Pentagon.

Es waren zudem Offiziere der Reichswehr und der Wehrmacht, die zwei historische Weichenstellungen deutscher Geschichte in die Wege zu leiten suchten. Dies gilt einerseits für die nationalsozialistische Revolution im Januar 1933, als versucht wurde, über den Reichskanzler Adolf Hitler die Armee wieder in die Funktion der zweiten Säule des Staates neben dem Reichspräsidenten und der Regierung zu bringen, so wie es die preußische Zeit und das kaiserliche Deutschland ausgemacht hatte. Strategische Absichten vonseiten deutscher »Militärkreise« nach der Wiedervereinigung zeigen, dass auch aus der Bundeswehr heraus danach getrachtet wird, politisch Einfluss zu nehmen. Deutsche Offiziere wollten über das Attentat am 20. Juli 1944 Reste der Würde und des Ansehens ihres Landes retten. Mit dabei waren zivile Repräsentanten Deutschlands, die vielfach Steigbügelhalter in Zeiten der Machtergreifung gewesen sind. Eine Diskussion über die Tradition, in der die Bundeswehr steht, sollte deshalb alle Aspekte der deutschen Geschichte stets im Auge behalten. Es kann nicht angehen, dass auf hohen Militärschulen im Ausland die Werke deutscher Militärführer aus dem Ersten und Zweiten Weltkrieges zum Pflichtprogramm gehören, während der Besitz dieser klassischen militärischen Lektüre in Deutschland die Entlassung aus der Bundeswehr zur Folge hat.

Und wie verhielt es sich mit der Nationalen Volksarmee der DDR im Gegensatz zur Bundeswehr? Der Aufbau beider Streitkräfte im geteilten Deutschland erfolgte in großer Zahl durch militärisch geschulte Führer aus der Wehrmacht. Der Unterschied bestand doch in der Hauptsache in der politischen Ordnung beider Staaten sowie einer westdeutschen Errungenschaft: dem »Soldat als Staatsbürger in Uniform«. Er hat der deutschen Gesellschaft im wahrsten Sinne des Wortes »gut getan« und verdeutlichte den Unterschied zu »Preußen im roten Gewand«. Schon kurz nach der Wiedervereinigung sahen

Führungskräfte der Bundeswehr wieder Zeiten des »Kämpfers« heraufziehen und meinten, sich vom »Staatsbürger in Uniform« und damit der Rechtsgebundenheit verabschieden zu können. Im persönlichen Gespräch haben oberste Rechtsberater der Bundeswehr mir gegenüber beredte Klage darüber geführt, dass sie mit ihren Mahnungen zunehmend auf taube Ohren stießen.

Einmal hat die deutsche Geschichte die bereits aufmarschierte NVA davor bewahrt, 1968 in die Tschechoslowakei einzumarschieren. Und es waren Offiziere der Roten Armee, welche die allzu freudige Bereitschaft hierzu auf ostdeutscher Seite ausbremsten. Die militärische Führung der NVA wusste im Jahr 1990 lange nicht, was mit der Armee geschehen würde. Dennoch sicherten sie den Prozess der Wiedervereinigung dadurch ab, dass Versuche, Panzer und Soldaten auf Berlin marschieren zu lassen, zum Beispiel vom Großstandort Eggesin in Mecklenburg-Vorpommern aus, im Keime erstickt wurden. Es mögen unterschiedliche Motive dafür existiert haben, aber letztlich wusste man doch, was man Deutschland schuldig war, und hat nicht gezögert. Das alles soll nicht zu den sinnstiftenden Beispielen deutscher militärischer Tradition zählen?

Reise zur russischen Riviera

Erstaunliche und weniger erstaunliche Wandlungen in der Ukraine

Die neue Zeit war angebrochen: Wie selbstverständlich flog ich mehrfach mit Lufthansa nach Kiew, in die Hauptstadt der Ukraine, nachdem diese im Dezember 1991 unabhängig geworden war. Als Wahlbeobachter für die Parlamentarische Versammlung oder für die politische Arbeit in Bonn und Berlin sollte dort die Lage sondiert werden. Die Ukraine war während des Kalten Krieges immer wieder ein Hotspot politischer Auseinandersetzungen gewesen, die etwa bei *Radio Free Europe* einen wichtigen Platz in der Berichterstattung einnahm. Als Nachrichten über Widerstände gegen die sowjetische Herrschaft die westlichen Medien erreichten, war alles Teil der ideologischen Auseinandersetzung und des Antagonismus, welche die Welt im Griff hielten. Mit Jurij Kostenko, dem Botschafter des jungen Staates in Bonn, hatte ich einen aufgeschlossenen und kundigen Gesprächspartner, dessen Ansichten für mich so wichtig waren in der Beurteilung der europäischen Angelegenheiten, dass ich mich sogar auf den Weg nach Tokio machte, als er anschließend dort die Ukraine repräsentierte.

Ich war sehr neugierig auf den östlichen Teil unseres Kontinentes, den wir jetzt endlich besuchen durften: das nahezu unbekannte Europa. Alles, was wir kannten, waren militärische Lage- oder Flugplatzkarten aus der Zeit der Blockkonfrontation, von wo aus wir die Angriffe sowjetischer nuklear bestückter Bomber erwartet hatten. Jetzt konnte ich in Kiew die Pfahlbauten bewundern, die dort an die ersten Rus erinnerten, welche in diesem Gebiet eine der Keimzellen des russischen Volkes gebildet hatten. Da die Tage einer Delegation zur Wahlbeobachtung bzw. als Abgeordneter des Deutschen Bundestages vom frühen Morgen bis zum späten Abend ein dichtes Programm aufwiesen, blieb leider nicht viel Zeit. Die berühmten

Höhlenklöster sah ich erst im Jahr 2007, als in Kiew die Jahrestagung der Parlamentarischen Versammlung der OSZE stattfand. Bei der Gelegenheit traf ich auch meinen Gesprächspartner aus Bonn, Jurij Kostenko, wieder, der es inzwischen zum stellvertretenden Außenminister seines Landes gebracht hatte.

Kiew, ohnehin beladen mit der Geschichte des Zweiten Weltkrieges, war für mich vor allem mit der Kriegsgefangenschaft meines Vaters verbunden, der nach seiner Gefangennahme als Soldat der Wehrmacht in den Kohlebergwerken des Donbass schuften musste, bevor er im September 1945 in die Heimat entlassen wurde. Dort aber kam er nicht mehr an, da er im Zug zwischen Krakau und Breslau verstarb. Sein Grab ist unbekannt. Der Gedanke an ihn bestimmte jeden meiner Besuche in Kiew. Ein Anlass fand sich immer, etwa der Hinweis, dass die trotz allem Niedergang beeindruckende Stadt nach den Zerstörungen des Krieges von deutschen Kriegsgefangenen wieder aufgebaut worden war. Jahre später, in Simferopol auf der Krim, hörte ich davon, dass auch hier der Bahnhof und der Amtssitz der Regierung von deutschen Kriegsgefangenen wiedererrichtet wurden. Es seien die am besten gebauten Gebäude der Stadt.

In der Ukraine fühlte ich mich wie zu Hause, nichts war mehr davon zu spüren, dass die Welt vor Kurzem noch ganz anders ausgesehen hatte. Es wurde stets der Eindruck vermittelt, die Fragen, die uns die Zukunft aufgeben würde, gemeinsam im Gespräch lösen zu können. Ganz heimisch wurde es in Lwiw, früher Lemberg, im Westen des Landes, wohin wir bei der ersten Wahlbeobachtung 1994 mit dem Nachtzug fuhren, der gegen 22 Uhr den Bahnhof in Kiew verließ, um gegen 6 Uhr morgens anzukommen: Das Stadtbild von Lemberg war so vertraut, wie man es von Orten zwischen Nürnberg und Wien kennt, während Kiew durch und durch sowjetisch anmutete. Lemberg war unser Westen – fremd fühlen konnte man sich hier nicht. Wie Kiew war es zwar ärmlich, doch die Menschen wirkten sehr tatkräftig, und wir waren sicher, in wenigen Jahren ein anderes Lemberg und ein anderes Kiew vorfinden zu können.

Während meiner Besuche legte ich stets Wert darauf, auch mit wichtigen Persönlichkeiten der orthodoxen Kirche zusammenzutreffen. Das religiöse Leben in der Ukraine ist vielfältig, die Wurzeln reichen nach Griechenland und Rom sowie ins Moskauer Patriarchat. Das war der Stolperdraht, denn alle, egal welcher Glaubensrichtung, wollten nun ungestörten Zugriff auf das Eigentum der Kirche. Die mit dem Zerfall der Sowjetunion verbundene Entwicklung, sich mehr und mehr auseinanderzuleben, zeigte sich deutlich. Bei den heftigen Auseinandersetzungen ging es um Einfluss, Macht und nicht zuletzt Finanzvermögen. Eigentlich spielte der Glaube nur eine instrumentale Rolle bei den Kämpfen um irdische Güter.

In den westlichen Nationen dürfte über die Wechselwirkung zwischen Staat und Glaubensgemeinschaft im östlichen Europa wenig bekannt sein. Vor allem ein Phänomen überrascht, das unmittelbar mit der heutigen Spannungslage zusammenhängt: Während früher infolge der Reduzierung der Streitkräfte nach Ende des Kalten Krieges zahlreiche Offiziere der Roten Armee als Priester in die orthodoxe Kirche wechselten, ist es heute andersherum, weil das Gefühl vorherrscht, wieder in Not zu sein. Wie sich die Dinge geändert haben, ist an der Entwicklung nach Abzug der sowjetischen Truppen in Deutschland, speziell der ehemals in Dresden stationierten Garde-Panzerarmee, festzustellen: Der Großverband wird seit einigen Jahren wegen der sich rapide verschlechternden Lage zwischen NATO und Russischer Föderation in der im westlichen Russland gelegenen Stadt Smolensk zur Verteidigung gegen den Westen wieder aufgebaut, was seinerzeit außerhalb jeder Erwartung war. Heute fügt es sich in ein Gesamtbild ein: Mehr als 80 Prozent der russischen Streitkräfte sind auf eigenem Territorium zum Schutze Moskaus disloziert, während mehr als 80 Prozent der amerikanischen Streitkräfte außerhalb der Vereinigten Staaten stationiert sind, auf mehr als fünfhundert Standorten rund um den Globus.

Wie bunt war die Revolution wirklich?

In der Ukraine sollte es nicht bei der staatsrechtlichen Trennung von Russland bleiben, das merkten wir bei den Wahlbeobachtungen sehr wohl, nicht zuletzt deshalb, weil zahlreiche westliche Nichtregierungsorganisationen die Wahlen zu bestimmen schienen und die politischen Parteien wie ihre Anhängsel wirkten, erkennbar am jeweiligen Kandidaten für die Präsidentschaftswahl, welche das Wohlwollen amerikanischer Senatoren sowie deutscher EU-Parlamentarier nebst zugehörenden Außenministern fanden, während andere eben nichts vorzuweisen hatten. Die NGOs aus dem Westen gaben in Kiew den Ton an, daraus machte Präsident Wiktor Juschtschenko beim großen Empfang anlässlich der Jahreskonferenz der Parlamentarischen Versammlung im Jahre 2007 kein Hehl. Es zeigte sich zudem an den Beratern aus diesen Organisationen vor Ort. Und auch die politischen Themen, mit denen wir bei Einzelbesuchen in Kiew, also außerhalb von Delegationen zur Wahlbeobachtung, konfrontiert wurden, entsprachen völlig dem, was uns aus Washington bekannt war.

Labour-Party-Politiker Bruce George, der 2004 als Präsident der Parlamentarischen Versammlung der OSZE eine maßgebliche Rolle bei den Neuwahlen in der Ukraine spielte

So bunt war die »Farbrevolution« in der Ukraine also nicht, weil es die Farbe nur auf der Seite derjenigen gab, die mit westlichen Kräften verbunden waren. Was es bedeutet, zur richtigen Zeit den richtigen Mann an der richtigen Stelle zu haben, zeigte sich bei der ukrainischen Präsidentschaftswahl im Jahre 2004, bei der Wiktor

Janukowitsch seinen Rivalen Wiktor Juschtschenko besiegt hatte. Präsident der Parlamentarischen Versammlung war damals der britische Abgeordnete Bruce George, und das sollte bei dieser Wahl den entscheidenden Ausschlag geben. Von Anfang an hatten die Briten die zentralen Verwaltungspositionen in der Parlamentarischen Versammlung durch sehr erfahrene Mitarbeiter besetzt, gegen sie lief nichts. Bruce Georges öffentlich vorgetragene Bedenken bezüglich der Wahl führten letztlich zur Wiederholung: Bruce George sprach, und die Wahlen mussten auf nationalen und internationalen Druck hin wiederholt werden, woraufhin sich das Blatt wendete.
Die Jahre zuvor konnte ganz Europa der ukrainischen Spezialinszenierung von Julija Timoschenko, der »Dame mit dem blonden Vollzopf«, und ihrer Berliner Verbündeten Angela Merkel zusehen. Die Vorstellung einer wundersamen Heilung verblüffte: Die bedauernswert kranke Frau Timoschenko war eben noch publikumswirksam in die Berliner Charité verbracht worden, um nach der Wahl putzmunter ihren politischen Aufgaben in Kiew nachzugehen.

Wunschreiseziel Krim

Im Herbst 2016 nahm ich in Moskau an einer Konferenz der Sinowjew-Stiftung in Zusammenwirken mit der Medienholding teil, zu der auch *RT* zählt. Gemeinsam mit einem Filmteam von *KenFM* sowie Ken Jebsen selbst wirkte ich am Programm der Konferenz mit. Hier entstand die Idee, wegen der Darstellungen in der westlichen, vor allem der deutschen Presse über die Situation auf der Krim, die nach dem von westlicher Seite zu verantwortenden Staatsstreich im Frühjahr 2014 über ein Referendum der Russischen Föderation beigetreten war, die Halbinsel bei nächster Gelegenheit gemeinsam zu besuchen.

Im April desselben Jahres war ein solcher Plan schon einmal angesprochen worden, nämlich durch Journalistinnen von der Krim, die ich bei einer großen Konferenz in St. Petersburg traf. Eine politische russische Stiftung hatte rund fünfhundert Vertreter regionaler Medien eingeladen sowie Repräsentanten des russischen Staates, an der Spitze Präsident Putin, sie standen stundenlang Rede und Antwort. So eine Diskussionsfreude und Bereitschaft, sich den Fragen von Pressevertretern zu stellen, hatte ich noch nie in meinem politischen Leben erlebt. Zusammen mit einem amerikanischen und zwei russischen Journalisten bestritt ich eine Podiumsdiskussion zum Thema »Informationskrieg«. Anschließend wollten zahlreiche Zuhörer mit mir sprechen, darunter auch jene Journalistinnen von der Krim. Dabei wurden Vorkommnisse während des Zweiten Weltkrieges angesprochen, und ich erzählte von meinem Vater. Ich hätte ihn nie kennengelernt und sei mir bewusst, dass Millionen Menschen in Russland sowie der Ukraine dasselbe auch von sich sagen könnten. Damit schlug die Stimmung um. Hatten sich meine Gesprächspartner zuvor der deutlichen Sprache bedient, derer die berichtende Zunft fähig ist, zeigte man nun Mitgefühl und Anteilnahme, wie es im eigenen Land vermutlich nicht möglich gewesen wäre.

Mein Besuch auf der Krim, der im Frühjahr 2017 erfolgte, war nicht nur von herausragendem politischem Interesse, es war ein verspäteter Tribut an meinen Vater. Denn bis dahin hatte ich bei meinen häufigen Reisen in die Ukraine aus Rücksicht auf meine Mutter eines vermieden: Ich hatte niemals Gegenden aufgesucht, die in irgendeiner Verbindung zu ihm standen. Im September 2016 teilte meine Mutter mir und meinem Sohn Markus mit, dass sie meinen Vater gebeten habe, sie »zu sich zu holen«. Dabei wies sie auf das große Bild im Silberrahmen, das sie als junge Frau mit ihrem gerade geborenen Sohn und ihrem Ehemann in Uniform zeigte. Markus und ich wussten, was nun bald geschehen würde. Und am Allerseelentag 2016, wenige Tage nach ihrem einhundertzweiten Geburtstag, verstarb meine Mutter.

Versöhnung und Spaltung

Am 8. November 2016 fanden in den USA die Präsidentschaftswahlen statt. Wegen der amerikanischen Politik gegenüber der Russischen Föderation, vor allem unter Außenministerin Hillary Clinton, musste man eigentlich mit dem Schlimmsten, das heißt: einem Krieg in Europa, rechnen. Dafür sprach, dass nach Bekunden führender Vertreter aus dem US-Außenministerium die Ereignisse in Kiew mit gut fünf Milliarden US-Dollar herbeifinanziert worden waren. Welche Veränderungen in Europa in jenen Jahren anstanden, konnte man gut auch an den russisch-deutschen Beziehungen bis zum Staatsstreich im Frühjahr 2014 in der Ukraine sehen. Beim großen Militärmusikfest im August 2012 zog erstmals in der neueren Geschichte das Stabmusikcorps der Bundeswehr unter dem Jubel der Moskauerinnen und Moskauer auf dem Roten Platz unter den Kreml-Mauern auf. Was für ein Bild war das, und welche Hoffnung verband sich damit! Während der Siegesparade auf eben diesem Platz im Jahr 1945 wurden hingegen Fahnen und Feldzeichen der deutschen Armee in den Dreck geschmissen, und zehntausende deutsche

Musikcorps der Bundeswehr auf dem Roten Platz anlässlich des Militärmusikfests 2012

Kriegsgefangene schoben sich über Moskaus Straßen. Kein Wunder: Die Sowjetunion musste infolge des deutschen Angriffs 1941 einen Blutzoll ungeheuren Ausmaßes zahlen. Und nun dieser Jubel beim Musikfest, bei dem man auf die jahrhundertelange enge Verbindung zwischen unseren Völkern sowie auf prominente Persönlichkeiten deutscher Herkunft im Dienste Russlands hinwies.

Es waren aber nicht nur diese Bilder: Seit meinem Ausscheiden aus dem Deutschen Bundestag im Jahr 2009 finde ich mich jeden Freitag im Düsseldorfer Steigenberger Hotel ein, um bei einer Tasse Kaffee einige Zeit zu verbringen. Unser Hund Pepper liebt diese Besuche, weil sie immer mit einigen Scheiben Wurst verbunden sind. Nicht weit entfernt ist das große deutsche Rüstungsunternehmen Rheinmetall zu Hause, welches ein millionenschweres neues Gefechtsführungszentrum für die russischen Streitkräfte baute. Daraus allein lässt sich schließen, wie gut die Qualität der russisch-deutschen Beziehungen zu dem Zeitpunkt war, als die Entscheidung zugunsten des gewaltigen Rüstungsprojektes anstand. Dasselbe gilt sicherlich auch für die NATO, die in den Prozess zu einer notwendigen Übereinstimmung eingebunden gewesen ist. Im Juli 2014 aber wendete sich das Blatt: In amerikanischen Magazinen erschienen Titelbilder und zugehörige Artikel, die Präsident Putin als politische Unperson auswiesen. Von hier war es nicht mehr weit, dass die Fertigstellung des Gefechtsführungszentrums seitens der Bundesregierung verhindert wurde. Bereits im Mai hatten führende deutsche Massenmedien wie *Bild am Sonntag* und *Der Spiegel* auf einen angeblichen Einsatz amerikanischer Söldnerverbände in der in Unruhe und bürgerkriegsähnlichen Verhältnissen befindlichen Ostukraine hingewiesen. Demnach sollen hunderte Söldner im Einsatz gewesen sein, und Bilder zeigten, wie sie über die Straßen im Häuser- und Straßenkampf hechteten.

Sanktionen und Blockade

In welchem Ausmaß Deutschland den harschen antirussischen Kurs der Vereinigten Staaten mitmacht, zeigt sich auch an der Präsenz der Bundeswehr auf dem NATO-Stützpunkt im estnischen Narva, etwa 150 Kilometer westlich von St. Petersburg, ehemals Leningrad, das im Zweiten Weltkrieg über zwei Jahre lang, von September 1941 bis Ende Januar 1944, von hauptsächlich deutschen sowie finnischen und spanischen Truppen eingekesselt war mit dem Ziel, die Menschen in dieser zauberhaften Stadt auszulöschen. Mehr als eine Million Menschen starben, die meisten verhungerten. An der Stadtgrenze sind die riesigen Gräberfelder aufgereiht. Von dort aus ist es nicht weit bis nach Narva.

Das vergangene Jahrhundert hat nach der britischen Hungerblockade am Ende des Ersten Weltkrieges gegen die deutsche Bevölkerung gesehen, wie verheerend die Folgen eines derartigen Vorgehens waren. Noch bis Mitte der 1920er-Jahre wiesen während der Blockade geborene Kinder bei weitem nicht den Körperbau eines normalen Geburtsjahrgangs auf. Da gleichzeitig die »Spanische Grippe« auf dem Kontinent wütete, wurden Millionen Menschen in Deutschland Opfer der nach dem Ende der Kämpfe fortgesetzten Hungerblockade durch Abschnürung der Häfen für notwendige Lebensmitteleinfuhren. Wie verheerend sich auch Sanktionen auswirken können, zeigt sich nach den Erkenntnissen der Vereinten Nationen vor allem in Nordkorea. Weite Teile der in den letzten zwanzig Jahren geborenen Menschen erreichen nicht die Leistungsfähigkeit von Menschen, die unter normalen Umständen das Licht der Welt erblicken. Sie werden nicht so groß wie ihre Altersgenossen in anderen Ländern, und auch ihre geistige Leistungsfähigkeit ist dramatisch eingeschränkt.

Als der Aufmarsch der NATO-Verbände gegen die russische Westgrenze in vollem Gange war, ließen sich deutsche Generäle mit markigen Sprüchen über den potenziell künftigen Gegner vernehmen.

In Deutschland wurde das kaum wahrgenommen. Gingen die Generäle etwa davon aus, dass er auch in St. Petersburg bzw. in Moskau ignoriert wurde? Bei ihrer Rede vor der Knesset in Jerusalem, dem israelischen Parlament, äußerte sich Bundeskanzlerin Angela Merkel in einer Weise zur Frage von Konsequenzen aus dem Zweiten Weltkrieg, dass Bundespräsident Joachim Gauck einige Jahre später auf die mit der Umsetzung ihrer Worte verbundenen Probleme hinwies. Nach den Bestimmungen des Grundgesetzes besteht für Deutschland als unmittelbare Konsequenz aus der Niederlage und der Verantwortung für diesen Krieg sowohl ein Verbot zum Angriffskrieg als auch die Verpflichtung, zum Frieden in der Welt beizutragen. Mit ihrer Teilnahme an NATO-Dauerkriegen verstößt die Bundesregierung gegen diese verfassungsmäßigen Pflichten. Noch nicht einmal das Bundesverfassungsgericht stellt sich dem entgegen. Angela Merkel aber erklärt den Staat Israel zur »deutschen Staatsraison« trotz der israelischen Verwicklungen in nah- und mittelöstliche Kriege, die jederzeit die Dimension eines Weltkrieges erreichen können. So weit ist die Bundeskanzlerin im Falle von Israel bereit zu gehen.

In diesem Frühjahr 2018 wurde an das Ende der Schlacht von Stalingrad erinnert – ohne jede Teilnahme durch die deutsche Bundesregierung. Man sah offenbar keinen Anlass, an die hunderttausenden Kriegstoten auf russischer, deutscher und europäischer Seite zu erinnern. Meint man in Berlin etwa, dass es in Russland unbemerkt bleibt, wenn man den Toten den Respekt verweigert und stattdessen eine Kriegsallianz mit den russischen Verbündeten des Zweiten Weltkrieges eingeht?

Jalta und die neue Zeit

Deutsche Panzer stehen wieder kurz vor St. Petersburg. Und unter diesen Umständen planten wir eine Reise auf die Krim. Da ich noch den Wahlausgang in den USA abwarten wollte, schlug ich die Zeit nach Ostern vor. Dann wäre das Wetter berechenbar – und auch der neue amerikanische Präsident. Diesbezüglich war ich voller Hoffnung: Zwar ging alle Welt davon aus, dass Hillary Clinton das Rennen gewinnen würde, ich aber machte kein Hehl daraus, in Donald Trump den Wahlsieger zu sehen. Dazu trug vor allem die sorgfältige Analyse eines amerikanischen Gesprächspartners zur Lage in den USA bei. Er nannte unterschiedliche Aspekte, etwa den Unmut des Militärs wegen der immer sichtbarer werdenden Verluste auf den unterschiedlichsten Kriegsschauplätzen sowie rasant wachsende innenpolitische Spannungen.

Ken Jebsen war bereits vor Ort, als ich Ende April 2017 auf der Krim eintraf. In der Halle des kleinen Flughafengebäudes von Simferopol warteten Gäste eines Aeroflot-Fluges aus Moskau auf ihre Gepäckstücke. Ein jüngerer Mann, der mit seiner Mutter unterwegs war, näherte sich mir und sprach mich auf Deutsch mit Namen an. Ich sei ihm über die *YouTube*-Sendungen von Ken Jebsen bekannt, seine ganze Familie würde meine Ansichten zu den Beziehungen zwischen den Staaten und Völkern in Europa teilen. Sie seien Russlanddeutsche und stammten aus Kasachstan. Als ich ihm sagte, ich sei auf dem Weg, mich mit Ken Jebsen zu treffen, waren seine Mutter und er überglücklich. Ich war noch nicht am Wagen eingetroffen, der mich ans Ziel bringen sollte, als die Wirkung dieser überaus netten Begegnung förmlich zerstob. Ich konnte nicht, wie üblich, bei meiner Frau zu Hause anrufen, weil das Handy wegen der gegen Russland verhängten Sanktionen genauso wenig funktionierte wie meine Kreditkarte, wie ich später feststellte.

Unweit von Jalta hatte eine große internationale Wirtschaftskonferenz stattgefunden. Ken Jebsen, Erwin Thoma, ein Holzbauunternehmer aus Österreich, und ein Kreistagsabgeordneter der Partei »Die Linke« aus Niedersachsen, Andreas Maurer, ehemals CDU, hatten daran teilgenommen und erwarteten mich.

Es war das Paradies auf Erden, das mich dort am Ufer des Schwarzen Meeres erwartete, als ich am nächsten Morgen auf den Balkon

Reisegefährten treffen sich in Jalta: Stehend neben Willy Wimmer Unternehmer Erwin Thoma, daneben sitzend Ken Jebsen mit Filmteam

meines Zimmers trat. Hatte es auf bei meiner Ankunft noch heftig geschneit, was die Fahrt über den Gebirgspass hierher mühsam gestaltete, bot sich mir nun ein unerwarteter Anblick. Vor mir glänzte das tiefblaue Meer, und seitwärts regten sich schneebedeckte Berge in den wolkenlosen Himmel. Jalta lag mir förmlich zu Füßen. Ein solches Bild war mir bei allen Reisen rund um den Globus noch nicht zuteil geworden. Bis zum Ende unseres Aufenthaltes von knapp einer Woche sollte es so bleiben.

Bei einer Fahrt über eine Küstenstraße vermittelte sich mir dann der Eindruck, irgendwo zwischen Italien und der Côte d'Azur unterwegs zu sein, ähnlich erging es mir beim Anblick des etwas morbiden Charmes der Stadt Jalta. Auf den letzten Stand des internationalen Komforts war hingegen das Hotel, welches ehemals zur sowjetischen Jugendorganisation »Komsomol« gehört hatte, inklusive Porzellan aus der Sowjetzeit in einem »hippen« Restaurant. Unmittelbar am

Saum des Meeres erbaut, wartete man in dem traumhaft schön gelegenen Resort auf Gäste aus dem Westen. Die bleiben sanktionsbedingt aus, auch im idyllisch gelegenen Hafen an der städtischen Promenade mit Hotels wie aus der Zeit der österreichisch-ungarischen Monarchie und mit spektakulärem Blick auf die Bergwelt. Anders als in den nächsten Tagen, wo wir fast eintausend Kilometer zurücklegten und dabei zahlreiche Neubaugebiete und Autobahnbaustellen passierten, herrschte in Jalta »Dornröschenatmosphäre«. Auffällig waren zudem zahlreiche Fahrzeuge deutscher Herkunft mit ukrainischen Kennzeichen. Offenbar ging es den Menschen hier gut. Hinter unserem Hotel standen großartige Villen, die sich dort zwischen den Weinreben die besten Plätze ausgesucht hatten. Sie gehörten prominenten Ukrainern wie Präsident Petro Poroschenko, einem seiner Vorgänger, Leonid Kutschma, und einem der Brüder Klitschko. Man hatte den Eindruck, dass die Dinge vor Ort weniger »heiß gegessen« wurden, als man zu Hause in den Zeitungen lesen konnte, wo die Presse wegen der Aufnahme der Krim in den russischen Staatsverband noch immer Schaum vor dem Munde hatte.

Das noch aus der Sowjetzeit stammende Jugendzentrum ARTEC glänzte an einem fast karibischen Strandabschnitt östlich von Jalta unterhalb der Krim-Form des Zuckerhutes von Rio. Tausende Schülerinnen und Schüler hatten sich bereits in dieser weltweit einzigartigen Schulanlage mit hervorragend ausgestatteten Sportanlagen aufhalten dürfen. Wir hörten, dass die Teilnehmer am Ende der wochenlangen Spezialkurse zur Raumfahrt oder zum Ballett aufgefordert waren, den mehrere hundert Meter hohen Berg am Rand des Schulgebietes zu besteigen, um ihr Selbstbewusstsein zu stärken. Den deutschen Jugendlichen, die bei unserem Gespräch einen Tag vor ihrer Abreise standen, war besonders aufgefallen, dass die russischen Teilnehmerinnen und Teilnehmer – weit mehr an der Zahl – sie vom ersten Augenblick an aufgenommen und ihnen das Gefühl gegeben hatten, dazuzugehören. Die Besichtigung endete mit einem kleinen Imbiss, den wir in den gastronomischen Einrichtungen zu uns nahmen. Die Räumlichkeiten und das Angebot an Speisen hätte man eher bei einem internationalen Großkonzern vermutet als hier. Kein Wunder, dass der Direktor sehr selbstbewusst auf das Ansehen seiner Einrichtung aufmerksam machte.

Begegnungen auf der Krim

Sergei Aksjonow, Jahrgang 1972 und Ministerpräsident der Krim, wäre in jedem deutschen Bundesland als in eben dieser Position oder in Berlin als Kabinettsmitglied vorstellbar. Er versprühte während unseres Gesprächs mit ihm in der Krim-Hauptstadt Simferopol eine besondere Form von Dynamik und war von einer gewinnenden Art. Zusammen mit dem Vertreter der deutschen Minderheit, dem ehemaligen Marineoffizier Yuri Hempel, konnte er sich etwas darauf zugutehalten, in den Wirren des Frühjahres 2014 einen Sturm auf das Parlamentsgebäude in Simferopol und ein Blutbad verhindert zu haben. Beim Staatsstreich spielte der Transport von Euromaidan-Anhängern eine große Rolle. Hunderte wurden von Kiew aus in die verschiedenen Landesteile geschickt, um den Umsturz zu vollziehen. Es war wie zu Lenins Zeiten: Die Eisenbahn war entscheidend. Auf der Treppe zum Plenarsaal aber stellten sich die Männer um Aksjonow und den Abgeordneten Hempel den Putschisten in den Weg. Das war zwar Vergangenheit, aber die Erinnerung daran noch frisch. Und die vom Westen verhängten Sanktionen zur Unterstützung der Putschisten vermochten ein Übriges. Zudem beklagte Aksjonow das Ausbleiben von Kreuzfahrttouristen in Jalta. Man wusste um seine Stärken als Feriengebiet, aber unter den gegebenen Umständen musste erst die Fertigstellung der Brücke bei Kertsch zwischen dem russischen Festland und der Krim zur Umgehung der Ukraine für russische Touristen abgewartet werden. Bei den Verkehrsverhältnissen hier wird es dann wohl zu einem Dauerstau zwischen Moskau und der Krim kommen. Sicherheit scheint dabei garantiert zu sein. In der knappen Woche unseres Aufenthaltes habe ich weniger Polizeifahrzeuge gesehen als in meinem dörflichen Heimatort Jüchen an einem Vormittag. In der ganzen Woche haben wir auf den Straßen zwei Militärfahrzeuge erblickt.

Begrüßung durch den Ministerpräsidenten der Autonomen Republik Krim, Sergei Aksjonow

Das, was die Krim in ihrem südlichen Teil ausmacht, kann man kaum besser erfahren als im krimtatarischen Gebiet um Bachtschyssaraj zwischen Simferopol und Sewastopol, der weißen Stadt am

Mit dem Kommunalpolitiker Andreas Maurer, der auch als Übersetzer fungierte, auf dem Plateau von Tepe Kermen

Meer. Es ist dort nicht allein der Khan-Palast oder die Ferienhäuser, die in Bachtschyssaraj von Touristen über das ganze Jahre hinweg im Voraus gebucht werden. Die örtliche Karawanserei mit ihrem vorzüglichen gastronomischen Angebot vermittelt orientalische Gelassenheit, mit der die Dinge des Lebens bewältigt werden können.

Von Bachtschyssaraj aus fuhren wir mit zwei ehemaligen Militärjeeps ins Gebirge, nach Tepe Kermen, um uns die dortigen Felsenhäuser anzusehen, die auf einem Plateau liegen. Während der Fahrt durchs Unterholz und über Flussfurten hinweg merkten wir schnell, dass die Strecke mit einem anderen Fahrzeug nicht zu bewältigen gewesen wäre. An den Toren der alten Stadt angekommen, nahm uns der Anblick förmlich den Atem. Wir standen unter einem Himmel, dessen Blau so eindringlich strahlte wie die Sonne, die sich den Himmel mit keiner Wolke teilen musste. Das Plateau auf mehreren hundert Meter hohen Abhängen war nach Norden leicht abschüssig. Wir hatten von dort oben einen klaren Blick bis zum Schwarzen Meer und nach Osten auf einen Teil der mittelalterlichen Seidenstraße. Die Örtlichkeit erinnerte an die jüdische Festung Masada in der Nähe des Toten Meeres, und ich dachte an das unbeschreibliche Gefühl, als ich in einem Hubschrauber der israelischen Armee saß und unser Pilot von dort oben direkt nach dem Start die Nase des Helikopters nach unten zog und förmlich den Hang abwärts stürzte. Hier in Tepe war der Abhang um ein Vielfaches höher. Nach Süden hin blickte man auf das Küstengebirge, das sich wie der Rücken einer Couch quer über die Insel legt mitsamt einem gewaltigen Tor als Durchbruch.

Schatten der Vergangenheit

Wer sich von den verheerenden Kämpfen des Zweiten Weltkrieges eine Vorstellung machen will, die hier tobten und hunderttausenden junger Soldaten das Leben kosteten, sollte den deutschen sowie den russischen Soldatenfriedhof bei Gontscharnoje besuchen und sich die endlosen Reihen der Stelen mit den Namen sowie Geburts- und

Sterbedaten der Gefallenen ansehen: Kaum ein Soldat war älter als siebzehn oder achtzehn Jahre. Auf dem russischen Soldatenfriedhof unweit des deutschen war es nicht anders, nur die Zahl der Getöteten lag viel höher. Für beide Friedhöfe hatten wir Kränze dabei. Auf dem deutschen Friedhof wurden rund 20 000 von 400 000 auf der Krim gefallenen deutschen Soldaten beigesetzt. Die gesamte Anlage war äußerst gepflegt dank eines russischen Ehepaares, das sich liebevoll um die Gräber der ehemaligen Feinde kümmerte. Inmitten sanfter bewaldeter Hügel gelegen, war der Ort im frischen Grün des beginnenden Frühlings von fast überirdischer Schönheit. Nichts störte die Ruhe, und bis auf eine weiter entfernte kleine Ansammlung von Häusern nichts das Bild. Den Kranz an den zentralen Gedenkkreuzen niederlegen zu können war für mich persönlich ein Anlass gewesen, die Krim zu besuchen.

Neben den zahllosen Toten gab auch etwas Aktuelles, das uns hier sehr bedrückte: Die seit 2014 rege Bautätigkeit auf der Krim trägt

Kranzniederlegung auf dem Soldatenfriedhof bei Gontscharnoje. In der Bildmitte der Abgeordnete Juri Gempel, Vertreter der deutschen Minderheit im Krim-Parlament

dazu bei, dass zunehmend die sterblichen Überreste deutscher Soldaten aus dem Zweiten Weltkrieg gefunden werden. Nach russischem Recht können diese aber nur beigesetzt werden, wenn ihre Identität zweifelsfrei feststeht, dazu aber ist eine Zusammenarbeit zwischen deutschen und russischen Behörden erforderlich, welche aufgrund der verhängten Sanktionen nicht erfolgt. Nach meiner Rückkehr nach Deutschland schrieb ich wegen dieser Sache Bundespräsident Frank-Walter Steinmeier an und bat ihn um Vermittlung (Anschreiben im Anhang des Buches). Eine Antwort habe ich nicht erhalten, er hält sich da offenbar heraus. Also werden die Gefallenen nicht beigesetzt, und ihre Angehörigen können nicht über das Schicksal ihrer Lieben unterrichtet werden. Es gibt wohl sonst kein Land dieser Erde, das seinen Gefallenen die letzte Ehre verweigert. Steinmeiers Schweigen summiert sich mit der kürzlich erfolgten öffentlichen Distanzierung von der Wehrmacht und deren Soldaten durch Verteidigungsministerin Ursula von der Leyen. Doch deutsche Soldaten sind heute wieder in anderen Teilen der Welt im Einsatz. Wenn sie auf das Verhalten des Staates gegenüber ihren gefallenen Kameraden in einem anderen Krieg blicken, wird ihnen vor Augen geführt, wie es auch ihnen ergehen könnte.

An der »Côte de Russe«

Die Vergangenheit holt jeden ein, der die Krim besucht. Es ist aber auch der Gedanke an Kommendes, das schaudern lässt. Stehen wir wieder einmal an der Vorstufe zu einer globalen Auseinandersetzung? Mit der Offenheit nach Ende des Kalten Krieges ist es jedenfalls vorbei, was sich auch daran zeigt, dass intensiv gepflegte Freundschaften zwischen hiesigen und deutschen Partnerstädten von der Europäischen Union auf Druck der Vereinigten Staaten nach dem Staatsstreich in der Ukraine abgeschnitten wurden. So fuhr man gerne nach Badenweiler, der Stadt, wo der große russische Schriftsteller Anton Tschechow früh verstarb, und der Gegenbesuch von dort ließ nicht auf sich warten. Auf den öffentlichen Ämtern der Krim arbeiteten noch die gleichen Leute, die für diese Besuche verantwortlich gewesen waren, denn nach der Eingliederung in die Russische Föderation hatte es kein großes Aufräumen gegeben. Die Menschen übten ihre Tätigkeit aus wie vor dem Referendum. Es schien sehr entspannt zu sein. Diejenigen, die nichts mehr von sich hören ließen, waren die Freunde aus Deutschland oder anderen westeuropäischen Staaten, die seit der Präsidentschaftswahl 2004 alles daran gesetzt hatten, eine dem Westen hörige Regierung in Kiew zu installieren.

Dabei zeigt doch gerade das sorgsam gepflegte Wohnhaus von Anton Tschechow auf, was uns verbindet. Die Häuser von Jalta stehen dicht gedrängt zwischen dem Ufer des Schwarzen Meeres und der städtischen Umgehungsstraße, wo man sich trotz Fahrzeugdichte bemüht, so etwas wie fließenden Verkehr zu ermöglichen. Kurz vor dieser Straße kommt man zum Eingang der kleinen Grünanlage, die der Erinnerung an den Autor gewidmet ist. Treppenstufen führen in den tiefer gelegten Garten. Eingebettet ins Grün der Bäume und Sträucher, liegt zur Linken ein elegantes Gebäude mit Vortragssaal. Rechts geht es zum Wohnhaus. Die Kustodin machte uns hier und dort auf das Alter der Pflanzen aufmerksam. Vieles wurde noch von Tschechow selbst gepflanzt. Vom Garten wie vom Wohnhaus geht ein Zauber aus, und mich hätte nicht gewundert, das ganze angeschmiegt an eine Mauer des Vatikans zu finden.

In dem anderen Gebäude fand eine Vortragsveranstaltung statt. Die Türen waren bei frühlingshaften Temperaturen geöffnet. Wir hörten den Redner, und die Gäste hörten offenbar uns. Plötzlich stand eine Dame neben uns, die noch ihre Vortragsunterlagen in Händen hielt und sich als Literaturprofessorin aus Moskau vorstellte: Tatjana Boldova. Sie habe deutsche Wortfetzen vernommen und freue sich, uns im Hause Tschechow anzutreffen. Man warte sehnsüchtig darauf, die Kontakte nach Badenweiler wiederbeleben zu können. Herzlichkeit, wo wir uns aufhielten – so auch am Sommerpalast der Zaren, an einen Hang geschmiegt und hoch über dem Schwarzen Meer, der Ort, wo über das Schicksal Deutschlands im letzten Kriegsjahr entschieden wurde. Umgeben war das Schloss von einem Park mit mächtigen Bäumen und sorgsam komponierten Blumenrabatten, wie überall hier bis zum letzten Grashalm gepflegt. Beim Verlassen der Schlossanlage kam uns eine Gruppe junger Tänzerinnen und Tänzer vom Toreingang her entgegen, welche zu der Heiterkeit, die das Schloss vermittelte, dazuzugehören schienen. Sie hatten einen Auswahlwettbewerb der besten Volkstanzgruppen auf der Krim gewonnen und flatterten förmlich in ihren Tanzkleidern durch den Schlosspark, während die Gäste aus Deutschland Fotos schossen. Ken Jebsen mit seinem Filmteam fing die Atmosphäre ein.

Umkehr der Allianzen

Ken Jebsen hatte das schier Unmögliche geschafft, sein Interview mit Andreas Maurer, Erwin Thoma und mir an berühmter Stelle stattfinden zu lassen, genau dort, wo einst über das Schicksal Deutschlands entschieden worden war. Das Bild ging seinerzeit um die Welt und ist noch immer im globalen Gedächtnis: Churchill, Roosevelt und Stalin, ihre wichtigsten Berater hinter ihnen, sitzen im Innenhof des Zarenschlosses auf der Gartenbank. Der Platz war eigentlich für die Öffentlichkeit nicht zugänglich, ein Einblick lediglich von den Zimmerfluchten aus möglich. Wenn man die Fotos an den Wänden

Konferenz von Jalta reloaded: Filmaufnahmen an historischem Platz (Screenshot aus der Videodokumentation von KenFM)

betrachtete, die den Tagungsort der Jalta-Konferenz im Winter 1945 wiedergaben, staunte man, dass hier eine so große Veranstaltung mit tausenden Mitarbeitern stattfand.

Im Zarenschloss war ein Kommen und Gehen, und die erste Gruppe, auf die wir stießen, kam aus der Stadt Chabarowsk in Russisch-Fernost, am Amur gelegen und Nachbar des großen China. Es war ein lustiger Austausch, ganz nach dem Motto, woher und wohin. Etwas ungläubig war man, als ich meine Eindrücke des winterlichen Chabarowsk wiedergab. Dass ich dort gewesen war, hatten die Besucher nicht erwartet. Die heutigen politischen Verhältnisse in Europa zeigen eine Umkehr der Allianzen aus dem Zweiten Weltkrieg. Und wenn im Falle eines konventionellen Konfliktes nichts mehr von uns übrig bleiben sollte, so gilt das auch für die Nachbarstaaten. Heute NATO-Truppen an der russischen Westgrenze zu sehen, bedeutet gleichsam den Wegfall militärischer Auseinandersetzungen vor dem nuklearen Schlagabtausch, wodurch die Vernichtung der russischen Staatsführung eine Frage von Minuten zu sein scheint. Dies muss bedacht werden, ebenso die Frage, was wir mit der absprachewidrigen Ausdehnung der NATO nach Osten eigentlich zugelassen haben. Dies geschah in einer Zeit, als der Westen vor lauter Kraft nicht gehen konnte und seine Möglichkeiten überdehnte. Umstände, die neben sehr vielen anderen zur Wahl von Donald Trump geführt haben. Zwangsläufig musste sich die russische Führung auf das einstellen, was von Westen an sie heranrollte, vor allem nach der Erfahrung mit dem westlich organisierten Staatsstreich in der Ukraine. So erklären sich militärische Potenziale, nicht nur in der Form der nach Westen dislozierten Garde-Panzerarmee in Smolensk. Diese Potenziale werden wirken, unabhängig von einem akuten politischen Willen in Washington, London, Paris oder Warschau und Berlin. Wollen wir von diesen Elementen die Zukunft des Kontinentes bestimmt sehen?

Nach Besichtigung der Halbinsel Chersones mit der mächtigen orthodoxen Kathedrale und Ausgrabungen aus der griechischen Zeit fuhren wir in das Herz von Sewastopol: den Kriegshafen. Es war früher Nachmittag, und bei strahlendem Frühlingswetter flanierten die Menschen über den großen Platz, über den wir zur Anlegestelle unserer schwimmenden Nussschale gelangen sollten. Es hätte irgendwo an der französischen Mittelmeerküste sein können. Später, nachdem wir unsere Rundfahrt beendet hatten, verstärkte sich dieser Eindruck auf den äußerst gepflegten Straßen der Innenstadt noch. Sewastopol war eine Reise wert, so kurz sie für uns auch war. Ken Jebsen hat die knapp einstündige Fahrt kreuz und quer durch den Kriegshafen genutzt. Kurz zuvor war einer der modernsten russischen Raketenkreuzer, die »Moskwa«, eingelaufen und glänzte nun im Sonnenlicht. In anderen Ländern hätten wir vermutlich das Misstrauen des Militärs hervorgerufen. Für Ken Jebsen war es eine

Unmittelbar vor dem Interview im Kriegshafen von Sewastopol: Filmaufnahmen? Kein Problem!

»Location« unter vielen, und er hat für das Internet festgehalten, was wir hier im Kriegshafen von Sewastopol zu sehen bekamen.

Von Sewastopol schien in den ersten Monaten des Jahres 2014 das Schicksal Europas, wenn nicht der Welt abzuhängen. Noch in der Nacht nach dem Staatsstreich waren die Züge mit Putschisten von Kiew aus in Marsch gesetzt worden, um auf der Krim eine neue Ordnung herzustellen – Ziel des Umsturzes in der Ukraine. Es galt, die vertragsgemäße Stationierung der russischen Flotte im Schwarzmeerhafen Sewastopol zu beenden und damit ihre Versorgungsfunktion im Bürgerkrieg für die Regierung Assad zu kappen.

Man erinnere sich: 2011, kurz vor Ausbruch des syrischen Bürgerkrieges, hielten sich hartnäckig Nachrichten darüber, dass ein Abkommen zwischen Israel und Syrien über die Rückgabe der von Israel besetzten Golanhöhen kurz bevor stehe. Der hügelige Landstrich liegt in Sichtweite von Damaskus, der syrischen Hauptstadt. Ein wesentliches Hemmnis für einen Frieden in Nahen Osten wäre damit entfallen. Doch zur Unterschrift unter den Friedensschluss kam es nicht mehr, da amerikanische, britische und französische Spezialkräfte im latent spannungsgeladenen Syrien Anlässe schufen, um den Bürgerkrieg zu entfachen. In dieser Lage wandte sich Präsident Assad an den langjährigen Verbündeten, die Russische Föderation. Seit Jahrzehnten unterhielt Moskau Stützpunkte in Syrien, darunter den Marine- und Luftwaffenstützpunkt Tartus am Mittelmeer. Darüber wurde und wird die Versorgung für die Streitkräfte des syrischen Präsidenten Assad wahrgenommen. Die Unterstützung der legitimen Regierung von Präsident Baschir al-Assad durch die Russische Föderation steht in Übereinstimmung mit den geltenden Regeln des Völkerrechts, was von dem Militäreinsatz der Vereinigten Staaten, Frankreichs, Großbritanniens und auch Deutschlands in Syrien nicht gesagt werden kann.

Im Judogriff der Sanktionen

Die sogenannte Ukraine-Krise und die Auseinandersetzungen um die Krim sind Teil eines weit größeren Konfliktstoffs. Denn die Region südlich der Russischen Föderation war schon lange das Ziel der Vereinigten Staaten. Bereits mit den beiden Kriegen in Tschetschenien, dem Aufenthalt der gesponserten Taliban aus Afghanistan im Kaukasus und den Kriegen gegen den Irak haben die USA mit der Krim als Brückenkopf alles unternommen, um gegen Russland vorzustoßen. Doch auf einmal standen im Frühjahr 2014 statt libellenartig behelmter Zukunftskrieger richtige Soldaten auf den Straßen der Krim, unerschütterlich und breitbeinig mit einer Botschaft an die Welt: Bis hierher und nicht weiter! Solche Bilder war man nach dem Ende des Kalten Krieges nicht mehr gewohnt. Es hallte um den Globus und zeigte eine neue Zeit an.

In der Folge verhängten die Vereinigten Staaten sowie die Länder der Europäischen Union Sanktionen gegen die Russische Föderation wegen der angeblichen »Annexion« der Krim. Offenbar wollte man deren Aufnahme in den russischen Staatsverband aufgrund eines überwältigenden Abstimmungsergebnisses nicht zur Kenntnis nehmen. Stattdessen werden in einer wegen der Folgen der Weltfinanzkrise ohnehin schwierigen wirtschaftspolitischen Lage Russlands Moskau die Daumenschrauben angelegt, auch wenn es noch so unwahrscheinlich ist, die Krim dadurch wieder ukrainischer Oberhoheit unterstellen zu können. Das allerdings ist auch gar nicht wirklich das Ziel. Vielmehr soll Russland deutlich geschwächt werden, damit amerikanische Interessen mit größter Durchschlagskraft durchgesetzt werden können.

Die Sanktionen haben für die Vereinigten Staaten einen berückenden politischen Charme. Denn auf diesem Weg können lästige Mitbewerber wie die Italiener, die Franzosen oder die traditionell mit Russland verflochtene deutsche Industrie aus dem Felde gedrängt werden. Bei einer Rede vor der Harvard-Universität ließ sich US-

Vizepräsident Jo Biden triumphierend vernehmen: Den Europäern seien »die Arme auf den Rücken gedreht worden«, man »habe sie am Haken«.

Sollte es gelingen, die Russische Föderation in die Knie zu zwingen, wären die Vereinigten Staaten gleichsam am Ziel ihrer Träume. Der zur Übernahme reife russische Markt läge allein für sie, vorneweg für die Finanzindustrie, auf der Ladentheke, während die durch die Sanktionen praktischerweise gleich mit geschwächten Europäer das Nachsehen hätten und sich vonseiten der Russischen Föderation auch noch anhören müssten, sie hätten den langjährigen Vertragspartner schmählich im Stich gelassen. Russland stünde den Vereinigten Staaten offen wie ein Scheunentor.

Silberstreif am Himmel: Vorsichtiges Hoffen auf Donald Trump

Unheilige Allianz zwischen Demokraten und Republikanern

Unsere Reise auf die Krim hatte mehrere Vorgeschichten, die zwei bis drei Jahre zurückreichen. Eine davon war die erwähnte Konferenz des Sinowjew-Klubs in Moskau im Spätherbst 2016, wenige Tage vor der amerikanischen Präsidentschaftswahl.

Seit dem Putsch in der Ukraine mit der Vertreibung des gewählten Präsidenten Wiktor Janukowitsch ist im Westen insgesamt eine gefährliche Aggressivität gegenüber der Russischen Föderation und vornehmlich der Person Wladimir Putin zu beobachten. Die besondere Brisanz ergab sich meines Erachtens aus dem Umstand, dass sich in den USA schon vor der der Amtszeit von Präsident Barack Obama eine parteiübergreifende Kriegskoalition herausgebildet hatte. Vor allem Hillary Clinton, die Kandidatin der Demokraten für das Präsidentenamt, stand für eine konfliktträchtige Politik. Ebenso zeigten sich republikanische Senatoren wie John McCain und andere als sehr angriffslustig gegen alles, was sich der amerikanischen Hegemonialpolitik in den Weg stellte oder zu stellen drohte. Hillary Clinton aber war de facto die Speerspitze einer in gleichem Maße von Demokraten und Republikanern bestimmten Formation, deren Politik zum erneuten Aufflammen einer atlantikübergreifenden Konflikt- und Kriegsbereitschaft gegen der Russischen Föderation geführt hatte. Donald Trump hingegen, der Kandidat der nicht dem Parteiestablishment angehörenden Republikaner, war in meinen Augen nicht auf Krieg oder Dauerkonflikte gegen Russland aus.

Gespräche von mir mit israelischen Gesprächspartnern drehten sich seit Langem um die Frage, warum Israel die auf Endloskriege angelegte amerikanische Politik so bedingungslos mitzumachen schien und so wenig an der Seite europäischer Institutionen zu finden war. Die Antwort fiel eindeutig aus: Nur die Vereinigten Staaten seien in der Lage und willens, fast bedingungslos an der Seite Israels zu stehen. In dieser Haltung komme das Europa der Europäischen Union der amerikanischen Einstellung Israel gegenüber nicht gleich. Nach der deutschen Wiedervereinigung habe sich nach Einschätzung meiner Gesprächspartner etwas Grundlegendes im Beziehungsgeflecht zwischen Washington, Tel Aviv und Bonn/Berlin verändert: Früher verfügten die politischen Kräfte Israels über exzellente Beziehungen zu den US-amerikanischen Demokraten, die westdeutschen Christdemokraten zu dem Republikanern, heute wäre das anders. Während Israel vorzügliche Beziehungen zu beiden großen amerikanischen Lagern habe, seien die Verbindungen von CDU/CSU und SPD über den Atlantik bei weitem nicht mehr so ausgeprägt. An dieser Feststellung war etwas dran. Es sah jedenfalls so aus, dass es früher eine gewisse Aufteilung von Einwirkungsmöglichkeiten gegeben hatte, die in dem Augenblick beendet wurde, als die Sonderbeziehungen der Republikaner zu den Christdemokraten zugunsten intensiver Verbindungen nach Israel die Zukunft bestimmten.

Nationale Sicherheitsberater: Von Flynn zu Bolton

2015 hatte ich in Moskau, beim Jubiläum von *RT,* Generalleutnant a. D. Michael T. Flynn kennengelernt, langjähriger Chef des amerikanischen Militärgeheimdienstes DIA. Er war unter dem demokratischen Präsidenten Barack Obama aus dem aktiven Dienst ausgeschieden. Ihm verdanken wir die öffentlich getätigte Aussage, dass der IS, die Brandstifterorganisation im Nahen und Mittleren Osten, auf amerikanische Initiative zurückgeht. Das war allerdings nicht neu. Seit dem Aufkommen der Taliban Mitte der 90er-Jahre in Afghanistan haben wir im Westen mit Bedrohungen zu tun, die aus westlichen Bündnisreihen erschaffen worden waren. Hinzu kamen noch eine Reihe von Golfstaaten sowie die »Mutter allen Terrors«, Saudi Arabien.

Die Anwesenheit von Michael T. Flynn in Moskau machte Laune. Offensichtlich waren nicht alle in Washington auf Dauerkriegspfad. Schlagartig ging mir durch den Kopf: Jetzt müsste Donald Trump nur noch als Präsidentschaftskandidat der Republikaner aufgestellt und anschließend gewählt werden. General Flynn bedeutete für mich einen Silberstreif am Himmel: Würden die Vereinigten Staaten endlich auf die Russische Föderation zukommen? Damit verlöre die auf der Konferenz in Bratislava ausgerufene »eiserne Ostfront« zwischen Riga und Odessa, welcher die damals angesagte totale Abschottung gegenüber Russland versinnbildlichte, seine Gültigkeit.

Meine Erwartungen haben sich nach der Wahl von Donald Trump nicht erfüllt. Zwar ernannte er Michael T. Flynn zum Nationalen Sicherheitsberater, aber der trat bereits einen Monat nach seiner Ernennung wieder zurück. Er verkörperte für die parteiübergreifende Kriegskoalition das mögliche Ende ihrer gegen Russland gerichteten Planungen, obwohl auch nach Trumps Amtsantritt die rings um den Globus stationierten Militärbefehlshaber das System der amerikanischen Globalkontrolle uneingeschränkt, auch über das Hauptquartier in Stuttgart, aufrecht erhielten. Am 22. März 2018 zerstoben meine Hoffnungen förmlich mit der Ernennung des neuen Nationalen Sicherheitsberaters, diesmal in der Person von John Bolton, des für seine Kriegslust bekannten ehemaligen US-Botschafters bei den Vereinten Nationen. Gegen ihn waren amerikanische Spitzendiplomaten einst geradezu Sturm gelaufen. Und es war John Bolton, der den Staats- und Regierungschefs sowie führenden Beamten aus Ost- und Südosteuropa bei der Spitzenkonferenz in Bratislava jenes Konzept einer imaginären Grenzlinie quer über den Kontinent vorstellte.

Die ganze Dramatik der Veränderungen war bereits im Januar 2018 offenkundig. Die Rede des britischen Generalstabschefs Nick Carter

John Bolton, bekennender Bellizist und neuer Nationaler Sicherheitsberater von US-Präsident Donald Trump

vor dem Royal United Services Institut blieb zunächst relativ unbeachtet, obwohl man in Deutschland hätte aufmerken müssen. Carter sprach von einem kommenden Krieg gegen Russland. Dabei wurde Interesse Großbritanniens offenkundig, seine Truppen nicht vereinbarungsgemäß im Jahr 2019 aus Deutschland abzuziehen. Das war die britische Einstimmung auf das neue Jahr. Dabei war man in den letzten Jahren einiges von der Insel gewohnt. Die Briten hatten dafür gestimmt, die Europäische Union zu verlassen. Dem Brexit waren jahrlange Auseinandersetzungen vorausgegangen, zudem ein Wahlkampf, bei dem zu jedem unlauteren Mittel gegriffen wurde. Besonders der heutige Tory-Außenminister Boris Johnson hat sich dabei hervorgetan, der sich offensichtlich auf seine Rolle als zweiter Winston Churchill vorbereitet.

Einem Donnerschlag kam es allerdings gleich, als Premierministerin Theresa May den Kriminalfall in Salisbury zu massiven Beschuldigungen gegen die Russische Föderation und Präsident Putin nutzte und den Einsatz von Massenvernichtungswaffen gegen Großbritannien anprangerte. Beweise für ihre Behauptungen wurden nicht vorgelegt, und Wochen später steht ein Untersuchungsergebnis einer unabhängigen Instanz noch immer aus. Es ist offenkundig, dass Maßnahmen gegen die Russische Föderation eingeleitet werden sollten.

Fast in Vergessenheit geraten ist, dass die schmierigsten Vorwürfe bezüglich Wählermanipulationen bei der amerikanischen Präsidentschaftswahl 2016 aus Großbritannien stammten. Zeitgleich mit dem »Skandal« in Salisbury wurde bekannt, dass eine Unterstützerriege von Donald Trump, die Milliardärsfamilie Mercer aus den USA, mithilfe des britischen Research-Unternehmens »Cambridge Analytica« über Facebook millionenfach Einfluss genommen haben könnte. Jetzt waren es also nicht mehr die Russen, die manipuliert hatten, sondern Amerikaner. Theresa Mays Behauptungen gefährden den Frieden auf dem Kontinent. Russland wird aufgefordert, seine Unschuld zu beweisen, wobei man ihm Proben der »Giftstoffe« vorenthält und einen Zugang zu den Opfern verweigert. Auf dem Kontinent nennt man das eine Umkehr der Beweislast, wenn man jemanden dazu zwingt, seine Nichtbeteiligung zu erklären, obwohl man keine verwertbaren Beweise gegen ihn in der Hand hat. Damit ist man allerdings beim roten Faden, der sich durch die angelsächsische Rechtsordnung zieht, die mittels des Internationalen Strafgerichtshofs in Den Haag den Europäern aufgenötigt worden ist.

Anfang März 2018 ließ der langjährige Chef der NSA und der CIA, General a. D. Michael V. Hayden, in einem *CNN*-Interview die Katze aus dem Sack: Amerika verfolge weltweite Interessen. Von Souveränität der Staaten oder vom Völkerrecht war dabei nicht die Rede. Wer anderer Ansicht ist, macht sich automatisch selbst zum Feind und muss vernichtet werden. Und Bundeskanzlerin Merkel erklärte sich mit Premierministerin May solidarisch. Nicht von ihr forderte Merkel Beweise für die ungeheuerlichen Anschuldigungen, sondern Moskau müsse seine Unschuld beweisen, ein erneuter Berliner Verrat am europäischen Rechtsverständnis.

Alles, was ich in Zusammenhang mit der US-Präsidentschaftswahl 2016 von amerikanischen Gesprächspartnern hörte, ließ Vorsicht gegenüber den Plänen der Bündnispartner jenseits des Atlantiks zweckmäßig erscheinen. Das galt früher einmal für Russland, heute eher in der Einschätzung der mir in den letzten Jahrzehnten regelrecht fremd gewordenen USA. So haben sich eben die Dinge verändert. Die Atmosphäre in Europa war nach dem Ende des Kalten Krieges vom Zusammenwachsen und von Kooperation bestimmt gewesen, jedenfalls solange der deutsche Bundeskanzler Helmut Kohl hieß.

Friedenbemühungen für Tschetschenien

Die vertrauensvolle Grundsituation drohte im Dezember 1994 Risse zu bekommen, als russische Truppen in Tschetschenien einmarschierten, um dort der 1991 ausgerufenen Unabhängigkeit ein Ende zu bereiten. Der tschetschenische Führer Dschochar Dudajew verstand eine Menge von militärischen Einsätzen, weil er mit hohem Dienstgrad in der Roten Armee gedient hatte.

Es waren die letzten Sitzungstage des Deutschen Bundestags, als Helmut Kohl mich bat, in meiner Funktion als Vizepräsident der Parlamentarischen Versammlung Kontakt zum russischen Parlament, der Duma, aufzunehmen und nach Moskau zu fliegen. Tschetschenien sollte das Thema sein, wir erhofften uns dadurch eine Beilegung der Kämpfe. Erfreulich war schon mein Zusammentreffen mit den russischen Parlamentariern in Moskau, gekrönt wurde der Kurzbesuch aber durch die Begegnung mit dem Präsidenten der Staatsduma, Ivan Rybkin, wie ich Delegierter in der Parlamentarischen Versammlung. Gemeinsam diskutierten wir geeignete Wege, um den entflammten Konflikt im Kaukasus so schnell es ging austreten zu können. Gemeinsam fassten wir schließlich einen Besuch in Brüssel bei Frank Swaelen, dem Präsidenten der Parlamentarischen Versammlung sowie des belgischen Senats, ins Auge. Sollte das möglich sein, wollte Rybkin den Aufenthalt zudem nutzen, um auf höchster Ebene Gespräche im NATO-Hauptquartier zu führen. Im Ergebnis nahm sich die KSZE/OSZE des Konfliktes im Tschetschenien an, und etliche Monate später endeten die Kampfhandlungen. In diesen Zeitraum fiel ein Ereignis, dessen Konsequenz ich bei meinen Gesprächen in Afghanistan und in anderen Staaten wieder und wieder betont habe. Gemeint ist der Tod des Separatistenführers Dudajew.

Dschochar Dudajew (1944-1996), Separatistenführer und erster Präsident Tschetscheniens. Er starb durch einen Raketenangriff

Der tschetschenische Unabhängigkeitskampf und der Widerstand gegen die russischen Truppen ist untrennbar mit dem Namen Dschochar Dudajew verbunden. Er nutzte die Schwäche Moskaus nach Ende des Kalten Krieges aus, um den Kampf wieder aufzunehmen, der im Kaukasus bereits die zweite Hälfte des 19. Jahrhunderts bestimmt hatte. Das russische Riesenreich fiel mit dem Beschluss, die Sowjetunion aufzulösen, auseinander. Ehemalige Sowjetrepubliken wurden anschließend Mitglieder der KSZE und machten damit deutlich, dass sie ihren eigenen Weg gehen wollten: die baltischen Staaten, Weißrussland und die Ukraine, die Kaukasusrepubliken Georgien, Armenien und Aserbeidschan sowie alle zentralasiatischen Republiken. Dennoch blieb die Befürchtung bestehen, dass in Moskau der Gedanke an ein Großreich nicht zu den Akten gelegt worden war.

Und tatsächlich schien es nach 1991 nur eine Frage der Zeit, dass sich weitere Bestandteile von Moskau loslösten – vornehmlich jene

Gebiete, auf deren Territorien sich bedeutende Vorräte von Bodenschätzen befanden oder dort vermutet wurden. Die Russische Föderation schien auf eine höchst ungewisse Zukunft zuzusteuern. In diesem Zusammenhang musste die Entwicklung in Tschetschenien gesehen werden. Der Einsatz russischer Streitkräfte glich einem verzweifelten Unterfangen, weil von den schlagkräftigen Einheiten aus der Blütezeit des Kalten Krieges wenig bis nichts übriggeblieben war. Das sollte sich ebenso ändern wie die temporäre Unfähigkeit der Zentrale in Moskau. Nach dem Zerfall der Sowjetunion sah die Welt souverän auftretende Gouverneure in den russischen Teilrepubliken. Ihr Selbstbewusstsein basierte auf Wahlen, denen sie sich gestellt hatten und aus denen sie als Sieger hervorgegangen waren. Damit war Schluss, als die Gouverneure wieder von Moskau ernannt wurden.

In der Stadt Kasan an der Wolga stießen das christliche Russland und die Gebiete der Tataren zusammen, welche unter erheblicher Einflussnahme der muslimischen Welt standen, vornehmlich Saudi-Arabiens als sunnitischer Vormacht und dem Iran als Hort der Schiiten. Nach den wenige Jahre zurückliegenden brutalen Kämpfen in Afghanistan konnte man sich vorstellen, welche Dimensionen glaubensunterfütterte Auseinandersetzungen im Herzen der Russischen Föderation entfalten konnten. In der muslimischen Welt erhoffte man sich bereits, Russland in der Höhe von Kasan zu spalten. Die zweifellos vorhandenen, ethnisch und religionsbasierten Sollbruchstellen auf dem Territorium der Russischen Föderation sollten genutzt werden, um das Staatsgebiet neu zuzuschneiden. Das wollte man vonseiten Moskaus unter allen Umständen unterbinden. Den Tschetschenenführer Dudajew sah man in einer weit wichtigeren Rolle als nur der Spitze eines aufrührerischen Volksstammes an den nördlichen Hängen des Kaukasus.

1995 wurde plötzlich der Tod des charismatischen Anführers gemeldet. Sofort rankten sich Mutmaßungen darum, zumal sich kurze Zeit zuvor US-Präsident Bill Clinton zu einem Besuch bei Boris Jelzin eingefunden hatte. Von da an schien es lebensgefährlich zu sein, über ein Satellitentelefon Kontakt zur Außenwelt zu suchen, wenn man nicht in völliger Übereinstimmung zur Obrigkeit in den Vereinigten Staaten stand. Diese wurden verdächtigt, die Koordinaten des Standortes, von dem Dudajew aus anrief, an die russische Seite übermittelt zu haben, sodass es gelang, die Schlüsselperson für den ersten Tschetschenien-Krieg mittels einer Präzisionsrakete auszuschalten. Meine Gesprächspartner in Afghanistan schienen dankbar, diese Gefahrenlage vor Augen geführt bekommen zu haben.

Anruf eines Oligarchen: Boris Beresowski gibt sich die Ehre

Eines Spätnachmittags im Sommer 2003 – ich war gerade auf dem Weg vom Reichstagsbüro in meine kleine Wohnung – klingelte im Wagen das Telefon. Ich staunte nicht schlecht, als sich eine bekannte russische Persönlichkeit in fließendem Englisch bei mir meldete: Boris Beresowski, russischer Oligarch, der es seit einigen Jahren aufgrund der innenpolitischen Wirren in seinem Heimatland vorgezogen hatte, seine Zelte in London aufzuschlagen. Noch bevor der Anrufer sein Anliegen vortrug, ging mir intensiv durch den Kopf, wie er wohl an meine Telefonnummer gelangt sein konnte, jemand, mit dem ich im Leben noch keinen Kontakt gehabt hatte. Herr Beresowski spannte mich allerdings nicht auf die Folter. Neben ihm, so sagte er, säße mein guter Freund Ivan Rybkin, der ehemalige Präsident der russischen Staatsduma, von ihm habe er meine Nummer erhalten.

Beresowski wurde Einflussnahme im politischen Geschäft unterstellt, das zeigte sich in seiner Nähe zum damaligen Präsidenten Boris Jelzin, aber auch bei der Bestimmung von dessen Nachfolger, Wladimir Putin. Als dieser nach einschlägigen internationalen Presseberichten wenig Neigung zeigte, den russischen Oligarchen unter seiner Regierung Einfluss zuzugestehen, verließ Beresowskis sein Heimatland – Russland unter Präsident Putin wurde zum unsicheren Ort für ihn und seinesgleichen. Es war wohl kein Zufall, dass sein Tod im Jahre 2013 wegen der aufgeputschten Lage in Großbritannien Eingang in die aktuelle Diskussion fand. Auf der Insel stirbt es sich offenbar schneller, wie auch der tragische Tod des Whistleblowers David Kelly im Vorfeld des Irak-Krieges zeigte.

Für die Wahl des Wohnorts London gibt es für russische Milliardäre vielerlei gute Gründe: Zum einen bietet es sich als globale Finanzmetropole geradezu an, zum anderen spielt es für diese Kreise eine besondere Rolle in finanzpolitischer Hinsicht. Kenntnisreiche Beobachter Russlands haben darauf aufmerksam gemacht, dass fast alle, die allgemein als Oligarchen bezeichnet werden, über einen sehr ähnlichen Werdegang verfügen. Zu Sowjetzeiten wurden sie als junge brillante Köpfe definiert, welche in der Lage seien, die daniederliegende Wirtschaft auf ein höheres Niveau zu heben. So wurden ihnen von der Staatsspitze Dollarbeträge in Millionenhöhe anvertraut. Als es aber darum ging, das Geld zurückzuzahlen, war die Sowjetunion längst Geschichte. Es sollte nichts zurückfließen. Man geht heute davon aus, dass jene Personen mit Regierungs- bzw. Wirtschaftseinfluss in Russland London als »Clearing-Stelle« ihrer unterschiedlichen Interessen betrachten. Zu Hause war man sich spinnefeind, in London sieht das anders aus. Desweiteren besteht ohnehin eine große Nähe zu Westeuropa: Es gehört zum guten Ton, seinen Kindern eine angelsächsische Erziehung angedeihen zu lassen.

Der russische Unternehmer Boris Beresowski (1946-2013)

Beresowski drang bei unserem Telefongespräch darauf, dass ich mich noch am gleichen Abend mit Herrn Rybkin treffen müsse, das sei von außerordentlicher Wichtigkeit. Bedauerlicherweise habe Rybkin aber kein Visum für Deutschland.

Nur damit könne er die letzte Maschine nach Berlin nehmen. Es war eindeutig nach Dienstschluss, als ich in der deutschen Botschaft in London anrief, wo ich glücklicherweise eine Dame erreichte, die mich von internationalen Konferenzen der OSZE kannte und sich gleich um mein Anliegen kümmerte. Das erleichterte alles, ich rief Beresowski sofort zurück und bat ihn, sich direkt auf den Weg zur deutschen Botschaft zu machen. Ivan Rybkin erhielt dort sein Visum, und wir konnten uns spätabends im Hotel Adlon treffen. Dort kam er umgehend zur Sache und erklärte die ungewöhnliche Dringlichkeit. Es betraf die für 2004 vorgesehenen Präsidentschaftswahlen in Russland, wo Rybkin gegen Putin antrat, insbesondere aber den erneut ausgebrochenen Krieg in Tschetschenien mit fürchterlichen Opferzahlen und die Instrumentalisierung all dieser Umstände beim heraufziehenden Wahlkampf.

Wir setzten unser Gespräch am nächsten Tag im sommerlichen Garten der Deutschen Parlamentarischen Gesellschaft gegenüber dem Reichstagsgebäude fort. Die Zügigkeit, mit der der anwesende Dolmetscher dem deutschen Bier zusprach, war für mich ein Zeichen für die Brisanz der übermittelten Informationen.

Trump gegen Clinton – die Spannungen steigen

»... eine einzige angelsächsische Lüge«

Im Rahmen der Moskauer Konferenz des Sinowjew-Klubs erhielt ich im Oktober 2016 erneut die Möglichkeit, mit einer Legende der russisch-deutschen Beziehungen, dem langjährigen Botschafter der Sowjetunion in Bonn, Valentin Falin, zu einem Gespräch zusammenzukommen. Er und Marschall Achromejew hatten bereits Ende September 1989 in Moskau von der bevorstehenden Wiedervereinigung Deutschlands gesprochen, also Wochen bevor dieses vornehmste nationale Ziel in das Bewusstsein der Deutschen gelangte. Auch in Berlin war ich auf Einladung von Jürgen Elsässer, mit dem mich der Respekt vor dem Völkerrecht und der Rechtsordnung verbindet, mehrmals mit Falin und dem legendären Peter Scholl-Latour zusammengetroffen.

»Die Geschichte der letzten zweihundert Jahre ist eine einzige angelsächsische Lüge!« – Ich sehe Valentin Falin noch vor mir, diesen begnadeten Menschen, ausgestattet mit einem brillanten Verstand sowie einem phänomenalen Gedächtnis, wie er damals in Moskau geradezu in das kleine Besprechungszimmer hineinstürmte und mir sogleich seine Erkenntnis verkündete. Anschließend hielt er eine hochdramatische Geschichtsstunde in Sachen Weltpolitik ab. Die konnte nur beim Wiener Kongress und den russisch-habsburgischen Versuchen beginnen, nach den entsetzlichen Verwüstungen durch die napoleonischen Kriege der »Heiligen Allianz« eine auf Konfliktverhinderung und Konfliktbeilegung gerichtete Struktur europäischer Zusammenarbeit zu vermitteln. Falin ließ in dem Gespräch nichts aus, und auch bei den Themenschwerpunkten, die die Nachkriegszeit betrafen, war Schlüssigkeit auf seiner Seite. Der ehemalige

Bundeskanzler Helmut Schmidt hatte mir vor Jahren seine Sicht der Entwicklung nach 1945 mitgeteilt, und Falins Darstellung stimmte mit ihr überein.

Valentin Falin starb am 22. Februar 2018 in Moskau. Das Internetportal *Sputnik* veröffentlichte eine Art Nachlassdokument, zehn Gedanken Falins zur weltpolitischen Entwicklung. Darin ist auch der Hinweis enthalten, dass es bei der Jalta-Konferenz im letzten Kriegswinter des Zweiten Weltkrieges die Sowjetunion gewesen sei, die den Krieg für immer verbannt wissen wollte. Denn die Verheerungen durch die Kriegszüge von Napoleon und Hitler auch auf russischem Territorium hatten bei der sowjetischen Führung wohl die Vorstellung geweckt, dass ein erneuter Krieg zu Schäden führen würde, die kein Staat überleben werde.

Bis zu diesem Augenblick gehörte Kriegsführung zum angestammten Recht souveräner Staaten, und im Gegensatz zum nationalsozialistischen Deutschen Reich oder der Weimarer Republik hatte sich seit Ende des Ersten Weltkrieges Polen in Europa damit hervorgetan. Andere hatten es in anderen Teilen der Welt als ihr Recht angesehen, Krieg zu führen. Wer aber Fotos vom Zarenschloss in Jalta im Februar 1945 sieht, der bekommt eine Ahnung davon, warum die Forderung Eingang in die Charta der Vereinten Nationen nehmen konnte: Anwendung militärischer Gewalt nur in genau festgelegten Fällen und mit Zustimmung des Sicherheitsrates der Vereinten Nationen. Auf den Bildern sieht man die Konturen von gewaltigen Lastwagenkolonnen, die alles für die Konferenz heranschaffen mussten. Das Land selbst war öd und leer. Der Krieg war daran schuld: Ruinen überall, kein Stein war auf dem anderen geblieben. Auf sowjetischem Territorium waren die Schäden so gewaltig, dass sie fast bis zum Ende des Kalten Krieges nicht beseitigt werden konnten.

Das, worauf in Jalta selbst Josef Stalin gedrängt hatte, wurde durch die NATO hinweggefegt, als man Bomben auf Belgrad regnen ließ. Vor den Olympischen Winterspielen im Februar 2018 in Südkorea war Präsident Donald Trump wegen der Auseinandersetzungen mit dem nordkoreanischen Machthaber Kim Jong-un mit der Drohung zu vernehmen, das ganze Volk in Nordkorea auslöschen zu wollen und zu können. Wenn in Jalta schon der Eindruck vorherrschte, Krieg könne das Ende der Zivilisation bedeuten, dann ist mit einer derartigen Drohung daraus Gewissheit geworden.

Die Garantin für den Krieg

Im Herbst 2016 blickte man gebannt auf die nahende Präsidentschaftswahl in den Vereinigten Staaten: Wie würde das Ergebnis aussehen? Auch meine Gesprächspartner in Russland erwarteten offenbar bei einem Sieg von Hillary Clinton eine Fortsetzung der bisherigen Konfrontationspolitik. Da war es wirklich fast unerheblich, dass die Ex-Außenministerin der demokratischen Partei angehörte, ein Unterschied zu führenden Globalisierungsvertretern der Republikaner war nicht auszumachen. Wie einvernehmlich die beiden großen Parteien in Washington Politik betrieben, konnte man an der Tatsache erkennen, dass der Verteidigungsminister unter dem demokratischen Präsidenten Barack Obama seit etlichen Jahren aus den Reihen der Republikaner kam. Das war das Signal an die Welt, dass man sich in Sachen globaler Kriegspolitik verstand und dieselben Ziele verfolgte. In Russland setzte man deshalb bei aller Vorsicht eine gewisse Hoffnung auf Donald Trump. Er schien nicht unbedingt so weitermachen zu wollen, wie es in den letzten Jahren gang und gäbe war.

Wenn es darum ging, die Wahlen in den Vereinigten Staaten zu beurteilen, war es für mich seit der deutschen Wiedervereinigung immer zweckmäßig gewesen, das Gespräch mit Persönlichkeiten zu suchen, die entweder das politische Moskau oder die ehemalige Sowjetrepubliken vertraten. Vielleicht hätte es die Chance einer rein sachlichen Information auch im Umfeld der deutschen Regierung gegeben, fündig geworden bin ich bei diesen Versuchen allerdings nicht. Das heißt keinesfalls, dass es nicht auch bei uns Institutionen gäbe, die eine faire und sachgerechte Beurteilung aufzustellen in der Lage wären. Aber von der zuständigen Arbeitsgruppe für Außenpolitik der CDU/CSU-Bundestagsfraktion oder dem Ausschuss für auswärtige Angelegenheiten des Bundestages konnte man das nicht erwarten. Ihre Sprecher vermittelten stets den Eindruck, keine von der allgemeinen Linie abweichende Haltung zum Ausdruck bringen zu wollen. In Berlin würden mutigere Einschätzungen, zumal wenn sie auf Papier wiedergegeben sind, umgehend das Licht der Öffentlichkeit erblicken. Veröffentlichungen aus den Koalitionsverhandlungen bei der Regierungsbildung im Herbst 2009 bei *WikiLeaks* machten deutlich, wie schnell die Beschlüsse in den Gremien, welche die Grundlage für eine mögliche Koalition ausloten und gegebenenfalls schaffen sollten, den Weg in die amerikanische Botschaft gefunden hatten. Eigentlich war das ja nie ein Geheimnis, und jeder, der sich im politischen Geschäft auskannte, ging ohnehin davon aus, was *WikiLeaks* fanfarenmäßig verkündete.

Es gibt eine Reihe von besonders gut informierten Botschaften. Ein Fraktionsvorsitzender im Deutschen Bundestag soll dem Vernehmen nach vor einigen Jahren seinen Unmut darüber geäußert haben, dass er nach hitzigen Diskussionen über die Politik eines bestimmten nahöstlichen Landes regelmäßig die Anrufe des entsprechenden Botschafters entgegennehmen durfte. Der frage regelmäßig nach, was bei ihnen in der Fraktion denn los sei. Es dürfte sich nicht um den einzigen Fraktionsvorsitzenden handeln, dem die bei Regierung, Parlament und Presse vorhandene Durchlässigkeit Probleme bereitet. Unter diesen Umständen einen nationalen deutschen Willen zu einem beliebigen Tatbestand zu formulieren ist ein Unterfangen, von dem jeder die Finger lässt – erst recht wenn es sich um eine Beurteilung der Wahlchancen der einzelnen Kandidaten im amerikanischen Präsidentschaftswahlkampf handelt.

Ein kenntnisreicher und überaus kluger Gesprächspartner, wenn es um die Vereinigten Staaten ging, war in den 90er-Jahren der armenische Botschafter in Bonn, Felix Manikonjan. Ich bewunderte immer wieder die Sorgfalt seiner Analysen unterschiedlicher Lager und Wählerbewegungen. Dabei betonte er stets, wie umfassend die Beurteilungen in der russischen Administration vorgenommen würden, obwohl es nach dem Zusammenbruch der Sowjetunion generell schwer gewesen sein musste, die Leistungsfähigkeit der staatlichen Einrichtungen aufrecht zu erhalten, denen diese Aufgabe oblag. Bei der Wiederwahl von Präsident Bill Clinton im Jahre 1996 etwa muss nach russischer Einschätzung der Anteil der nicht angelsächsischen Bevölkerung in eine Minderheitenlage gegenüber jenen Bevölkerungsanteilen gewesen sein, die nicht zu den staatsbildenden Kräften in den Vereinigten Staaten zählten, weil sie erst später in dieses Land gekommen waren. Nach Donald Trumps Wahlsieg wurde hingegen auf *CNN* mitgeteilt, dass sich nach offiziellen Angaben der Wahlbehörde die ursprünglich staatsbildenden Bevölkerungsanteile zum ersten Mal bei einer US-Wahl in der Minderheit befunden hätten. Fast zeitgleich erklärte Präsident Putin anlässlich der jährlich stattfindenden Waldai-Konferenz in Sotschi, wie genau die russische Regierung diese Entwicklung in den Vereinigten Staaten verfolge. Und man kann davon ausgehen, dass auch Deutschland diesbezüglich im Fokus steht, was die Herkunft von Personen mit Wahlrecht und anderer als deutscher Abstammung betrifft.

Eines der Themen bei Gesprächen mit der Vorsitzenden der amerikanischen Grünen Jill Stein anlässlich unserer Begegnung beim Jubiläum von *RT* im Dezember 2015 in Moskau war der Aspekt der Auflösung demokratischer Strukturen. Jill Stein schilderte dabei nachdrücklich, dass sich diese in ihrem Land nur noch auf der Ebene von Gemeinden und Städten wiederfänden und dort auch hochgehalten würden. Auf bundesstaatlicher oder Washingtoner Ebene habe der Bürger indes keine Möglichkeit mehr, seine Belange und Interessen zur Sprache zu bringen. Das mache einen großen Teil des Unwillens unter der Bevölkerung aus. Die Zuwanderung habe nach ihrer Ansicht, zusammen mit der Auslieferung der gesamtstaatlichen Strukturen an die Interessen von »Corporate America« und damit an global tätige Unternehmen, einen nicht vorhergesehenen Verlust demokratischer Gestaltungsmöglichkeiten zur Folge gehabt.

Tischrunde anlässlich des RT-Jubiläums in St. Petersburg 2015: mit Präsident Wladimir Putin, neben ihm ganz links Michael Flynn. Zweite von rechts Jill Stein

Das Schlagwort vom »Lean Government« – auf Deutsch »schlanker Staat« – mache seit Langem in den USA die verminderte und bewusst herabgesetzte Leistungsfähigkeit staatlicher Strukturen deutlich. Die Migration würde die Kommunen, die Bundesstaaten und den Gesamtstaat auf allen Rechtsgebieten an die Grenze verantwortlicher Politik bringen. Auf diesem Wege werde es für die Wähler mehr und mehr fraglich, was noch als Garant für die Daseinsvorsorge gesehen werden könne.

Die Auflösung staatlicher Strukturen biete mächtigen Interessengruppen einmalige Chancen. Ex-Präsident Jimmy Carter wird die Klage zugeschrieben, dass die Vereinigten Staaten schon seit Langem keine Demokratie, sondern eine Oligarchie seien. In den New-England-Staaten, wo es nach wie vor gewachsene Strukturen gebe, so Jill Stein, werde alles unternommen, diese nicht auch noch zu verlieren. Das setze aber ein entsprechendes Bewusstsein für bürgerschaftliche Pflichten und Rechte in der Bevölkerung voraus, welches allerdings in den USA höchst unterschiedlich entwickelt sei. Beobachtungen dieser Art gelten auch für Deutschland. In unserem Staatsverständnis bedeutet das den Verzicht auf den Staatsbürger als Souverän. Man suchte sich einen anderen Souverän und hat ihn in den auch hier tätigen Globalunternehmen und Nichtregierungsorganisationen gefunden. So glaubt man jedenfalls. In Deutschland behilft man sich damit, diejenigen verächtlich zu machen, die mit dem Selbstbewusstsein, »das Volk« zu sein, auf die Straße gehen.

Es liegt was in der Luft

Wie würde die Welt nach dem Wahltag aussehen? Die Erwartungshaltungen waren sehr unterschiedlich. Ein russischer Journalist ging in einem Gespräch mit mir davon aus, dass ein erstes Gespräch zwischen Präsident Putin und dem potenziellen Präsident Trump bereits während der Münchner Sicherheitskonferenz im Bayerischen Hof geben könnte, also im Frühjahr 2017. Ich war zurückhaltender, nicht nur was den Termin anbetraf. Die Summe der durchaus lösbaren Probleme, mit der wir es derzeit auf dem Globus zu tun haben, liegt für mich aus einer Reihe von Gründen im Nahen und Mittleren Osten, unbeschadet der Lage in der Ostukraine oder Myanmar und der koreanischen Halbinsel. Dafür braucht es Zeit, auch bei besten Absichten, deshalb schien mir eher Tel Aviv ein geeigneter Ort für ein Treffen zu sein, wenn man die Dinge zu Ende denkt.

Olga Sinowjew, die Witwe des in seiner Heimat sehr angesehenen Denkers Alexander Sinowjew und eine der beiden Töchter des Ehepaares, die Konzertpianistin Xenia Sinowjew, die wie ihre Mutter in München lebt, leitete die Konferenz des Sinowjew-Klubs, zur der sich am 25. Oktober 2016 rund vierhundert Gäste aus Politik, Wissenschaft und Medienwelt in der russischen Hauptstadt eingefunden hatten. Am nächsten Tag waren wir eingeladen, an wissenschaftlichen Diskussionen über das Werk von Alexander Sinowjew teilzunehmen. Ein ganzer Tag sollte damit verbracht werden. Dafür war als Räumlichkeit ein Haus vorgesehen, wo Maxim Gorky gewirkt hatte und in dem heute das nach ihm benannte Institut untergebracht ist. Wer allerdings an eine Seminarveranstaltung wie in einer herkömmlichen Universität gedacht hatte, der sah sich getäuscht. In dem alten Gebäude, das aus der Zeit gefallen schien, traf man sich, um sich Gedanken zu der Frage zu machen, von welcher Bedeutung und Aussagekraft das Werk des Denkers heute sei. Beeindruckend war die Zusammensetzung der Teilnehmenden: hoch angesehene Wissenschaftler jenseits der Altersgrenze, bei der deutsche Professoren längst emeritiert wären, neben jungen Menschen, nicht nur Studentinnen und Studenten, füllten die Räume, klassische Musik wurde gespielt, und es vermittelte sich etwas von einer kulturellen Klasse, die in dieser pulsierenden Metropole ihrem eigenen Kosmos verpflichtet blieb. Das schien das Denken darüber zu sein, was die Welt so zusammenhält. Vergleichbare Zirkel sind mir aus dem eigenen Land nicht bekannt, auch nicht die überaus sympathische Art und Weise, wie trotz des großen Generationenunterschiedes die Gedanken ausgetauscht werden konnten. Wir trafen uns mitten im Frieden, so schien es jedenfalls.

Unmittelbar vor den amerikanischen Präsidentschaftswahlen jagten sich die Neuigkeiten über die innere Lage in den Vereinigten Staaten, und teilweise widersprachen sich die Nachrichten der normalerweise gut unterrichteten Gesprächspartner, die man seit Jahren oder Jahrzehnten als sehr zuverlässig kannte. Wem sollte man nun am ehesten Glauben schenken? Besondere Aussagekraft hatten die Informationen natürlich dann, wenn sie von amerikanischen Bürgern kamen. Dabei wurde deutlich, dass die deutschen Medien nur sehr oberflächlich über die Geschehensabläufe in den USA berichteten. Bei den großen Zeitungen liegt die Vermutung nahe, dass sie von Washington aus gesteuerten Netzwerken angehören, bei denen wirtschaftliche, finanzpolitische und berufliche Komponenten dergestalt miteinander verwoben sind, dass darüber eine gesellschaftpolitische Durchschlagskraft erzielt werden kann. Die Steuerungselemente bleiben im Hintergrund, aber niemand wagt es, vom vorgegebenen Weg abzuweichen. Amerikanische Medien, vor allem die noch verbliebenen Tageszeitungen, fallen ohnehin nicht durch umfassende und sorgfältige Berichterstattung über andere Teile der Welt auf. Sind aber tatsächlich auch die deutschen Medien Teil jener »redaktionellen Netzwerke«, dann wäre das fast ein Widerspruch in sich: der Pressefreiheit und dem Pluralismus verpflichtet und gleichzeitig einer amerikanischen Zentrale angegliedert zu sein. Deutsche Chefredakteure, von denen Aufschluss

Alexander Sinowjew (1922–2006): russischer Soziologe, Schriftsteller und Dissident. Namensgeber des bekannten Sinowjew-Klubs (Bild vom Grabstein)

darüber erbeten wird, vergessen lieber einmal, dass sie vom Kauf ihrer Zeitungen durch Abonnenten abhängen, und hüllen sich in Schweigen.

Dabei richtet sich die die Nachfrage der Leser vor allem nach dem Umstand, in welchen Umfang Finanzdaten im globalen Maßstab die Zeitungsseiten erreichen können. Doch es mag noch so fleißige investigative Journalisten geben – wenn man sich diesbezüglich die personelle Ausstattung der großen Medienhäuser ansieht, ist Schmalhans Küchenmeister. Die Redaktionen werden mehr und mehr ausgedünnt und hervorragende Journalisten vor die Türe gesetzt. Unter diesen Umständen journalistische Aufklärer in Bataillonsstärke auf die Beine zu stellen, vermag wohl nur die zu überzeugen, denen die Lage der Presse in Deutschland ohnehin gleichgültig ist. Etwas liegt in der Luft, es ist die Frage danach, ob nicht die Ausspähinformationen amerikanischer Nachrichtendienste, bei denen kein Einkauf im örtlichen Aldi unentdeckt bleiben dürfte, ihre Daten im Interesse der US-Regierung den obskuren Netzwerken in gezielter Absicht zur Verfügung stellen. Auf diese Art und Weise ist schon das ein oder andere Bankgeheimnis auf der Strecke geblieben, bis auf das des amerikanischen Bundesstaates Delaware. Dort findet sich das »Who is who« interessierter Kreise, denen die Steuerpflicht im eigenen Land eine historische Reminiszenz ist. So sehen amerikanische oder britische Steueroasen auf den Kanalinseln aus.

Dann und wann konnte man im deutschen Fernsehen Berichte über die Spätfolgen der in den Vereinigten Staaten ausgelösten Finanzkrise des Jahres 2007/2008 oder auch über die Zerstörungen nach dem Wirbelsturm »Katrina« sehen, samt eines diese Gebiete im Hubschrauber überfliegenden nachdenklichen Präsidenten George W. Bush. Aus jedem anderen Land mit einer bei der NATO missliebigen Regierung wäre eine Endlosberichterstattung über ein zum Wiederaufbau unfähiges System zwingend gewesen. Bei den Vereinigten Staaten war das anders. Sie konnten ihre Rolle im eigenen Lager offenbar nur aufrechterhalten, wenn Negatives eben nicht bei uns gemeldet wurde. Wo waren Berichte in deutschen Medien über die demoralisierenden Auswirkungen der amerikanischen Kriege weltweit? Oder über Diskussionen der US-Bürger angesichts unzähliger Opfer? Offenbar vermied man solche Thematiken und beschränkte sich im Vorfeld der Präsidentschaftswahlen auf die Spektakelveranstaltungen der Parteikonvente. Die Menschen in den USA aber litten darunter, wenn bei der Rückführung die Särge gefallener Soldaten aus den Ladeflächen der Transporter auf die Rollbahnen gehoben wurden. Beobachter vor Ort berichteten über landesweite Meinungsbildung zu der Frage, auf wen das in besonderer Weise zurückzuführen sein könnte. Damit war weniger das System in Washington gemeint als vielmehr Kreise, von denen die Bürger vermuteten, dass sie besonders einflussreich sind. Gemeinhin wird das von den etablierten Medien oder der eigenen Regierung, die fleißig die Lügen unters Volk bringt, wenn es um den nächsten Krieg geht, als »Verschwörungsdenken« abgetan. Vergessen wird dabei die Pflicht der Regierungen, nach bestem Wissen und Gewissen den Menschen im Lande Aufschluss über die eigenen Erkenntnisse zu geben. Und wo war die Presse? Nach der Präsidentschaftswahl hörte man in großen amerikanischen Fernsehsendern von zwei Umständen: einerseits dem besorgniserregenden Anstieg antisemitischer Exzesse und Vorfälle, andererseits dass die jüdische Gemeinschaft im Lande gespalten sei. Für deutsche Medien uninteressant? Wenn man bedenkt, in welchem Maße und in welcher Intensität sich politische und sonstige Strömungen über den Atlantik hinweg bei uns auswirken, ist das Ausbleiben einer sorgfältigen Berichterstattung über die Vereinigten Staaten schlichtweg unverantwortlich.

Droht ein Bürgerkrieg im »gelobten Land«?

Die Vereinigten Staaten gelten gemeinhin als stabiles Land. Da würde man im Traume nicht daran denken, was von sehr gut informierten Gesprächspartnern zu erfahren war. Demnach wurden seit Monaten gewaltige Mengen an Kriegsgerät aus den Kriegsgebieten zwischen Afghanistan über Irak und Syrien bis nach Libyen zurück in die USA geschafft. Interessant sei dabei besonders, dass es an die Peripherie großer Städte verbracht wurde. Im Übrigen würden am 8. November 2016 alle verfügbaren Flugzeugträger-Kampfgruppen mitsamt kampfstarken Marinefliegerkräften in den Häfen vor Anker gehen. Offenkundig ein Zeichen dafür, dass für diese Wahl Umstände erwartet wurden, die niemand bisher mit den Vereinigten Staaten in Verbindung gebracht hätte.

Das war es nicht alleine, wie Überlegungen vonseiten amerikanischer Gesprächspartner zu einem möglichen Bürgerkrieg gezeigt haben. Tatsächlich hieß es, die Stimmung sei so aufgeladen, wie man es noch nie gesehen hatte. Die Grundlage dafür war die Angst vor einer weiteren Verschlechterung der Lebensumstände im Land. Weite Wählerschichten fühlten sich durch das parteiübergreifende Establishment in Washington, bestehend aus führenden Demokraten und Republikanern, nicht mehr repräsentiert oder überhaupt wahrgenommen. Den Mächtigen wurde vorgeworfen, die industrielle Basis der Vereinigten Staaten mittels schädlicher Globalisierungsmaßnahmen ihren Finanzinteressen opfern zu wollen. Das, wovor man sich hier fürchtete, wurde in Deutschland auf Regierungsebene, aber nur hinter vorgehaltener Hand, als »Amerikanisierung im Weltmaßstab« bezeichnet.

Die führenden US-Medienhäuser wurden als Sprachrohr des bürgerfernen Establishments angesehen. Kein Wunder, dass dies die »neuen Medien« auf den Plan rief. Die Bürger, die sich ein Interesse an einem funktionierenden Gemeinwesen bewahrt hatten, informierten sich lieber dort, wofür die amerikanischen Nachrichtendienste, an der Spitze der überaus angesehene ehemalige stellvertretende CIA-Direktor, Admiral Bobby Ray Inman, in den 70er- und 80er-Jahren Geburtshelfer gespielt hatten: im »weltweiten Netz«. Was die damit verbundene Durchgriffsfähigkeit amerikanischer Nachrichtendienste anbetrifft, so brachte es vor einiger Zeit ein junger Mann an der Kasse des Supermarkts auf den Punkt. Er lehnte die angebotene Bezahlkarte mit den Worten ab: »Will ich nicht, damit die Amerikaner nicht noch mehr von mir erfahren.« Letztere aber störte dies überhaupt nicht. Dem Anspruch nach Informationsbereitstellung mit dem Ziel, dass sich jeder seine eigene Meinung bilden kann, wurden in den USA weder die Networks noch die großen Zeitungen gerecht. Aber, es gab etwas, das diese überflüssig machte: das Internet, hier speziell *RT* und *Sputnik*.

Nach den Beurteilungen meiner amerikanischen Gesprächspartner wuchs die Gefahr eines Bürgerkriegs in den USA je nach Ausgang der Wahl dramatisch an: Die Wut vieler Wählerinnen und Wähler schien eine Niederlage des Kandidaten Donald Trump nicht hinnehmen zu wollen. Und sie verlangten danach, dass ihm eine faire Wahlchance eingeräumt wurde. Die Bereitschaft, das Wahlergebnis anzuerkennen, war bei Hillary Clinton nicht vorhanden. Dafür gab es zwei Überlegungen, die innenpolitischer Natur gewesen sein mögen. In diesem Wahlkampf prasselten selbst in den eigenen Reihen die unterschiedlichsten Konzepte aufeinander, bei den Demokraten äußerte sich das in der großen Anhängerschaft für den Rivalen von Frau Clinton, den Senator Bernie Sanders, welcher in vielen Fragen eine andere Meinung vertrat. Bei den Republikanern war das nicht anders, wie die wütenden Angriffe von Senator McCain gegen Donald Trump zeigten. Es lag aber auch an dem verrottet zu nennenden amerikanische Wahlsystem, das Donald Trump die Mehrheit der für die Wahl zum Präsidenten entscheidenden Wahlmänner hatte, Hillary Clinton aber die Mehrheit der Wählerinnen und Wähler.

Amerika kochte. Unruhen lagen also tatsächlich im Bereich des Möglichen, zumal der letzte Bürgerkrieg von 1861 bis 1866 eine Fülle von Ressentiments zurückgelassen hatte. Das war bei den Auseinandersetzungen im Spätsommer 2017 auf den Straßen von Charlottesville in Virginia mit Gruppen wie dem Ku-Klux-Klan festzustellen. Und es bestimmt bis heute Gespräche in Washington, wenn die Rede auf Familiengeschichten, den »alten Süden« oder den Norden kommt. In den Vereinigten Staaten mangelt es nicht am Willen, innenpolitische Rechnungen aufmachen zu wollen. Das zeigten in den Jahren der Präsidentschaft von Barack Obama massive Diskriminierungen afroamerikanischer Bürgerinnen und Bürger durch mehrheitlich von weißen Amerikanern gestellte Polizei auf Gemeinde- oder Bundesstaatsebene, die fast auf der Tagesordnung zu stehen schienen. Gegen bestimmte Gruppen sitzt der administrative Colt in Amerika sehr locker.

Einer innerstaatlichen Auseinandersetzung standen indes gewichtige Gründe entgegen, etwa die Größe des Landes und die darauf resultierende Unmöglichkeit, es unter Kontrolle bringen zu können. Hier bestünde die Gefahr, so hieß es, sich in endlosen Kämpfen zu verlieren. Zudem schreckte man wegen der ausgeprägten Bewaffnung der Bürgerinnen und Bürger vor einem Bürgerkrieg zurück. Wesentlich war allerdings die Annahme, dass afroamerikanische Teile der Streitkräfte der größte Unsicherheitsfaktor seien. Sie würden, nahm man an, keinesfalls gegen ihre afroamerikanischen Mitbürger vorgehen.

Die Spaltung der amerikanischen Gesellschaft war tiefgreifend und brauchte keine Präsidentschaftswahl, um bestätigt zu werden. Das politische Washington wurde jenseits aller überkommenen Parteigrenzen als Usurpator des eigenen Landes angesehen, verantwortlich für den Niedergang der amerikanischen Wertvorstellungen. Hillary Clinton galt als deren Frontfrau, als Repräsentantin des abgehobenen Establishments, Donald Trump hingegen als authentisch, als Kandidat des Volkes.

Wer dirigiert die Politik in den USA?

Die Verwerfungen müssen allerdings noch wesentlich heftiger gewesen sein, wenn die Überlegungen zutreffend sein sollten, auf die es in deutschen Medien nicht den geringsten Hinweis gab und gibt, ebenso wenig auf Beobachtungen, die kenntnisreiche Gesprächspartner aus Deutschland während ihrer Berufsjahre in den Vereinigten Staaten in Schlüsselbereichen gemacht haben. Wie der junge deutsche Wissenschaftler, den ich in der deutschen Botschaft in Washington kennenlernen konnte. Wir sprachen offen über unsere Bewertungen der Lage in den USA. Das ist eigentlich ungewöhnlich, weil man nie weiß, ob das Vertrauen gerechtfertigt ist. Selbst wenn man jemanden im Sicherheitsbereich seit Langem kennt, sind Überraschungen nicht ausgeschlossen. Das konnte ich bei einem Offizier der Bundesluftwaffe erleben, der mich bei meiner ihm bekannten Ablehnung eines in den Vereinigten Staaten produzierten Waffensystems offen darauf ansprach, eine in Aussicht genommene Dienstreise unter Hinweis auf Vergleichsfälle nicht überleben zu können.

Die Worte des jungen Mannes in der Botschaft ließen mich seinerzeit staunen. Er frage sich, so sagte er mir bei unserem Gespräch, ob die uns bekannten Instrumente des amerikanischen Staates – also Präsident, beide Häuser des Kongresses und oberster Gerichtshof sowie zentrale Presseorgane gleichsam als vierter Gewalt – wirklich den die Macht innehatten oder ob es vielleicht noch etwas anderes gäbe, das im Hintergrund die Geschicke des Landes lenkt. Seiner Ansicht nach jedenfalls wirken jenseits der Washingtoner Fassade weitere Kräfte mit ganz anderen Triebfedern. Immer wieder haben wir über diese Fragen gesprochen, und die genannte Möglichkeit ging mir durch den Kopf, als mit anderen die Frage erörtert wurde, warum es überhaupt einen Kandidaten Donald Trump geben konnte. Einen ersten Hinweis erhielt ich bei einem Gespräch in einem vornehmen Haus in Büderich, linksrheinisch gegenüber Düsseldorf gelegen. Büderich ist für eine Ikone der USA von nicht geringer Bedeutung: Das Gemälde, welches George Washington bei der Überquerung des Flusses Delaware zeigt, entstand durch den Künstler Emanuel Leutze in Düsseldorf, im 19. Jahrhundert das Mekka für aufstrebende amerikanische Maler. Die hier beheimatete Kunstschule zog Talente magisch an. Ein Exemplar des Bildes verbrannte bei einem Bombenangriff während des Zweiten Weltkrieges auf Bremen. Auf dem Bild ist bei ausreichend Wohlwollen der Kirchturm von Büderich zu erkennen.

An jenem Abend vor den Aufstellungsveranstaltungen der amerikanischen Parteien für die Präsidentschaftswahl 2017 saßen wir in einer Gesprächsrunde zusammen: die Gastgeberin, ein ehemaliger Nationaler Sicherheitsberater eines republikanischen Präsidenten mit seiner Ehefrau und ein Ehepaar aus Bonn. Allein der Gast aus Washington war so etwas wie die Gewähr für eine vertrauensvolle, offene Aussprache, denn in seiner Amtszeit stand er für eine gute Zusammenarbeit zwischen Washington und Bonn. Ich habe ohnehin in diesen Jahren immer die Erfahrung gemacht, wie sehr amerikanische Gesprächspartner es schätzten, wenn von deutscher Seite die Interessen offen auf den Tisch gelegt werden. Das ständige Gerede von enger Freundschaft hielten sie für perfide bzw. sogar den Versuch, andere Motive zu verdecken. So ging es auch in Büderich, nachdem ausreichend über Familienangelegenheiten gesprochen worden war, ans Eingemachte, wie der Rheinländer so gerne betont: Alles, so hieß es, was in der Vergangenheit die vertrauensvolle Zusammenarbeit ausgemacht hatte, sei inzwischen verschüttet und auch nicht abzusehen, wie neues Vertrauen wiedererschaffen werden sollte, wenn es überhaupt ein Interesse daran gab. Wer unter den zahlreichen Persönlichkeiten, die sich um die Kandidatur für die Spitzenfunktion empfahlen, wollte überhaupt besondere Verbindungen zu den politischen Kräften in Europa haben?

Der finale Schritt zur Globalkontrolle

Nach allem, was ich hörte, standen die für die Vereinigten Staaten entscheidenden Kräfte vor Beginn der Auswahlverfahren in beiden großen Parteien vor einer alles dominierenden Entscheidung. Die von Washington betriebene globale Kriegspolitik hatte eine doppelte Wirkung, welche die Zukunft mitbestimmen sollte. Auf der einen Seite war ein immer höher werdender Blutzoll zu zahlen. Und das Verständnis für dessen Notwendigkeit sank zusehends in der Bevölkerung. Die Frage wurde laut, wem diese Kriege letztlich dienten: Für wen und welche Interessen wurden junge Leben geopfert?

Die aktuelle Politik von Donald Trump macht deutlich, wie wichtig die damaligen Überlegungen waren. Von Anfang an setzte er zwei Schwerpunkte: Wiederherstellung der für einen modernen Staat erforderlichen Infrastruktur und die globale Wettbewerbsfähigkeit der amerikanischen Wirtschaft. Als Konsequenz erheben die USA Strafzölle, derzeit gegen China, in Höhe von 60 Milliarden Dollar wegen angeblich unfairer Praktiken bei Stahlexporten und dem Schutz des geistigen Eigentums.

Die amerikanische Gesellschaft war offenbar nicht mehr bereit, die mehr und mehr ausgreifenden Kriege ihres Landes mitzutragen. Wie die Steuerungselemente in den USA aussehen, war nach dem nicht gewollten Wahlsieg von Donald Trump in der internationalen Presse nachzulesen oder an den Fernsehbildschirmen zu verfolgen. Demnach waren Mitglieder der Finanzelite direkt nach dem Wahltag in Washington zusammengekommen, um unter Beteiligung des Finanzmagnaten George Soros darüber zu beraten, was erforderlich sei, um den neuen Präsidenten aus dem Amt zu jagen oder es ihn erst gar nicht antreten zu lassen.

Eine dramatische Frage stand erneut an, die Konsequenzen für die Vereinigten Staaten, aber auch für alle anderen Nationen auf der Welt haben würde: Sollte vor dem Hintergrund der Probleme für die eigene Basis in menschlicher sowie finanz- und wirtschaftspolitischer Hinsicht der nächste Schritt auf dem Weg zur globalen Dominanz vollzogen werden, oder zwangen die offenkundigen Probleme, mit denen die Vereinigten Staaten bei einer Entscheidung über die notwendige Grundlage für einen derart weitgreifenden Schritt konfrontiert sein würden, zum Innehalten? *CNN* berichtete nach dem Wahlerfolg von Donald Trump darüber, dass einflussreiche Gruppen in den Vereinigten Staaten bereits vor der Wahl auseinandergefallen und dadurch handlungsunfähig geworden waren. So ganz anders, als das bei bisherigen Wahlvorgängen der Fall gewesen war. Nach der Wahl ließ *CNN* einen unabhängigen republikanischen Präsidentschaftskandidaten zu Wort kommen, der das Dilemma für die bisher manifesten Interessen der Vereinigten Staaten deutlich machen konnte. Es ging um nicht mehr oder weniger als die Frage, welche weiteren kriegerischen Konflikte weltweit losgetreten werden mussten, um den letzten und entscheidenden Schritt zur Weltherrschaft antreten zu können.

Ein gutes Jahr nach der Wahl sprachen Gesprächspartner vom indischen Subkontinent von einer feststellbaren Entwicklung zwischen Russland, China, Iran, Pakistan und möglicherweise auch der Türkei. Zwischen den Führungen dieser Staaten wachse das Verständnis für die Notwendigkeit einer gemeinsamen Beurteilung darüber, welche Konsequenzen die auf Weltherrschaft ausgerichtete Politik der Vereinigten Staaten für ihre Länder habe. Bislang habe das nicht zu Bündnisüberlegungen geführt. Es sei allerdings offenkundig, dass hier etwas angestoßen worden sei, um sich den Plänen der USA entgegenstellen zu können.

Amerikanische Stimmen waren zu vernehmen, dass Donald Trump die Antwort auf die Frage sei, ob sich die Vereinigten Staaten zum letzten Schritt, der den Weltkrieg bedeuten könnte, bereitfinden würde. Trump sei ins Rennen geschickt worden, um die parteiübergreifende Washingtoner Kriegsallianz unter Führung von Senator John McCain und Hillary Clinton zu brechen und vom Amt des Präsidenten der Vereinigten Staaten fernzuhalten. Heute erweckt das politische Washington nicht den Eindruck, zu mehr fähig zu sein, als die Dekrete von Donald Trump entgegenzunehmen. Ein bedeutendes Gesetzgebungsvorhaben nach dem anderen ist gescheitert oder liegt auf Eis. Die Obstruktion des Präsidenten durch die eigenen Reihen – wie etwa durch McCain im Zusammenhang mit der Reform von Obamas Gesundheitsreform oder das Aufbäumen des Kriegsestablishments bei der Frage eines möglichen russischen Einflusses auf die amerikanischen Wahlen – ist offenkundig und weder bei den Demokraten noch den Republikanern verwunderlich, handelt es sich bei der Nominierung des Kandidaten Trump doch geradezu um eine »feindliche Übernahme«.

Wenn republikanische Senatoren im Herbst 2017 erklärten, bei den nächsten Senatswahlen nicht mehr antreten zu wollen, hatte das weniger mit der öffentlich vorgetragenen Meinungsverschiedenheit mit dem Präsidenten zu tun als mit der Erkenntnis über eine völlig veränderte Wählerbasis. In den Senatswahlbezirken haben nur noch diejenigen Kandidatinnen und Kandidaten eine Chance, die ihre Nähe zu Donald Trump bekunden. Bei diesem Ansatz, der einen Zugang »von oben nach unten« innerhalb einer Partei deutlich macht, ist es eine Frage der Zeit, bis die Republikanische Partei ihr Erscheinungsbild völlig verändert haben wird. Den Kräften innerhalb der Demokratischen Partei, die auch den letzten Schritt zur Weltmacht nicht ausklammern, käme damit der Partner abhanden. Dies wiederum könnte die Position anderer Parteigrößen wie die von Bernie Sanders stärken, der sich im Gegensatz zu Hillary Clinton nicht auf den »Endsiegweg« begeben wollte. Unter diesen Umständen wäre die Wahl von Donald Trump als ein revolutionärer Schritt im amerikanischen politischen System mit Auswirkungen für die gesamte Menschheit anzusehen. Das macht dramatisch deutlich, was auf dem Spiel steht für jene Kräfte, die in Präsident Trump das größte Hindernis zur Globaldominanz sehen und jederzeit bereit sein könnten, die erodierende heimische Handlungsbasis diesen Überlegungen auch noch zu opfern.

Twittern für den Frieden?

Donald Trump war von Anfang an klar, dass ihm kaum etwas anderes als die sozialen Medien zur Verfügung stehen würde, um seine Sicht der Dinge an die potenziellen Wähler und später an die amerikanische Bevölkerung sowie den Rest der Welt gelangen zu lassen. Bereits während des Wahlkampfes gelangten deshalb seine wesentlichen Botschaften über digitale Instrumente mit größtmöglicher Reichweite nach Europa. Auf beiden Seiten des Atlantiks ist die Lage in den Medien herkömmlicher Art fast identisch. Seit dem Angriffskrieg gegen Jugoslawien setzte die NATO über ihren Kommunikationsapparat alles daran, sich die europäische Medienwelt für ihre Zielvorgaben gewogen zu machen. Man muss dazu nicht ins Einzelne gehen, aber im Laufe der Jahre seit 1999 ist doch eine Menge darüber geschrieben und veröffentlicht worden, wer zu den entsprechenden Netzwerken zählte, ob sie nun auf die NATO oder die Vereinigten Staaten mit ihrer Vielzahl an politischen und verdeckten Vorfeldorganisationen zugeschnitten waren. Es reichte schon, sich die führenden deutschen Tageszeitungen anzusehen, um sogleich die hinter den wiedergegebenen Informationen stehende Identität festzustellen. Von abgewogener Berichterstattung oder Pluralismus in politischer oder gesellschaftlicher Hinsicht ist schon längst keine Rede mehr. Den dabei in den Vereinigten Staaten und Europa über fast zwei Jahrzehnte hinweg geschaffenen Strukturen wurde durch die Wahl Trumps ein Schlag versetzt, von dem sie sich wohl nicht erholen werden.

War der Zugang zu Informationen bisher davon abhängig, in unterschiedlichen Bedeutungsgraden vom Ansehen im jeweiligen Netzwerk abhängig zu sein, so gab es zwar noch die Netzwerke, sie hingen allerdings mit der Wahl von Präsident Donald Trump in der Luft. In Washington waren die bedeutungsschwangeren Aufhänger im System deshalb weggebrochen, weil das Kriegsestablishment Atemnot bekommen hatte. Die Wahl von Donald Trump ließ bei den Netzwerken, die von der Weitergabe von Informationen oder einfach nur von Namen in Washington leben, nur »Waisen« zurück. Netzwerke mit Substanz gab es von einem Tag zum anderen nicht mehr, die Protagonisten hatten sich verkalkuliert oder waren mit dem eigenen Überleben im »Haifischbecken Washington« beschäftigt. Seither herrscht diesseits des Atlantiks eine gewisse Unsicherheit darüber, ob die bislang gegenüber den Vereinigten Staaten gezeigte Botmäßigkeit nun auch auf den neuen Präsidenten erstreckt werden oder besser zur nüchternen Wahrnehmung eigener nationaler Interessen übergegangen werden soll. Die Frage ist bei der hier vorhandenen Biegsamkeit im medialen Feld noch nicht entschieden, zumal kaum jemand etwas dabei findet, dass Journalisten vor Arbeitsantritt

Glaubensbekenntnisse zugunsten des einen oder anderen Landes unterschreiben müssen.

Eigentlich ist das für mich nicht verwunderlich. Als junger Abgeordneter im Deutschen Bundestag mit einer ziemlich intensiven Pressearbeit war ich von einem führenden Mitarbeiter der Pressestelle der CDU/CSU-Bundestagsfraktion auf zwei Dinge hingewiesen worden. Zum einen, bei Gesprächen mit Journalisten unbedingt stets offen und der Wahrheit verpflichtet zu sein. Andererseits müsse ich zur Kenntnis nehmen, dass es quer durch die deutsche Medienwelt ein enges Netzwerk der Bundeswehr gebe. Unter diesen Umständen, die noch auf die Zeit vor der deutschen Wiedervereinigung zurückgingen, war es nicht verwunderlich, die aus den Vereinigten Staaten geführten besonderen Verbindungen auch nach dem Umzug nach Berlin feststellen zu müssen.

Diese Wirklichkeit geriet jetzt in totale Schieflage, und im Medienbereich fing man langsam an, notwendige Differenzen zur amerikanischen Verhaltensweise auch Deutschland gegenüber alleine deshalb zu artikulieren, weil man sie bei Präsident Trump, dem Ungeliebten, festmachen konnte.

Wird Deutschland sich neu ausrichten?

Präsident Obamas Abschiedsbesuch in Berlin

Damit hatte nun wirklich niemand gerechnet. Im November 2016 machte sich Noch-Präsident Barack Obama zu einer letzten Stippvisite nach Berlin auf. Eigentlich hätte man nach der Wahlniederlage der Demokraten erwarten können, dass der ehemalige Hoffnungsträger mit zu früh verliehenem Friedensnobelpreis in Washington Dringenderes zu tun haben würde, etwa seinen Schreibtisch aufzuräumen oder gemeinsam mit Frau Clinton zu analysieren, warum sie ihren weltweit als sicher geltenden Wahlsieg dennoch verfehlt hatte. Stattdessen eilte Obama in die deutsche Hauptstadt, um sich auf Einladung von Bundeskanzlerin Angela Merkel mit ihr und einer Reihe westeuropäischer Staats- und Regierungschefs zu treffen, also jenen, die bei der Präsidentschaftswahl ebenfalls »aufs falsche Pferd« gesetzt hatten.

Für die deutsche Politik war es schon ungewöhnlich, dass zum Kandidaten der Republikaner Donald Trump noch keinerlei Beziehungen geknüpft worden waren. In den Jahrzehnten zuvor kannte man sich, und CDU/CSU, SPD sowie die Bundesregierung verfügten stets über exzellente Verbindungen zu beiden amerikanischen Großparteien, Grundlage dafür, am jeweiligen Regierungsprogramm mitschreiben und den Abgleich von deutschen mit amerikanischen Positionen vornehmen zu können, um den Anteil an Komplikationen zwischen den Verbündeten so gering wie eben möglich zu halten. Das war diesmal anders, vermutlich weil Donald Trump keinerlei Wahlchancen eingeräumt wurden – eine Fehlbeurteilung nicht nur in der Person Trumps, zudem Ausdruck der Gesinnung, wenig oder überhaupt nichts vom grundlegenden Wandel in den Vereinigten Staaten zur Kenntnis nehmen zu wollen. Man war blind und wollte es bewusst auch sein. Zu fest war man in Berlin davon ausgegangen, dass mit der Kandidatin Clinton die Kriegsallianz in Washington obsiegen würde. Offenbar sah man sich selbst auch als integralen Bestandteil derselben.

Das Treffen mit Präsident Obama offenbarte den Aggregatzustand gesamteuropäischer Sicherheitspolitik. Es war schon ein Affront der besonderen Art, den Regierungschef des benachbarten Polen trotz seiner besonderen Empfindlichkeit in diesen Dingen nicht einzuladen. Osteuropäischen Staatsoberhäuptern, vor allem in Warschau und Prag, wird die kalte Schulter gezeigt. Es gibt eben Bilder, die aus der Vergangenheit in die Zukunft übertragen werden. George W. Bush durfte nach dem Ende seiner Amtszeit die Schweiz nicht besuchen, weil ihm wegen seiner Kriege und der damit verbundenen Kriegsverbrechen Strafverfolgung drohte. Mit Präsident Obama war einst die Hoffnung auf bessere Zeiten verbunden. Heute muss man sehen, dass er für den militärischen Aufmarsch der NATO an der russischen Westgrenze sowie pausenlose Manöver in diesem Gebiet verantwortlich war. Donald Trump aber hatte während des Wahlkampfes erklärt, bessere Beziehungen zu Moskau und Präsident Putin anzustreben. Das Treffen mit seinem Vorgänger zeigte der Welt deutlich, dass man sich in Berlin als Teil der amerikanischen Kriegsallianz empfand. Das deutsche Volk nahm es hin, Präsident Trump nicht, und so wunderte es niemanden, dass die Bundeskanzlerin über Personen im Umfeld des neuen Präsidenten um Gesprächstermine für Berater nachkommen lassen musste. Man kann nur vermuten, welche Umwege diese Bitten nehmen mussten.

Eiszeit statt Sauna

In Europa hat sich eine Menge verändert, vor allem in den deutschen Beziehungen zur Russischen Föderation, wie etwa die gestoppte Lieferung des Gefechtsführungszentrum an die russische Armee trotz der Zufriedenheit aller Vertrags- und Mitsprachepartner zeigt. Deutlich ist daran abzulesen, wie sich die »Wetterbedingungen«

verschlechtert hatten. Statt Saunabesuchen wie in der Zeit Kohl/Jelzin ist wieder Eiszeit angesagt. Deshalb schmeißt die Bundesregierung aufgrund wilder britischer Behauptungen im Kriminalfall von Salisbury russische Diplomaten aus Berlin raus – ein untrügliches Zeichen für mangelnde Souveränität, letztlich für Ohnmacht und Bedeutungslosigkeit. Die Schweiz macht es anders: Sie verlangt für britische Behauptungen Beweise, die London nicht liefern kann oder nicht liefern will.

Eigentlich ist viel zu schnell aus dem Gedächtnis verschwunden, welches Buhei die Bundeskanzlerin um die ukrainische Politikerin Julija Timoschenko gemacht hatte, die mit ihrem tatsächlichen oder angeblichen Gesundheitszustand jahrelang die Welt in Atem hielt. Obwohl die politischen Verhältnisse in Europa dergestalt sein sollten, dass man davon Abstand zu nehmen hat, sich in die inneren Beziehungen von Nachbarstaaten einzumischen, hatte der damalige deutsche Außenminister Guido Westerwelle sichtlich Freude daran, sich an den Auseinandersetzungen auf dem Maidan-Platz publikumswirksam zu beteiligen. Damit machte er es dem amerikani-

Freundschaftliche Beziehungen zu unseren Nachbarn – das waren noch Zeiten! Helmut Kohl mit Felipe Gonzales im Oktober 1993

schen Senator McCain gleich, der nirgendwo fehlen durfte, wo sich ein möglicher Krieg abzeichnete.

Im krassen Gegensatz dazu stand die Sprachlosigkeit, als sich im Herbst 2017 unüberbrückbare Differenzen zwischen Katalonien und der spanischen Zentralregierung auftaten. Auf deutscher Seite sollte niemand vergessen, von welcher Bedeutung der spanische sozialistische Ministerpräsident Felipe González im Prozess der Wiedervereinigung als guter Ansprechpartner für Bundeskanzler Helmut Kohl gewesen war. Das verpflichtet, und das vergisst man nicht, will man nicht irreparable Schäden in den bilateralen Beziehungen in Kauf nehmen. In der Vergangenheit, etwa bei der Überwindung der Folgen des Franco-Regimes oder mit dem Erbe von Staatspräsident Antonio de Oliveira Salazar in Portugal, hatten die Westeuropäer gezeigt, was Hilfe für einen Nachbarn bedeutet, das ging bis hin zu den Bestimmungen über die Einheit Spaniens, bei dem das deutsche Grundgesetz Pate stand. In Katalonien aber ließ man die Züge auf einer Schiene aufeinander zu fahren und schwieg über die Folgen, die eine Kollision für Westeuropa zwischen Bozen und Breslau, Eupen und Edinburgh, Åland-Inseln und Nikosia haben mochte. Unverantwortlicher kann man auf der Seite der europäischen EU-Staats- und Regierungschefs mit der Zukunft nicht umgehen.

Als die amerikanische Regierung keine Gelegenheit ausließ, die westeuropäischen Staaten mit ihren Helfershelfern gegen die ukrainische Regierung unter Präsident Wiktor Janukowitsch aufzustacheln, beleuchteten diffamierende Bilder des russischen Präsidenten Putin auf amerikanischen Magazinen wie die »Christbäume« bei amerikanischen Bombenangriffen im Zweiten Weltkrieg das Ziel, welches es zu vernichten galt. Und in typisch deutscher Vasallentreue machte man das Reset der amerikanischen Politik zurück zum Feindbild Russland mit. Stattdessen hätte man gewarnt sein müssen, glichen die Bilder Putins doch denen des Deutschen Kaisers, welche von der angelsächsischen und amerikanischen Propaganda während des Ersten Weltkrieges erfolgreich eingesetzt wurden, um gegen das

Feindesland zu hetzen – und das geschah erfolgreich noch weitere Male, wie die Schicksale von Slobodan Milosevic, Saddam Hussein und Muammar al-Gaddafi nachdrücklich beweisen.

Die Bilder, die sich daran anschließenden Auseinandersetzungen in den USA und der rotierende Hass auf den eigenen Präsidenten Donald Trump ließen schlimmste Befürchtungen entstehen. Denn wenn amerikanische Medien und zudem der Kongress mit einer derartig heftigen Schussfolge auf ein politisches Individuum zielten, diente dies in der Vergangenheit stets der Vorbereitung eines Krieges. So hielt man sich an der nächsten Stuhllehne fest, denn Europa fiele im Falle eines Angriffes der Russischen Föderation die Rolle des Brückenkopfes zu. Dabei hatten wir in Deutschland doch keinerlei Grund, uns mit dem großen Nachbarn anzulegen. Moskau war der Motor der deutschen Wiedervereinigung gewesen, niemand sonst. Und auch wenn in Deutschland die Erinnerung daran zum Verblassen gebracht wurde, so herrschte in jener Zeit doch eine gutnachbarschaftliche, ja freundschaftliche Beziehung.

Nach Aussage des langjährigen Chefs der amerikanischen Denkfabrik »Stratfor«, George Friedman, haben die Vereinigten Staaten seit der Gründung des Deutschen Reiches 1871 alles, aber auch alles unternommen, eine gedeihliche Zusammenarbeit zwischen Russland und Deutschland zu hintertreiben. Da war nicht nur die Rede von der Überlegenheit der angelsächsischen Rasse auf dem Globus, das war praktische Politik. Auch die klare Trennung mithilfe des neuen Limes von der Ostsee bis zum Schwarzen Meer macht diese Einstellung deutlich. Andererseits war immer wieder zu hören gewesen, dass gewisse Kräfte in den USA es darauf abgesehen hätten, die Kontrolle über die russischen Bodenschätze an sich reißen zu können. Auch Valentin Falin machte mehrfach auf amerikanische Konzepte aufmerksam, welche einem Machtentzug Russlands dienen sollen. Schon seit der Zeit nach dem Ersten Weltkrieg sei geplant, alles daran zu setzen, dass das Land in Einzelstaaten zerfällt.

America first – und wo bleiben wir?

Selten schien das politische Berlin so abgenabelt zu sein vom Geschehen wie nach dem 8. November 2016. Von einem Tag auf den andern fand man sich auf den hinteren Rängen wieder, während man zuvor noch auf der Bühne mitgetanzt und einen der Cheerleader in der westlichen Allianz gegeben hatte. Allein beim Hinterzimmertreffen im Stile »alter Kameraden« zwischen Bundeskanzlerin Merkel und dem amerikanischen Senator John McCain anlässlich der Münchener Sicherheitskonferenz 2017 schwang noch jene Herzlichkeit von Verbündeten mit, die so manches in der Vergangenheit ausgeheckt hatten.

Donald Trump, der nach international präsentiertem Pressebild stolz auf seine schottische Mutter ist, aber überhaupt nicht auf seine deutschen Vorfahren hinweist, fand nichts dabei, die Bundeskanzlerin schon während des Wahlkampfes wegen ihrer unverantwortlichen Migrationspolitik öffentlich zur Schnecke zu machen. Auch später zeigte sich, dass sie wenig Platz in seiner Gedankenwelt einnimmt. Konrad Adenauer mag Ähnliches widerfahren sein, als der junge, strahlende John F. Kennedy als Präsident ins Amt kam. Man war plötzlich nicht mehr gefragt und hatte sichtbar Entzugserscheinungen. Angela Merkel versuchte das offenbar dadurch zu kompensieren, dass sie sich zur Bannerträgerin von Obama Erbe, der Kriegsallianz in Washington, ausrufen ließ. Zeitgleich zu den Koalitionsverhandlungen nach der für sie enttäuschend ausgegangenen Bundestagswahl erschienen auf den Titelseiten amerikanischer Blätter wieder Hinweise auf sie als »mächtigste Frau der Welt«. Das machte Sinn, wenn ein wichtiges europäisches Standbein der Kriegsallianz erhalten bleiben musste.

Berlin hatte jedoch durchaus die Wahl: Auf der einen Seite könnte es weiter die amerikanische Kriegsallianz hofieren, oder es könnte sich dem neuen Präsidenten öffnen. War das jedoch überhaupt möglich in einer Zeit, die von massiven Auseinandersetzungen im politischen

Washington bestimmt wurde? Vom Augenblick des Wahlsieges an wurde Trumps Erfolg angezweifelt. Und der Verdacht, dass Russland die Präsidentschaftswahlen manipuliert haben könnte, der von den Nachrichtendiensten aus der Riege amerikanischer Dienste befeuert wurde, führte selbst vonseiten der Republikaner zur Verweigerung der politischen Unterstützung des neuen Präsidenten im Kongress.

Trumps Amtseinführung am 20. Januar 2017 musste die Welt aufhorchen lassen. Jetzt mag eine Rede durch den bisher im politischen Leben unbekannten Präsidenten nicht an denen anderer Staatschefs zu messen sein. Bei Zeremonien dieser Art schwingt stets die Erinnerung an das alte Rom mit. Dennoch waren die Worte ungewöhnlich. In scharfen Sätzen geißelte er das Unvermögen der parteiübergreifenden Kräfte des Establishments und machte diejenigen, die hinter ihm saßen, fast namentlich für den Zustand Amerikas verantwortlich, darunter seinen Amtsvorgänger Obama und weitere ehemalige Präsidenten. Beobachter hatten den Eindruck, dass eine Verhaftung der Festgesellschaft unmittelbar bevorstand, und man suchte das Rund vor dem Kapitol nach FBI-Agenten ab, die sicher unmittelbar vor dem Zugriff standen.

Im Gegenzug rächte sich das Establishment bei jeder Personalentscheidung des neuen Präsidenten, wie als Erstes sein Nationaler Sicherheitsberater Michael Flynn erfahren durfte. Es schien eine russlandbezogene Kontaktsperre für Washington zu gelten. Und weite Teile der republikanischen Partei empfanden die öffentliche Ankündigung Trumps, bessere Beziehungen zum russischen Präsidenten herstellen zu wollen, als Hochverrat.

Große amerikanische Oper: Trump gibt den Bösewicht

Bei der ganzen Aufregung über die aus sehr durchsichtigen Gründen konstruierte Chimäre eines russischen Eingriffs in den Wahlkampf fasst sich kaum einer in Washington einmal an die eigene

Selbst die Inaugurationsfeier von US-Präsident Donald Trump wurde zum Politikum. Die Behauptung, dass die Veranstaltung überdurchschnittlich schlecht besucht gewesen sei, war falsch, wie die Bilder belegen. Trotzdem halten sich diese »Fake News« in vielen Medien bis heute

Nase. Denn man hielt es doch offenbar selbst für eine sportliche Disziplin, in die Prozesse anderer Staaten auf diesem Globus einzugreifen. Mitte der 90er-Jahre jedenfalls machte man kein Hehl aus einer hunderte Millionen Dollar schweren Unterstützung für Boris Jelzin. Da durfte man sich über einige hunderttausend Dollar im Milliardengeschäft des amerikanischen Präsidentschaftswahlkampfes für Anzeigen von Sendungen beispiellos aufregen, wie aus der Begründung für Sanktionen der amerikanischen Regierung gegen namentlich benannte dreizehn russische Staatsbürger entnommen werden kann.

In dem Maße, wie die Einschläge näher kamen und Weggefährten des Wahlkampfes der Not gehorchend ihre Plätze im Weißen Haus räumen mussten, igelte Trump sich ein. Das kennt man aus der

jungen Geschichte der »glänzenden Stadt auf dem Berge« oder dem »neuen Jerusalem«, wie man in den Vereinigten Staaten gerne über sich selbst spricht. Den heroischsten Ausdruck dafür findet man in Bildern von Fort Alamo im seinerzeit mexikanischen Texas oder Fort Laramie in Wyoming mit den dortigen Ausfällen gegen die amerikanischen Ureinwohner. Unter diesen Aspekten war es fast zwangsläufig, einen ungewöhnlichen Schritt selbst für das in alles Militärische verliebte Amerika zu gehen. Dem öffentlichen Bilde nach wurde zwecks präsidentieller Selbstverteidigung eine zentrale demokratische Errungenschaft auf den Kopf gestellt, nämlich dass der Politik gegenüber dem Militär Vorrang eingeräumt ist. Doch das Umfeld von Präsident Trump wirkte zeitweise noch wie eine Außenstelle des Pentagons, denkt man an den Stabschef des Weißen Hauses, General der Marines, John F. Kelly, den Nationalen Sicherheitsberater und ehemaligen Heeresgeneral, Herbert McMaster oder auch den Verteidigungsminister und ehemaligen General des Marine Corps, James Matthis. Allerdings dauerte die Amtszeit von Herbert McMaster mit gerade mal einem Jahr auch nicht eben lange. Selbst die von den

Vereinigten Staaten so kritisch beäugten Präsidenten in China oder Russland vermitteln ein anderes Bild, aber es mag in Peking oder Moskau auch andere Notwendigkeiten geben.

Die Signalwirkung dieser Personalentscheidungen ist eine mehrfache: Sie ergibt sich zunächst aus der besonderen Bedeutung der Streitkräfte nach Beendigung des Kalten Krieges. In einer beispiellosen Art und Weise haben die Vereinigten Staaten seither deren Dominanz im Staatshaushalt herbeigeführt. An einer der ersten Amtshandlungen des neuen Präsidenten wurde das besonders deutlich, als er eine fast zehnprozentige Aufstockung des Militärhaushalts ankündigte. Diese rund sechzig Milliarden Dollar sind eine größere Summe, als die Russische Föderation für ihre gesamten Streitkräfte ausgibt.

Im Verlaufe der Vorwürfe wegen tatsächlicher oder lediglich behaupteter Verbindungen von Präsident Trump fiel auf, dass Teile des internen und externen Sicherheitsapparates über an die Öffentlichkeit durchgestochene Behauptungen versuchten, die Rechtmäßigkeit des Wahlvorganges anzuzweifeln. Auffallend war, dass selbst die Transportmedien dieser Meldungen nicht davon ausgingen, dass es sich dabei um eine einheitliche Haltung amerikanischer Nachrichtendienste handele. Ein nüchterner Betrachter der Entwicklungen musste merken, in welchem Umfang ein Zusammenspiel zwischen amerikanischen und britischen Interessenten möglich war. Dieses erstreckte sich sogar auf der Berichterstattung des britischen Staatssenders *BBC,* der mit hunderten Millionen Pfund jährlich als Instrument der britischen Außenpolitik aus dem Staatshaushalt finanziert wird.

Oftmals fielen die auf *BBC* vorgetragenen Behauptungen über bestimmte Aspekte der Regierung oder über Trump selbst härter aus als die Anti-Trump-Kanonaden amerikanischer Kampfmedien. Kübel von publizistischem Unrat wurden über den Präsidenten ausgeschüttet, als Quelle stellten sich sammelwütige Briten mit interessanten Verbindungen zu Diensten jeder Art in London oder Washington und Moskau heraus. Besuche des Privatmannes Trump Jahre vor seinem Entschluss, das Amt des Präsidenten zu erringen, in Moskauer Nobelhotels mit spektakulärem Ausblick auf den Kreml blieben davon nicht ausgenommen. Es hatte den Anschein, dass hier ein leistungsstarkes Netzwerk besonders aktiv vorging. Bei der Interessengleichheit von Washingtoner Kräften der parteiübergreifenden Kriegsallianz und den zu Dauerkriegen neigenden britischen Gruppen war das abgestimmte Vorgehen nicht verwunderlich. Auch die Entwicklung in Großbritannien im Verlauf des Kriminalfalls von Salisbury macht deutlich, dass die englischen Eliten, deren Herkunft sich nicht alleine auf die Insel beschränkt, um die angelsächsische Dominanz im globalen Gefüge mit aller Entschlossenheit kämpfen.

Präsident Trump schien dann mit der Ernennung ehemals hochrangiger Spitzenmilitärs denjenigen aus dem Sicherheitsapparat, die einen anderen Kurs verfolgen, den Wind aus Segeln genommen zu haben. Was waren damit deren klandestin vorgetragene Anschuldigungen noch wert? Während Senator McCain trotz gravierender gesundheitlicher Probleme noch aus allen Rohren gegen seinen Parteifreund schoss, gingen andere ehemalige Fronteure inzwischen mit Präsident Trump golfen. Dennoch laufen noch immer zahllose Schützengräben durch die innenpolitische Auseinandersetzung in Washington, wo sich Trump an die Spitze der Republikanischen Partei gestellt hat. Daneben agieren die Demokraten aus tiefer Verärgerung und Unwillen über das Wahlergebnis. Und die Kriegskoalition im Kongress versucht zu retten, was für die ehemals die Vereinigten Staaten bestimmende Politik noch gerettet werden kann.

In diesem Getümmel hat Präsident Trump sich ohne sorgfältig erworbene Kenntnisse der Washingtoner Schlangengrube im Führungsamt durchzukämpfen. Äußere Anzeichen der wogenartig sich gegenseitig überschlagenden Angriffe gegen ihn und sein familiäres Umfeld sind der vom Justizministerium wegen möglicher russischer Verbindungen zur Wahlkampfmaschine von Donald Trump losgeschickte Sonderermittler und ehemalige FBI-Chef Mueller, die um sich greifenden Untersuchungsgremien im Kongress, die wie abgestimmt auf Trump einschlagenden Medienhäuser wie das der *Washington Post,* der *New York Times,* von *CNN* und *BBC.* All dies begrenzt die Handlungsfähigkeit einer jeden Regierung sowie auch die von Donald Trump. Auch jeder Untersuchungsausschuss im Deutschen Bundestag trägt sicher dazu bei, dass die Bundesregierung in einen Selbstverteidigungsmodus übergeht. Die auf normales Regierungshandeln ausgelegten Kapazitäten werden zwangsläufig überstrapaziert. Misstrauen greift um sich. Darüber hinaus ist es fast unausweichlich, sich auf andere Eventualitäten einstellen zu müssen. Das ergibt sich schon aus der systematischen Durchdringung aller für den Untersuchungsausschuss relevanten Strukturen durch Medienvertreter. Der Jagd nach zweckdienlichen Informationen kommt vielfach die Bereitschaft aus dem staatlichen Apparat entgegen, diese auf dem Medienmarkt anzubieten. Das gilt auch für Sachverhalte, deren dokumentarischer Nachweis mit allerlei Stufen der Geheimhaltungsvorschriften versehen wurde.

Die deutsche Erfahrung mit Untersuchungsausschüssen besagt, dass es immer Ergebnisse gibt. Manche sind allerdings eher als Kollateralschäden anzusehen, sie haben nichts mit dem ursprünglichen Auftrag zu tun, gelangen aber aus den unterschiedlichsten Gründen an die Öffentlichkeit und haben häufig überraschende personalpolitische Konsequenzen. Die Regierung verschanzt sich früher oder später in einer Art »Wagenburg«. In Washington können die Auswirkungen indes noch weitaus perfider sein, weil die Vereinigten Staaten geradezu das Sumpfblütenland für abgefeimte Rechtsstreitigkeiten sind, bei dem die mediale Durchdringung des Staatsgeschäfts, oft in enger Zusammenarbeit mit nachrichtendienstlichen Bereichen der US-Behörden, zur Perfektion entwickelt worden ist.

Der tiefe Staat …

In dem Maße, wie der Präsident angegriffen wird, ist auch sein Apparat im Weißen Haus mit dem Kampf ums Überleben beschäftigt. Im Zuge dessen entwickeln nachgeordnete Bereiche ein immer höheres Maß an Selbstständigkeit. Seit Jahren gibt es in den westlichen Demokratien ein steigendes gesellschaftliches Unbehagen um den sogenannten »tiefen Staat«. Gemeint ist ein nicht kontrolliertes Vorgehen wirtschafts- und finanzpolitischer, polizeilicher, militärischer, nachrichtendienstlicher Komponenten und von Teilen des Justizapparates. Man muss davon ausgehen, dass auch die öffentliche Verwaltung immer stärker gesellschaftliche Sektoren durchdringt, während die staatliche Führung kaum mehr wahrgenommen wird. Daraus entwickelt sich zwangsläufig ein immer stärker werdendes Eigenleben von Bereichen, die über ausreichend dimensionierte Strukturen sowie Finanzmittel verfügen.

Bis heute ist in Deutschland nicht aufgeklärt, wie kriminelle Täter aus dem »Nationalsozialistischen Untergrund« in den Besitz von Daten fast der gesamten Führungsstruktur unseres Landes mit gut zehntausend Personen kommen konnten. In den Vereinigten Staaten ist ein Umstand in diesem Zusammenhang relevant, der im Vergleich zu anderen Ländern hervorsticht, nämlich der jährliche Kampf um Budgetmittel, der darüber entscheidet, welche Handlungsmöglichkeiten bestimmte Agenturen in anderen Teilen der Welt im Sinne einer »Nebenaußenpolitik« haben. Der Film über das Wirken des demokratischen Kongressabgeordneten Charles Wilson und seinen mit der CIA abgestimmten Privatkrieg gegen die Rote Armee in Afghanistan macht das besonders deutlich.[5] Nicht nur dass sich weite Teile des Regierungsapparates mehr und mehr verselbstständigen, Donald Trump führt fast eine Dauerklage gegenüber dem State Department, da man dort überhaupt nicht daran denke, seine Politik umzusetzen.

---

[5] »Der Krieg des Charlie Wilson«, USA 2007

Da auch in Deutschland aufgrund des Maastrichter Vertrages 1992 die Staatsgeschäfte mehr und mehr unter den Einfluss von großen Lobby- und Nichtregierungsorganisationen geraten sind, steht zu befürchten, dass bei der zunehmenden Schwäche unseres Staates diese mächtigen Gruppen Teile des Staatsapparates wie Militär, Auswärtiger Dienst, Entwicklungshilfeeinrichtungen und Nachrichtendienste übernehmen werden. Presseberichte darüber aus dem Frühjahr 2018, ob ein bekannter amerikanischer Milliardär das deutsche Auswärtige Amt befehlige, machen das deutlich.

Während es bisher Aufgabe des Bundeskabinetts ist, die deutsche Politik zu gestalten und mit dem Bundesrat die gesetzgeberische Grundlage dafür zu schaffen, könnte in Zukunft eine andere Vorgehensweise üblich werden: Teile des staatlichen Apparates verabreden jenseits der Kabinette gemeinsame Vorgehensweisen und schaffen damit Fakten. Das ist bereits in den Vereinigten Staaten bei den Versuchen zu beobachten gewesen, Kriege aus Aktionen der CIA oder anderer Dienste sich entwickeln zu lassen, um die politische Führung des Landes vor vollendete Tatsachen zu stellen oder den Kongress und damit die Öffentlichkeit im Unklaren über tatsächliche Abläufe zu lassen. Aus den Abläufen des Vietnam-Krieges und der Einbeziehung von Nachbarstaaten in das Kriegsgeschehen ergeben sich zahlreiche Beispielsfälle.

… und die tiefe NATO

In Deutschland ist diese Bindungswirkung durch spezielle Gruppen bei der Bundeswehr und ihrer Einbindung in NATO-Strukturen festzustellen. Bestimmte Vorgehensweisen werden von politischen und militärischen Repräsentanten unterschiedlicher Ebenen gemeinsam vorbereitet, lange bevor sich die Bundesregierung eine Meinung dazu bilden kann, ob eine Beteiligung Deutschlands überhaupt wünschenswert wäre. Unbeschadet der tatsächlichen Bedeutung eines gemeinsamen militärischen Vorgehens ist auf allen staatlichen

Ebenen, einschließlich der Bundesregierung und des Bundestages, stets ein Argument zu vernehmen, wenn ein Projekt auf die Schiene gesetzt werden soll: Wolle man es etwa riskieren, die »Bündnissolidarität« und damit das Bündnis als solches aufs Spiel zu setzen? Das Argument schlägt bei uns erfahrungsgemäß alles, es gilt indes weder für Frankreich oder Großbritannien noch die Vereinigten Staaten selbst. Frankreich hat eine bestimmte Vorstellung davon, was es sich selbst wert ist, und Großbritannien ist traditionell auf Krieg aus. Bei einer jüngst erfolgten großen Diskussionsrunde in der *BBC* zum Ausbruch des Ersten Weltkrieges hat man sich nicht gescheut, dieses Verhalten eindeutig im Vergleich zum kaiserlichen Deutschland anzusprechen. Großbritannien war im Bezugszeitraum ständig in allen Teilen der Welt in Kriege verwickelt. Bei Deutschland war es nicht klar, ob ein militärisches Engagement als »Krieg« zu bezeichnen war, denn es führte in diesem Zeitraum überhaupt keinen Krieg.

Ich selbst hatte Anfang der 80er-Jahre dem Wissenschaftlichen Dienst des Deutschen Bundestages den Auftrag erteilt, eine Aufstellung darüber zu erstellen, welche Kriege Großbritannien zwischen Hongkong und Gibraltar geführt hatte, welche Grenzziehungen es beeinflusst hatte und welche Kriege sich wiederum daraus entwickelten. Nun ist der Wissenschaftliche Dienst ein »Diamant« des Parlamentes, weil sehr qualifizierte Mitarbeiter den Abgeordneten in Sachfragen zuarbeiten und stärker der Sache verpflichtet sind, als das bei Einrichtungen im Bereich der Bundesregierung der Fall ist. In jahrzehntelanger Zusammenarbeit habe ich nur einmal eine Antwort auf eine historische Frage erhalten, die mich verwunderte. Ich wollte wissen, in welchem Umfang US-amerikanische Unternehmen mit dem nationalsozialistischen Deutschen Reich, vor allem auf dem Gebiet der militärischen Aufrüstung, zusammengearbeitet hatten. Hintergrund war, dass die deutschen Bomben, die im Luftkrieg gegen britische Städte eingesetzt worden sind, amerikanische Zünder aufwiesen. Natürlich wurde alles ausführlich beantwortet. Eine Anmerkung ließ mich allerdings stutzen. Nach Ansicht des Verfassers hätten amerikanische Unternehmen nicht wissen können, was während des Zweiten Weltkrieges alles geschehen würde. Dem deutschen Volk jener Zeit hätte man das kaum zugestanden, obwohl die Nationalsozialisten selbst von Revolution und Machtergreifung sprachen und die Regierungsbildung am 30. Januar 1933 den Charakter eines Putsches interessierter Kreise trug, folgt man dem Historiker Wolfram Pyta in seiner Darstellung der Rolle Hindenburgs und von Teilen der Reichswehr.[6] Manche Gesichtspunkte, die man eigentlich der Vergangenheit zugeordnet wissen will, finden heute neue Aktualität. Das kann man für die Repräsentanz der amerikanischen Militärspitze im Umfeld des Präsidenten Trump sagen. Es erinnert an die ungemein bedeutende Rolle, die Colonel House für den Präsidenten Woodrow Wilson in der Zeit des Ersten Weltkrieges gespielt hatte.

Basis wiederherstellen, Vorfeld sichern

Mit der Präsidentschaft von Donald Trump erwachte die Hoffnung darauf, dass Deutschland zu dem guten, gedeihlichen Verhältnis gegenüber Moskau zurückkehren und die endlosen Kriegszüge seitens der Vereinigten Staaten beendet werden könnte. Doch bei der Herbsttagung der NATO-Verteidigungsminister am 8. und 9. November 2017 hielten sich die europäischen Politiker wie üblich im Dunstkreis der US-Amerikaner auf, und die öffentlichen Erklärungen machten die aggressive Haltung deutlich. Sie zeigten erneut, dass die Ereignisse in der Ukraine, auch die militärischen Auseinandersetzungen in der Ostukraine, ihre Ursache in einer seit Jahren zielgerichteten amerikanischen Politik haben. Die amerikanische Außenamtsstaatssekretärin Victoria Nuland nannte sogar öffentlich die rund fünf Milliarden Dollar, die man sich die Entwicklung hin zum Putsch sowie die durch amerikanische Söldner lancierte Bürgerkriegssituation in der Ostukraine kosten ließ. Man erwartete ein lohnenswertes »Return-on-Investment« und nutzte die Situation

6 Pyta: Hindenburg. Herrschaft zwischen Hohenzollern und Hitler. München 2007

zum militärischen Aufbau zwischen der deutschen Ostgrenze und der russischen Westgrenze. Die NATO hat den Zustand herbeigeführt und zu verantworten und schiebt ihn seit 2014 der Russischen Föderation in die Schuhe. Das erinnert an den dritten Prager Fenstersturz des Jahres 1947 als sichtbares Signal, dass ab jetzt eine andere Richtung eingeschlagen werde.

Die NATO als Ausdruck der amerikanischen Vormacht in Europa setzte seit dem Krieg gegen die Bundesrepublik Jugoslawien in Europa und nicht nur dort die Fakten. Für die heutige miserable Lage in Europa ist ausschließlich der Westen verantwortlich, der offenbar inständig darauf hofft, dass in Moskau ein Fehler gemacht wird, der zum Losschlagen eine Grundlage, so fadenscheinig sie auch sein möge, liefert. Vor diesem Hintergrund wäre es vorstellbar, dass wir demnächst tatsächlich die NATO-Aufrüstung durch Mittelstreckenwaffen erleben, um dadurch eine Wirkung zu erzielen, wie sie in der zweiten Hälfte der 70er-Jahre die Sowjetunion mit der SS-20-Rüstung beabsichtigt hatte. Es ist die Besonnenheit des russischen Präsidenten, die uns bisher vor einem Kriegszug gegen unsere russischen Nachbarn im Stile von Napoleon und Hitler bewahrt hat. Für die parteiübergreifende Kriegsallianz in Washington muss es eine fast teuflische Absicht des Präsidentschaftskandidaten Donald Trump gewesen sein, auf eine Verständigung mit Putin zu setzen. Die Obamas und Clintons, McCains und Grahams hatten alles unternommen, den Kalten Krieg wieder fest in Europa zu verankern. Jetzt hieß der Präsident in Washington plötzlich Trump und wollte mit dem Feind reden!

Dabei gibt es neben einer generellen Verständigung, die für Europa nach den Erfahrungen aus den 80er-Jahren stets die Gefahr eines russisch-amerikanischen Kondominiums heraufbeschwören könnte, handfeste Gründe für die USA, sich gegenüber Moskau gesprächsbereit zu halten. Das ergibt sich aus mehreren Aspekten, die sowohl mit der eigenen Politik der Vereinigten Staaten als auch mit russischem Vorgehen in Nah- und Mittelost verbunden sind.

Kriegsknecht Deutschland: Sterben für Kunduz?

Von der Krimkrise zum Bürgerkrieg in Syrien

Bislang waren bei allen Kriegen die Pläne der Vereinigten Staaten, wenn auch unter sehr hohen Opfern, aufgegangen. Im Bürgerkrieg in Syrien aber kam man nicht weiter. Die auf dem Luftweg sowie über den Schwarzmeerhafen Sewastopol und die russische Marinebasis Tartus am syrischen Mittelmeerufer vorgenommene Unterstützung der legitimen syrischen Regierung durch die Russische Föderation verhinderte die Ziele der Anti-Assad-Koalition. Hier liegt die Ursache für den lancierten Putsch in der Ukraine 2014 und die Querelen auf der Krim. Dass die auf der Halbinsel lebenden Menschen ihre Zugehörigkeit zur Ukraine als willkürlich empfanden, war das eine, die Stationierung der russischen Flotte in Sewastopol das andere. Der Kriegshafen war den Vereinigten Staaten ein Dorn im Auge, und konnte die NATO Assad schon nicht direkt beseitigen, wollte man zumindest die Versorgung seiner Streitkräfte kappen, um auf diesem Weg das Ziel zu erreichen. Der Putsch aber misslang, die Krim kam nach dem Willen der Bewohner wieder zu Russland, und die Schwarzmeerflotte konnte ihre Versorgungsfunktion für Syrien weiter aufrechterhalten.

Dabei war es kein gottgegebenes Schicksal für das Land, in einem fürchterlichen Bürgerkrieg zu versinken. Noch in bester Erinnerung sind Bilder des Jahres 2009, die den späteren amerikanischen Außenminister John Kerry samt Gattin zusammen mit dem Ehepaar Assad in einem Restaurant irgendwo in Damaskus zeigen. Es schien eine nette Begegnung von Leuten gewesen zu sein, die sich gut kannten, und man hegte noch keinen Groll. Es waren aber nicht nur die Vereinigten Staaten, die ein wetterwendisches Verhalten an den Tag legten, wie zum Beispiel die gescheiterte Rückgabe der Golanhöhen von Israel an Syrien zeigt. Auch andere Nationen in der Region sowie in Europa hielten ein Streichholz an die Zündschnur, wodurch der Bürgerkrieg entflammte. Ich war nicht wenig überrascht, als Jahre später ein mir nicht bekannter Herr aus Israel das Gespräch mit mir suchte, um die israelische Sicht der Dinge darzulegen. Der Weg lief über den Historiker Wolfgang Effenberger, mit dem mich das Buch »Wiederkehr der Hasardeure« über den Zeitsprung zwischen dem Ersten Weltkrieg und der heutigen Lage verbindet. Er ist zudem Koautor des im Bereich der Wissenschaft diesseits und jenseits hoch geschätzten Buches »Deutsche und Juden vor 1939«.

Also trafen wir uns in der benachbarten Stadt Neuss, wo der Gast aus Israel, wohl nicht zum ersten Male, in einem Hotel abgestiegen war. Wir sprachen über dieses und jenes, und ich fragte mich schon, warum er es so dringlich gemacht hatte, mit mir zu einem Gespräch zusammenkommen zu können. Das löste sich in dem Augenblick, als mein Gesprächspartner mir ungefragt erläuterte, warum Israel das mit Syrien fertig ausgehandelte Abkommen über die Zukunft der Golanhöhen nicht unterschrieben hatte, wobei die Auseinandersetzungen darüber in der israelischen Führung heftig gewesen seien. Durchgesetzt haben sich jene Kräfte, welche die Unterschrift verhindern wollten. Die Rückgabe der Golanhöhen hätte das Ende des Konfliktes im Nahen Osten bedeuten oder es zumindest einleiten können. Warum aber ein Abkommen unterschreiben, wenn man über einen Bürgerkrieg in Syrien militärisch das Heft weiter in der Hand halten konnte? Hier lag die Antwort, warum es die Bitte um ein Gespräch gegeben hatte: Man bekannte sich zu den Umständen, auf die ich oft genug öffentlich hingewiesen hatte.

Am 30. September 2015, also gut eineinhalb Jahre nach dem Putsch in der Ukraine, griff Russland in den Krieg in Syrien ein – ein Haltesignal für die ausgreifende amerikanische Aggressionspolitik, welche sich um die Charta der Vereinten Nationen schon lange nicht mehr scherte. Die Russische Föderation hatte hingegen das Völkerrecht auf ihrer Seite. Die Kriegspolitik der USA überall auf der Welt muss als ein dramatischer zivilisatorischer Rückschritt gewertet werden, sie beschwört eine Situation herauf, die jederzeit einen globalen Krieg ermöglicht. Von Donezk über Damaskus, Bagdad, Kabul, Islamabad und Rangoon bis nach Pjöngjang zieht sich der Minengürtel auf dem eurasischen Kontinent, von Afrika und dem nördlichen Lateinamerika abgesehen.

Was nicht passt, wird passend gemacht: Auslandseinsätze der Bundeswehr

Nach den Pariser Terroranschlägen im November 2015 bat Frankreich die EU-Mitgliedstaaten nach Artikel 42, Absatz 7 des EU-Vertrages von Lissabon um Beistand beim Kampf gegen den »Islamischen Staat«. Und Anfang Dezember 2015 beschloss der Deutsche Bundestag die Beteiligung von bis zu 1200 Bundeswehrsoldaten im Krisengebiet außerhalb Syriens, ohne dass ein UN-Mandat vorlag. Seit dem Krieg gegen Jugoslawien war es üblich geworden, sich unter Berufung auf eine britische Kolonialtradition für kriegerische Abenteuer selbst zu ermächtigen. »Humanitäre Intervention« oder »das Recht, andere zu schützen« waren die dafür verwendeten Floskeln. Diese hatte Großbritannien bei seinen weltweiten Dauerkriegen schon im 19. Jahrhundert verwendet. Die Vereinigten Staaten mussten das Vokabular also nicht neu erfinden, und in Berlin war man froh, mit wohlklingenden Argumenten die Öffentlichkeit beruhigen zu können, denn es schlug die Stunde der Gefälligkeit.

In Deutschland ließ sich ein Auslandseinsatz der Bundeswehr allerdings nicht ohne Weiteres durchdrücken. Militärische Macht ist schließlich signifikantes Beispiel für staatliches Wirken. Herr im Hause ist nur derjenige, der souverän darüber entscheidet, wie diese ihm zur Verfügung stehende Macht angewendet werden soll. Der österreichische Bundeskanzler Sebastian Kurz hat das verstanden, er drang darauf, dass trotz der Beschlüsse der Europäischen Union über eine

Vertiefung der militärischen Zusammenarbeit in seinem Land die »militärische Souveränität« uneingeschränkt erhalten bleiben muss.

Der Einsatz von Soldatinnen und Soldaten der Bundeswehr ist im deutschen Staatsverständnis ein zentraler Faktor der Politik und muss deshalb vom Plenum des Bundestages genehmigt werden, so bestimmt es immerhin das sogenannte »Adria-Urteil« des Bundesverfassungsgerichts aus dem Jahr 1994. Gespräche mit führenden Repräsentanten der CDU/CSU nach dem amerikanisch-britisch-französischen Einmarsch in den Irak machten indes deutlich, wie sehr die Beteiligung der deutschen Öffentlichkeit von der NATO, den USA und den mit beiden Kräften verbundenen Führungspersönlichkeiten meiner eigenen Bundestagsfraktion als Störfaktor gesehen wurde. Intern scharrte man mit den Füßen und versuchte, die öffentliche Diskussion zu beeinflussen, indem so manches Mitglied des Bundestags zu Hintergrundgesprächen von transatlantischen Netzwerken eingeladen wurde, um das Terrain abzuklären bzw. die Parlamentarier einzunorden.

Entscheidend weiter kamen die interessierten Kreise durch die auf Betreiben von Verteidigungsminister Karl-Theodor zu Guttenberg im Jahr 2011 – das Jahr, in dem der syrische Bürgerkrieg seinen Lauf nahm – beschlossene Aussetzung der Wehrpflicht. Bis zu diesem Zeitpunkt hieß die Devise, dass Soldaten, die den Grundwehrdienst leisteten, nicht im Ausland eingesetzt werden durften. Durch diese Einschränkung sollte eine öffentliche Diskussion über die Sinnhaftigkeit eines Auslandseinsatzes unter allen Umständen verhindert werden. Über Jahrzehnte waren Soldatinnen und Soldaten in die AWACS-Flugzeuge in dem Bewusstsein gestiegen, nicht bei jedem Einsatz dabei sein zu müssen. In Zusammenhang mit dem Krieg in Syrien gegen das selbstgeschaffene Monster »Islamischer Staat« brach mit dem Aussetzen der allgemeinen Wehrpflicht die letzte nationale Verteidigungslinie zusammen. Anschließend wussten die Bundeswehrsoldaten um alle Umstände, die mit dieser Berufswahl verbunden waren.

Damit wurde der Dienst in der Bundeswehr geradezu zur »Privatsache«, denn von nun an war es die höchstpersönliche Entscheidung eines Bürgers oder einer Bürgerin, darin seine oder ihre berufliche Zukunft zu sehen. Auf diese Weise musste sich niemand damit herumschlagen, wie ein Auslandseinsatz zu begründen sei. Der tiefe Eingriff in das Profil der Bundeswehr und damit in das Bild, wie unsere Armee in der Gesellschaft nicht nur gesehen, sondern auch akzeptiert worden war, sollte indes weitere gravierende Auswirkungen haben. Schon kurz nach der deutschen Wiedervereinigung begannen hohe Offiziere, vornehmlich aus dem Heer, damit, sich öffentlich über einen neuen Typ des Soldaten Gedanken zu machen. Bis zu diesem Zeitpunkt hatte der »Bürger in Uniform« das Bild der Bundeswehr bestimmt, jetzt sollte »der Kämpfer« den militärischen Aufgaben verpflichtet sein – also »Wehrmacht, ohne dies so benennen zu dürfen«. Auf eine solche Entwicklung war die deutsche Öffentlichkeit nicht vorbereitet, noch war sie damit einverstanden, ganz anders als US-Befehlshaber in Afghanistan, die vor laufender Kamera frei heraus »Brigaden der Waffen-SS« zur Auftragserledigung auf ihren Wunschzettel gesetzt hatten. Man muss sich nur den aktuellen Traditionserlass der Bundeswehr ansehen, welchen Verteidigungsministerin Ursula von der Leyen am 28. März 2018 in Kraft setzte, um ein Verständnis für die Brüche in der deutschen Militärgeschichte zu bekommen. Wenn deutsche Soldatinnen und Soldaten schon für die Interessen anderer ihr Leben aufs Spiel setzen, sollte jedenfalls die deutsche Öffentlichkeit daran keinen besonders großen Anteil nehmen, woraus Unruhe hätte entstehen können.

Wenn Partei- und Regierungsführung im Lande eine bestimmte Meinung vertraten, war es für Parlamentarier, die anderen Wegen folgten, um der eigenen Karriere willen ratsam, einen Konflikt zu vermeiden. Folglich suchten man vonseiten manipulativer NROs oder auch Botschafter, etwa von Israel oder den Vereinigten Staaten, gleich eine Übereinstimmung mit der deutschen Regierung sowie führenden Oppositionskräften herzustellen, zumal der eine oder andere bereits Sympathien für gewünschte Ansichten erkennen ließ, die man bei Botschafter X oder Y gehört hatte. Irgendwann waren dann übereinstimmende Meinungen jenseits der Unterscheidung in Regierungs- und Oppositionsfraktion hergestellt, bevor es zur Debatte und Abstimmung im Bundestag kam.

In Angelegenheiten der Bundeswehr waren diese Erfahrungen noch ausgeprägter als in der übrigen Politik. Amerikanische oder britische Überlegungen wurden mit deutschen Vertretern in den integrierten Stäben auf höchster und nicht so hoher Ebene zu einem Zeitpunkt diskutiert, als die eigene Regierung von alledem noch gar nichts wusste. Nichts ist so sehr von Seilschaften geprägt wie die Bundeswehr oder der Auswärtige Dienst. Wichtigen politischen Beschlüssen schien gern auch mal der Gedanke an die eigene Karriere oder die seiner Kinder zugrunde zu liegen, welche anschließend dank lukrativer Stipendien amerikanische Eliteuniversitäten besuchen durften. Für hohe russische Beamte aus Moskau gilt dies aber wohl ebenso, wenn man sich die Studenten dort mal genauer ansieht. Zwischen den Stäben der NATO, dem Bundesministerium der Verteidigung und den Teilstreitkräften herrschte also aus vielerlei Gründen Schulterschluss, wenn bestimmte Forderungen der NATO-Führung umgesetzt werden sollten. Hier kam es darauf an, nicht die geringste eigene Vorstellung sichtbar werden zu lassen, wenn sich daraus ein Dissens zu den Westalliierten zu entwickeln drohte. Also verzichtete man besser gleich ganz auf eigenes Denken.

Diese Grundstruktur war auch erkennbar, als es darum ging, über den Einsatz der Bundeswehr im Ausland zu entscheiden. Warum im Plenum des Bundestages erst lang darüber reden, wenn der NATO-Oberbefehlshaber, der bislang stets ein US-amerikanischer General oder Admiral war, einen direkten Zugriff haben konnte? Jedweder Kritik an der Beteiligung der deutschen Streitkräfte in sich entwickelnden Konflikten wurde dann mit dem Argument begegnet, dass es nicht zweckmäßig sei, die Bündnissolidarität infrage zu stellen. Und Deutschland kuschte. So wächst sich ein Staat aus und gibt sich auf.

Bundeswehreinsatz künftig ohne Parlamentsentscheid?

Als sich eine im März 2014 eingesetzte Kommission im Bundestag mit der Frage nach dem Parlamentsvorbehalt beschäftigen sollte, zogen es die Oppositionsfraktionen vor, der Kommission nicht anzugehören. Es hieß, das hätte die Regierung unter sich regeln können, der Weg über den Deutschen Bundestag entspreche nicht den parlamentarischen Gepflogenheiten. Über den Beratungen wurden dann Nebelkerzen gezündet, um die sensiblen Themen nur ja nicht der öffentlichen Diskussionen ausgesetzt zu sehen. Schließlich ging es darum, ob das so wichtige Instrument Parlamentsvorbehalt im Grundgesetz beibehalten oder abgeschafft werden sollte und damit um die Möglichkeit, Einsätze der Bundeswehr durch den Bundestag zu genehmigen oder eben zu verbieten. Darauf zu verzichten hieße, dem NATO-Oberbefehlshaber in Deutschland volle Handlungsfreiheit zuzugestehen, also die Bundeswehr de facto dem amerikanischen Präsidenten zu unterstellen.

Im Frühsommer 2017 und damit wenige Monate vor der Bundestagswahl fiel es kaum auf, als in den deutschen Zeitungen geradezu verschämt darüber berichtet wurde, dass die Regierung in der laufenden Legislaturperiode nicht mehr beabsichtige, die Vorschläge der Kommission umzusetzen. Das Thema war offenbar so sensibel, dass man es angesichts der ohnehin heftigen innerdeutschen Diskussion nicht im Bundestagswahlkampf haben wollte. Wer aber gedacht hatte, damit sei die Angelegenheit vom Tisch, der irrte.

Im Herbst 2017 richtete sich das Augenmerk vornehmlich auf die anvisierte Jamaika-Koalition und die sich endlos hinziehenden Sondierungsgespräche zwischen CDU/CSU, FDP und Grünen, weniger auf die Kriege in der Welt. Als Konsequenz des Maastrichter Vertrags mangelte es zunehmend an einer in den Parteien stattfindenden Willensbildung, wie es im Grundgesetz postuliert ist. Diskussionen zu ernsten Sachthemen fanden einfach nicht mehr statt, auf welche die

Parteiführung hätte reagieren müssen. Durch den Abzug der politischen Parteien wird eine Ferne zwischen denen vor Ort und denen in Berlin hergestellt, die es in der Bonner Republik nicht gegeben hatte. Die politischen Parteien waren in unterschiedlicher Intensität vor Ort, die Bürger sprachen in allerlei Angelegenheiten durchaus mit, und Interessen wurden unabhängig von parteipolitischen Einfärbungen der jeweiligen Landesregierung in guter Atmosphäre behandelt. Fast mustergültig war damals die Zusammenarbeit zwischen der von SPD und Grünen in der Landesregierung Düsseldorf und der CDU-Fraktionsvorsitzendenkonferenz Niederrhein. Mit den SPD-Ministern wurde von der Eisenbahnstrecke zwischen Rotterdam und Duisburg bis hin zu Straßenplanungen alles besprochen und zudem die Menschen vor Ort befragt. Heute ist das ein ferner Traum, die deutsche Gesellschaft löst sich zunehmend auf. Und ohne Meinungsbildung im politischen Bereich kann gesamtgesellschaftlich kein Kompromiss oder Konsens in wichtigen Fragen herbeigeführt werden. Die Erfahrungen im Zusammenhang mit der putschähnlichen Entscheidung der Bundeskanzlerin in Sachen Migration im Sommer/Herbst 2015 stützen diese Überlegung, wodurch dem deutschen Rechtsstaat ein irreparabler Schaden drohte, ohne dass der Bundestag als Ganzes oder das Bundesverfassungsgericht widersprochen hätte. So legt man die Ursache für eine Staatskrise.

Für die zuständigen Minister für Auswärtiges und Verteidigung und die Bundeskanzlerin schien der geeignete Zeitpunkt gekommen zu sein, um auf dem Umweg über Beschlüsse in der Europäischen Union die bisherige Entscheidungskompetenz des Bundestages über ein politisch organisiertes Dauerfeuer aufgeben zu können. Die deutsche Öffentlichkeit wurde derweil publizistisch und politisch derart eingeseift, dass über kurz oder lang eine Verlängerung des Bundeswehreinsatzes im Krisengebiet um Syrien erreicht wurde. Und die Leitmedien gerierten sich dabei als Transmissionsriemen für die NATO-Politik. Reichspropagandaminister Josef Goebbels hatte vermutlich größere Schwierigkeiten, die deutsche Presse auf Linie zu bringen, wie die allseits gezeigte Einmütigkeit beweist. »Dissenting

Vote«, die Veröffentlichung abweichender Meinungen, kommt seit dem Jugoslawien-Krieg 1999 nicht mehr vor.

Es mag durchaus sein, dass der Kalte Krieg, währenddessen die Sicherheitslage von allen als furchterregend empfunden wurde, in Europa seine Spuren hinterlassen hat. Aber die bei der Konferenz der EU-Außen- und Verteidigungsminister von NATO-Oberbefehlshaber General Curtis Scaparrotti ausgegebene Parole eines aktuell »veränderten sicherheitspolitischen Umfeldes in Europa« lässt längst überholte Antagonismen wiederauferstehen. Man muss sich fragen, wo die Erkenntnis der amerikanischen Regierung aus dem Sommer 1988 abgeblieben ist, wonach die Rote Armee nach Ende des Zweiten Weltkrieges rein defensiv ausgerichtet gewesen sei, um als Konsequenz aus den Kriegszügen von Napoleon und Hitler »Mütterchen Russland« zu schützen. Bis heute spricht die Aufstellung der russischen Streitkräfte mit ihrer Überbetonung einer Verteidigung der Hauptstadt Moskau für diese Überlegungen.

Was also soll sich denn nun in Europa derart verändert haben, das die Stationierung der NATO-Panzer im Baltikum erklären könnte? Die Antwort auf diese Frage lässt keine Grautöne zu, sie fällt eindeutig aus: Der Westen allein trägt die Verantwortung dafür, ebenso wie für den Putsch in der Ukraine. Die Folgeentwicklungen sowohl auf der Krim als auch in der Ostukraine haben ihre ausschließliche Ursache im amerikanischen und allgemein westlichen Vorgehen. Ist das für Moskau nicht ein Grund mehr, an die Verteidigung des eigenen Landes zu denken, zumal es von der Ostukraine nur wenige hundert Kilometer bis zur russischen Hauptstadt Moskau sind?

Die USA gegen den Rest der Welt

Die Vereinigten Staaten scheren sich nicht mehr um die Ächtung des Krieges und das Gewaltmonopol in den Händen der Vereinten Nationen. Sie greifen an wie Adolf Hitler 1939 und machen die zivilisatorische Entwicklung zunichte. Eine der Voraussetzungen für die deutsche Wiedervereinigung bestand einst darin, dass die NATO an der Oder, also der neuen deutschen Ostgrenze, haltmachen solle. Das Gegenteil ist seit 1992 der Fall. Das gilt nicht nur für Europa, wie die Kriege im Irak, in Afghanistan, Somalia, Syrien, Libyen, im Grenzgebiet von Thailand und Malaysia sowie die Einflussnahme in Myanmar und die Lage auf der koreanischen Halbinsel beweisen, von Afrika und Lateinamerika ganz zu schweigen. Wenn eine dieser Einmischungen wenigstens anschließend zu einer Friedenslösung geführt hätte! Im Gegenteil, man gewinnt vielmehr den Eindruck, die Vereinigten Staaten sind daran gar nicht interessiert, sondern vielmehr daran, die Welt im Dauerkrieg zu halten.

Der neue »Limes« quer über den Kontinent, von der Ostsee bis zum Schwarzen Meer, soll dafür sorgen, dass die guten, den Gesetzen der Nachbarschaft folgenden Beziehungen zwischen der Russischen Föderation und Staaten wie Italien, Spanien, Holland und Deutschland gekappt und durch eine Allianz zwischen den USA mit den baltischen Staaten, Polen, Rumänien und Bulgarien ersetzt werden. Das Gezerre um die Erweiterung der North Stream Pipeline in der Ostsee macht deutlich, wo die Kampflinien verlaufen. Das gegenüber Deutschland und Russland gleichermaßen feindselige Verhalten legte einst das sozialistische Polen gegenüber der DDR an den Tag. Mit europäischem Geist hat das wenig zu tun, denn Entscheidungen, die auch Polen zugutekommen, sollten unter wirtschaftlichen Gesichtspunkten ermöglicht werden. Unverkennbar ist allerdings, mit welch rigiden Methoden die Vereinigten Staaten versuchen, ihre durch Fracking gewonnenen Erzeugnisse auf der Basis von Kohlenwasserstoff auf dem europäischen Markt zu platzieren.

Während die Vereinigten Staaten seit 1992 eine gedeihliche europäische Kooperation hintertreiben, geht China dynamisch daran, den eurasischen Kontinent für den Handel zwischen Shanghai und London zu ertüchtigen. Die Deutsche Bahn, die heute bereits mehrere tausend Mitarbeiter in China hat und Eisenbahnprojekte über eine Niederlassung in Bangkok für die Strecke bis nach Singapur verfolgt, ist hier seit den 90er-Jahren Vorreiter. Doch Großprojekte dieser Art bringen Riesenprobleme mit sich. Der Tadschikenführer in Afghanistan, Shah Massoud, brachte es einst in einem Gespräch mit mir auf den Punkt. Bezüglich der durch das amerikanische Unternehmen »Unocal« geplanten Pipeline, die vom nördlichen Afghanistan an den Indischen Ozean verlaufen sollte, wies er auf Probleme hin, die immer dann entstehen, »wenn nicht alle was davon haben«. Bis zur letzten Handgranate werde er gegen ein Infrastrukturprojekt kämpfen, das ihn und sein Verantwortungsgebiet außen vor lasse.

Die Pläne für chinesisch-russische Projekte im Verlauf der »Seidenstraße«, die ursprünglich auf Deng Xiaoping, George H. W. Bush, Nakasone Yasuhiro und John Mayor zurückgehen, breitete der ehemalige stellvertretende sowjetische und später kasachische Eisenbahnminister 1993 in meinem Bonner Büro im Original auf dem Tisch aus. Die Schienen sollten die philippinische Hauptinsel Luzon mit London verbinden. Die Vereinigten Staaten haben zusammen mit Japan in den 90er-Jahren mithilfe der in London beheimateten »Europäischen Entwicklungsbank« alles unternommen, bei der notwendi-

Der russische Diplomat Valentin Falin (1926–2018) bei der 7. Sinowjew-Konferenz im Oktober 2016, einem seiner letzten größeren öffentlichen Auftritte

gen Zustimmung zur Freigabe von Investitionsmitteln ihre Interessen durchzusetzen und eine gesamtkontinentale Kooperation zu unterbinden. Bereits in der Vergangenheit war das der Fall bei westeuropäischen Vorhaben für eine gebotene Verbesserung der Strecke zwischen Moskau und der chinesischen Grenzübergangsstelle im heutigen Kasachstan. Die militärische Rückkehr der Vereinigten Staaten auf die Philippinen und die äußerst angespannten Beziehungen zu Präsident Rodrigo Duterte dürften hier einen Hintergrund haben.

Zweimal im vorigen Jahrhundert haben die USA dazu beigetragen, die Gegenküste des Atlantiks mit Krieg zu überziehen. Valentin Falin stellte auf der Konferenz des »Sinowjew-Klubs« in Moskau vor, was er bei Recherchen in amerikanischen Archiven entdeckt hatte, das jahrzehntealtes amerikanisches Denken dem Kontinent gegenüber offenbart.[7] Falin zufolge hatte Colonel House, der Vertraute von US-Präsident Woodrow Wilson, 1916 bei einem Besuch in Berlin beim Deutschen Kaiser die Katze aus dem Sack gelassen. Die Mittelmächte unter Führung von Österreich-Ungarn und Deutschland standen zu jener Zeit vor einer siegreichen Beendigung des Ersten Weltkrieges. In dieser Situation unterbreitete Colonel House Wilhelm II. eine Offerte, deren Annahme aus der heutigen Sicht das erledigt haben würde, was dann das Ergebnis des Zweiten Weltkrieges sein sollte. Präsident Wilson bot dem Kaiser freie Hand in der Vernichtung Russlands bei gleichzeitiger Einstellung von Feindseligkeiten gegenüber England und Frankreich an. Der Deutsche Kaiser aber lehnte ab.

Friedensstiftung, ade!

Während sich die erlesene Runde der Außen- und Verteidigungsminister im November 2017 in einem umfangreichen Aufgabenkatalog auf eine zukünftige militärische Zusammenarbeit möglichst vieler EU-Mitgliedstaaten einigte, so scheute sie die klare Festlegung auf

7 *Sputnik News*, 5. 11. 2017, https://de.sputniknews.com/gesellschaft/20171105318159215-usa-oktoberrevolution/

eine reine Verteidigungsallianz. Im Gegenteil, es wurden ausnahmslos alle Überlegungen an einem breiten Spektrum von Einsatzmöglichkeiten jenseits der reinen Verteidigung ausgerichtet. Scheut man den Gang nach New York zu den Vereinten Nationen, weil man mit diesem Konzept dessen Anerkennung als System regionaler Sicherheit unter keinen Umständen erlangen würde? Zu offensichtlich wird der Einmischung in die inneren Angelegenheiten weit entfernter Staaten und damit der Aggression das Wort geredet. Man muss nur einen Blick auf Afghanistan werfen. Nach dem Abzug der Roten Armee kam das Land und die umgebende Großregion nicht zur Ruhe, und das nicht nur wegen der fortdauernden Rivalitäten zwischen den unterschiedlichen Stämmen, die den Staat Afghanistan ausmachen, auch die Rivalität der Großmächte untereinander schlägt hier voll durch.

Begonnen beim amerikanisch-saudischen Pipeline-Projekt, sind seit Mitte der 90er-Jahre temporäre oder auch andauernde Allianzen in der Gesamtregion von hoher geostrategischer Bedeutung. Das gilt in gleicher Weise für die Nuklearzusammenarbeit zwischen Israel und Indien ebenso wie für das große israelische Luftwaffenmanöver unter Beteiligung Frankreichs, Indiens und Deutschlands im Herbst 2017. Signifikant dürfte gewesen sein, dass mit Frankreich und Deutschland zwei Staaten teilnahmen, die sich als Befürworter des »Iran Nuklear Deals« deutlich von der abweisenden Haltung Donald Trumps und des israelischen Premierministers Benjamin Netanjahu abgesetzt hatten. Für Deutschland bedeutete die Teilnahme allerdings auch, sich als Partner Israels, also einer regionalen Konfliktpartei, zu präsentieren und dadurch seine guten Gesprächsverbindungen in Nahost mit dem Ziel der Friedensstiftung aufs Spiel zu setzen.

Gezieltes Ausbluten Europas

Seit dem Ersten Golfkrieg sind beachtliche Mittel zur Finanzierung der Kriege anderer Bündnispartner aus dem Bundeshaushalt abgeflossen, die für die Modernisierung unseres Gemeinwesens, für wirtschaftliche Innovation oder den so dringend erforderlichen sozialen Ausgleich nicht mehr zur Verfügung stehen. Schon Ende der 90er-Jahre wurden in Bonn Gespräche darüber geführt, ob es sich bei den allseits eingeforderten Milliardenzahlungen um ein strategisches Vorgehen der Vereinigten Staaten gegen Westeuropa und andere Staaten handeln würde. Denn dadurch gehen Letzteren Finanzmittel verloren, die in einem Modernisierungswettlauf mit den USA wirtschaftliche und soziale Vorteile zur Folge haben könnten. Das Modell kennen wir inzwischen zur Genüge durch die gegen bestimmte Staaten verhängten Sanktionen, weil damit Wettbewerber aus dem Feld geschlagen werden. Wenn man bedenkt, dass amerikanische Globalkonzerne in der Europäischen Union im Gegensatz zu hiesigen Unternehmen fast keine Abgaben trotz Milliardenumsätzen zu zahlen haben, bekommt jeder eine Vorstellung davon, was eine Partnerschaft mit den Vereinigten Staaten bei dem wieder und wieder aufkommenden Gerede von »Lastenteilung« bedeutet.

Es wäre dennoch zu kurz gegriffen, die weltweite Kriegstreiberei lediglich bei den Vereinigten Staaten im Verbund mit Großbritannien festmachen zu wollen. Bei unserem »Lieblingsnachbarn«, der Französischen Republik, verhält es sich nicht anders. So rückt uns auch Paris finanziell und militärisch auf die Pelle. Die französischen kolonialen Sonderbeziehungen zu einer Reihe afrikanischer Staaten werden seit den zunehmenden inneren Auseinandersetzungen in Libyen, der Zentralafrikanischen Republik oder Mali geradezu notleidend. Wenn sich der ehemalige französische Staatspräsident Nicolas Sarkosy gegenüber staatlichen Ermittlungsbeamten aktuell in Paris gegen den Vorwurf zur Wehr setzen musste, für seinen Wahlkampf rund fünf Millionen Dollar Wahlhilfe vom libyschen Staatsoberhaupt Gaddafi angenommen zu haben, macht das diese Sonderbeziehungen ebenso deutlich wie die Förderung spaltbaren Materials für militärische Zwecke in Afrika oder die Diamantengeschenke afrikanischer Potentaten für verstorbene französische Staatspräsidenten in Hülle und Fülle.

Die Lasten durch die französischen Kriege sind hoch, und was liegt näher, als direkt oder auf dem Umweg über neue europäische Konzepte den deutschen Partner um Soldatinnen und Soldaten sowie Geld anzugehen. Die seit dem Herbst 2017 auf EU-Ebene diskutierten zahlreichen Vorschläge zum militärischen Bereich dienen ausnahmslos diesem Zweck.

Migration statt Schutz der deutschen Grenzen

Oft genug wird in den deutschen Mainstream-Medien eine Art Gegensatz zwischen der NATO und der Europäischen Union konstruiert. Viel näher liegt die Vermutung, dass sie ein gemeinsames Ziel verfolgen. Das besteht darin, unser Land auf allen Sektoren vor ihren auf Dauerkriege ausgerichteten Karren zu spannen. Deutschland soll dann gefälligst auch noch die Folgen tragen, wie verstärkt seit 2015 durch die Migration von Millionen Menschen. Das in alle afrikanischen Händel und kriegerischen Auseinandersetzungen tief verstrickte Frankreich hat gerade einmal zwanzigtausend Flüchtlinge übernommen. Es verhält sich wie das in dieser Frage aus durchsichtigen Gründen stets im Schlagschatten segelnde Großbritannien, das noch nicht einmal gut zweitausend Menschen aus dem Elendslager nahe der nordfranzösischen Stadt Calais auf die Insel gelassen hat. Ganz zu schweigen von den Vereinigten Staaten, die als Ursache für die gewaltige Migrationsentwicklung anzusehen sind und fast niemandem Beistand bieten. Dass Bundeskanzlerin Angela Merkel den Schutz der deutschen Staatsgrenzen beseitigt und den aus unterschiedlichen Gründen nach Europa drängenden Menschen ein attraktives Ziel geboten hat, war für NATO-Oberbefehlshaber General Scaparrotti sicher ein Geschenk.

Die Gründe für die regierungsseitige Nebelwand, indem man die staatliche Verpflichtung, die eigenen Staatsgrenzen zu schützen, gegen einen nicht vorhandenen, aber vertraglich vereinbarten Schutz der EU-Außengrenzen auszuspielen versuchte, waren so durchsichtig wie perfide. Die Verpflichtung des deutschen Staates besteht im Schutz des eigenen Staatsgebietes und damit der deutschen Grenzen. Der kann nicht durch eine schutzlose Außengrenze der EU ersetzt werden. Diese zentrale staatliche Aufgabe hat die Bundeskanzlerin ignoriert, als sie die Grenze öffnete. Zudem hat sie nach Presseberichten ihrem Innenminister untersagt, Polizeieinheiten zum Schutz der deutschen Außengrenze im Süden in Marsch zu setzen. Kenner des Grenzverlaufes haben von wenig mehr als zweihundert Kilometern Länge gesprochen. Aber es durfte nicht sein – warum, hat die Bundeskanzlerin bis zum heutigen Tage nicht offengelegt.

Woher kommen die neuen Stimmen in Deutschland?

Vor einigen Monaten machte eine Spitzenpersönlichkeit des österreichischen Verfassungsschutzes in den *ZIB-2*-Nachrichten des österreichischen Fernsehens darauf aufmerksam, in welchem Umfang die in Europa in den vergangenen Jahren aufgetauchten Gruppen mit absonderlichen Anliegen aus den Vereinigten Staaten gesteuert werden – auch jene, die unser Land für eine Firma halten, oder andere, so darf man vermuten, die sich vehement für einen »Friedensvertrag« einsetzen. Es mangelt zwar nicht an Argumenten, derartige Ansichten zurückzuweisen, vor allem wenn sie fremdgesteuert sind, aber das zugrundeliegende Unbehagen vieler Menschen darüber, dass in unserem Lande gravierende Dinge geschehen, ist nicht von der Hand zu weisen. Vielleicht werden auch eher Probleme geschaffen, statt sie zu lösen. Wer aber mag nun hinter den Parteien stehen, die neu ins Leben gerufen wurden, um den Menschen eine politische Heimat zu geben? Von vielerlei Seiten halten sich hartnäckig Hinweise darauf, dass wegen der schlingernden internationalen Entwicklung seit der Finanzkrise 2007 so manche Parteigründung nicht in Westeuropa geplant wurde, wo sich die Parteien, in Italien beginnend, inzwischen etabliert haben.

Obwohl nach Ansicht des Verfassungs- und Steuerrechtlers Prof. Paul Kirchhoff nur gut fünftausend Menschen in Deutschland ein Recht auf Asyl zustehen würde, strömten 2015 die Flüchtlinge in unser Land, und der Schengen-Raum, der sichere Außengrenzen und gleichzeitig Bewegungsfreiheit innerhalb der Europäischen Union garantieren sollte, verlor jede Wirkung. Gerade aber der Zusammenbruch der staatlichen Grenzen veranlasste den NATO-Oberbefehlshaber, grenzüberschreitende Bewegungen der ihm unterstehenden Truppen gen Osten zu fordern, unterstützt von den europäischen Außen- und Verteidigungsministern. Die deutsche Öffentlichkeit reibt sich schon seit geraumer Zeit die Augen, wenn sich aus unseren Häfen gewaltige Militärkolonnen der amerikanischen oder britischen Streitkräfte »auf den Weg an die Ostfront« machen. Auch Bilder auf deutschen Autobahnen lassen vermuten, dass sich östlich von uns ein Dauerkonflikt abspielt. Mit der Migrationsbewegung sind die europäischen Staatsgrenzen ad absurdum geführt worden. Jetzt werden sie auch noch im NATO-Interesse in Luft aufgelöst und damit eine Hemmschwelle beseitigt, die uns vor dem nächsten Krieg bewahren könnte.

Unser Deutschland wie das benachbarte Holland oder Polen ist mehr als nur ein amerikanisches Aufmarschgebiet gen Russland. Wenn dann in Berlin oder in einer anderen deutschen Stadt eines der nächsten neuen NATO-Hauptquartiere geschaffen wird, haben wir den »amerikanischen Militärbefehlshaber in Europa«. Man wird sich dann fragen müssen, ob man den deutschen Bundeskanzler bzw. die Bundeskanzlerin oder gleich den Supreme Allied Commander Europe anrufen sollte. Die von Henry Kissinger nachgefragte europäische Telefonnummer könnte es bald geben – allerdings mit amerikanischem Signalton.

Nachwort: »Was kann man tun?«

Der vom Westen organisierte Putsch 2014 in der Ukraine veränderte mein Leben. Die Position eines Beobachters im Ruhestand war nicht mehr zu halten, denn der Krieg stand aus meiner Sicht unmittelbar bevor. Und aufgrund meiner Erfahrungen während der NATO-Übung Wintex/Cimex war mir eines klar: Wir in Deutschland sowie weite Teile Europa würden nicht einmal die Vorstufe eines nuklearen Konflikts überleben.

Grund genug also, sich in die öffentliche Diskussion einzumischen, auch auf die Gefahr hin, meine Ablehnung der deutschen sowie EU-europäischen NATO-Bündnispolitik damit öffentlich zu machen. Einen deutlichen Unterschied meines heutigen Engagements zu meiner jahrzehntelangen politischen Tätigkeit, die mich in alle Teile der Republik führte, durfte ich sogleich erleben: Während sich früher bei den Veranstaltungen selten mehr als fünfzig Teilnehmer einfanden, kommen heute hunderte Bürgerinnen und Bürger, die von nämlichen Sorgen und Ängsten gequält werden wie ich. Aus meiner Sicht gehen seit 1992 die Werte des Westens immer mehr verloren. Die Worte Willy Brandts, wonach in Deutschland mehr Demokratie gewagt werden solle, wurden durch die Regierenden ins Gegenteil verkehrt. Stattdessen lautet das Motto unserer Republik, in der die Bundeskanzlerin auf dem Leipziger Parteitag im Jahre 2002 von der »Entwicklung einer marktgerechten Demokratie« schwadronierte: Wo können demokratische Strukturen weiter abgebaut werden?

Eine Frage wird mir immer wieder gestellt, der ich nicht ausweichen möchte: Was kann und soll man in Anbetracht der von mir geschilderten nationalen und weltpolitischen Situation als einzelner Bürger tun? Gibt es nicht mehr, als immer nur die eigene Ohnmacht vor sich herzutragen? Oft genug gaben sich die Fragenden selbst Antworten. Man war bemüht, die Dinge nicht noch schlimmer werden zu lassen. Wie der Obstbauer Hubert Lehle, der gemeinsam mit Gleichgesinnten immer wieder Schülerinnen und Schüler oder auch Künstler aus Russland an den Bodensee einlud. Ein persönlicher Brief an die Bundeskanzlerin oder andere Führungskräfte in Berlin bzw. der Landeshauptstadt könnte auch dazu gezählt werden. Darüber hinaus wird die Notwendigkeit genannt, sich ein eigenes Urteil darüber zu bilden, wie ernst man heute als Bürgerin und Bürger genommen wird. Hinzu kommen Überlegungen, wie sie aus der öffentlichen Diskussion bekannt sind: eine neue Verfassung, die Ablehnung des deutschen Staates oder sogar die generelle bürgerschaftliche Verweigerung.

Ich fürchte aber, der Präsident des österreichischen Amtes für Verfassungsschutz hat recht damit, was er bei *ZIB 2* andeutete: Die eigentliche Quelle derartiger Vorschläge ist bei bestimmten Kräften in den Vereinigten Staaten zu suchen. Wir sollen dadurch zu einer bestimmten Politik genötigt werden. Der Unmut der Bürgerinnen und Bürger, der Ausfluss dieser Politik ist, wird dann in die Kanäle gelenkt, die die Menschen in die Irre führen. Das gilt besonders für den immer wieder vorgetragenen Vorschlag einer neuen Verfassung. Dabei ist meines Erachtens das Grundgesetz nach der Weimarer Verfassung des Deutschen Reiches das Beste, was Deutschland passieren konnte. Die Endloskriege, an denen sich Deutschland seit dem ordinären Angriffskrieg gegen die Bundesrepublik Jugoslawien im angelsächsisch-französischen Interesse beteiligt, sind nach unserem Grundgesetz verboten, allein unsere Regierungen richten sich nicht danach, sondern haben sich von tragenden Grundsätzen verabschiedet.

Alexander Sosnowski, Herausgeber von *World Economy*, hat mich nach dem aus meiner Sicht friedensgefährdenden Vorgehen der britischen Regierung nach dem Kriminalfall in Salisbury darauf aufmerksam gemacht, in welchem Maße sich der feste Boden, auf dem man zu stehen glaubt, als ein Sumpf herausstellt, der uns alle in den Abgrund ziehen könnte. Wir sind gut beraten, uns nicht in aufmerksamkeitsheischende Einzelbeispiele verwickeln zu lassen, vielmehr darf man sich das Verständnis fürs Gesamtbild nicht nehmen lassen und muss von einer gleichsam erhöhten Position gleichzeitig ablaufende Entwicklungen betrachten. So steht aktuell neben dem Fall Salisbury die Brandkatastrophe in der sibirischen Stadt Kemerowo mit mehr als vierzig toten Kindern im Fokus der öffentlichen Empörung. Warum aber gibt es seit mehr als einem Jahr in russischen Einkaufszentren oder Hotels vermehrt Feuerwarnungen, die sich dann als haltlos herausstellen? Nicht zuletzt mit Blick auf die Fußballweltmeisterschaft 2018 in Russland muss hier folgender Effekt beachtet werden: Die Menschen nehmen die Warnungen sowie die Aufforderung zur umgehenden Räumung nicht mehr ernst und machen Witze darüber. Wer aber, so muss man fragen, hat die Fehlalarmierungen ausgelöst?

Wenn zeitgleich zu den beiden genannten Ereignissen eine deutsche Bank angeblich auch noch in Turbulenzen gerät und sich nach Berichten in der deutschen Presse einer der größten amerikanischen Hedgefonds am 28. März 2018 gegen den deutschen Aktienindex DAX in Stellung bringt, dann mag das Zufall sein. Im Frühjahr 2014 und fast zeitgleich zu den genannten Äußerungen des Stratfor-Chefs George Friedman über die amerikanische Europapolitik gab es anonyme Aussagen aus Washington, die in der deutschen Presse wiedergegeben wurden: Deutschland müsse sich bei seiner Politik gegenüber Moskau darüber im Klaren sein, wohin es exportiere und was der Export für Deutschland bedeute. Man kann sich in diesen Entwicklungen verlieren und die Frage aus den Augen verlieren, um was es denn eigentlich geht oder auch, »was zu tun ist«. Die Zeit, die wir alle durch diese Fragestellung verlieren, trägt indes zum Absturz Deutschlands bei.

Wichtiger wären Forderungen danach, zur Verpflichtung auf die Verfassungstradition der Bundesrepublik Deutschland zurückzukehren, wie sie bis zum Regierungswechsel im Herbst 1998 herrschte, wo das Regierungshandeln ausschließlich an der eigenen Verfassung ausgerichtet war. Was hindert uns, eine grundlegende Diskussion darüber zu führen, in welchem Umfang Ergänzungen oder Veränderungen des Grundgesetzes vorgenommen werden sollten? Was hindert uns, zu einer Entwicklung der Europäischen Union beizutragen, in der die Nation als Grundlage des demokratischen Staates konstitutiver Bestandteil sein muss? Was hindert uns daran, eine militärische Zusammenarbeit der EU-Länder an den rechtlichen und tatsächlichen Standards der ehemaligen Westeuropäischen Union auszurichten und damit Angriffskriege auszuschließen?

Und was hindert uns, die Mitgliedschaft Deutschlands in der NATO daran zu binden, wofür der Bundestag einst sein Einverständnis gab: dass sie in Übereinstimmung mit der Charta der Vereinten Nationen allein der Verteidigung dient? Was hindert uns, die alleine Deutschland betreffenden Bestimmungen in der NATO wie das Zusatzabkommen zum Truppenstatut dem allgemeinen NATO-Standard uneingeschränkt anzupassen und den NATO-Vertrag nur in dem Maße gelten zu lassen, wie er in den nationalen Parlamenten ratifiziert worden ist?

Was hindert uns, Willy Brandts Forderung nach mehr Demokratie in und für Deutschland zu entsprechen? Die Schweiz macht uns doch vor, was es bedeutet, Demokratie als verantwortliche Bürgerinnen und Bürger zu leben.

Der Autor

Willy Wimmer, Jahrgang 1943, verheiratet, ein Sohn. Nach seinem Studium in Köln und Bonn praktizierte er als Rechtsanwalt in Mönchengladbach. Eintritt in die CDU 1959, innerhalb der Jungen Union im Landesvorstand Rheinland, danach übernahm er den Bezirksvorsitz Niederrhein. 1969 bis 1980 im Stadtrat Mönchengladbach, von 1986 bis 2000 Vorsitzender des Bezirksvorstands Niederrhein. Ab 1976 als direkt gewählter Abgeordneter im Deutschen Bundestag. Ab 1985 drei Jahre lang Leiter der Arbeitsgruppe »Verteidigungspolitik« der CDU/CSU-Bundestagsfraktion, im Anschluss Parlamentarischer Staatssekretär des Bundesministers der Verteidigung (bis 1992). Als »Bundesverteidigungsminister (üb)« nahm er 1989 am letzten NATO-Großmanöver Wintex/Cimex vor dem Fall des Eisernen Vorhangs teil. Als während der Übung ein Nuklearangriff auf Dresden und Potsdam erfolgen sollte, empfahl er den sofortigen Ausstieg Deutschlands aus der Übung, dem Bundeskanzler Helmut Kohl postwendend entsprach. Ein einmaliger Fall in der Geschichte der Bundesrepublik. Im Zuge der Wiedervereinigung war Willy Wimmer Ansprechpartner mit besonderen Befugnissen für die deutschen Streitkräfte im Osten und zuständig für die Zusammenarbeit mit den dort stationierten sowjetischen Truppen. Zu seinen Aufgaben gehörte es, die Integration der Nationalen Volksarmee in die Bundeswehr vorzubereiten.

Im Juli 1994 wurde Willy Wimmer zum Vizepräsidenten der Parlamentarischen Versammlung der KSZE/OSZE berufen, der er bis Juni 2000 blieb. Er bereiste über Jahrzehnte verschiedenste Regionen der Erde und führte Gespräche auf höchster staatlicher Ebene. Überdies war er mit diversen Wahlbeobachtungsmissionen betraut. 1998 vermittelte er erfolgreich einen Gefangenenaustausch zwischen Iran und Israel. Willy Wimmer gilt als ausgewiesener Experte für Außen- und Sicherheitspolitik, bis heute setzt er sich unermüdlich für den Erhalt des Friedens ein. Bereits 1998 gehörte er zu den wenigen deutschen Politikern, die sich gegen eine Beteiligung der NATO am Kosovo-

Willy Wimmer beim Signieren seines Buches »Die Akte Moskau«. Screenshot aus dem Filmporträt über Wladimir Putin, das im März 2018 im Ersten Russischen Fernsehen ausgestrahlt wurde

Krieg aussprachen. Wimmer bezeichnete den Eingriff als »ordinären Angriffskrieg« und warf insbesondere Außenminister Joschka Fischer und Verteidigungsminister Rudolf Scharping schwerwiegende Manipulation vor. Gemeinsam mit Peter Gauweiler wies er 2003 in einem Offenen Brief an die CDU/CSU-Bundestagsfraktion auf den Verstoß gegen das Völkerrecht hin und zog Parallelen zwischen dem Jugoslawien- und dem Irak-Krieg. Nach dem Beschluss des Bundestages vom 9. März 2007, Tornadoflugzeuge in Afghanistan einzusetzen, reichten beide Abgeordnete Klage beim Bundesverfassungsgericht ein.

2009 schied Willy Wimmer aus der Bundespolitik aus, meldete sich aber bald wieder mit kritischen Beiträgen rund um den »Euromaidan« respektive zum Putsch in der Ukraine zurück. Seither publiziert er regelmäßig, auch in ausländischen Medien. 2014 erschien sein Buch »Wiederkehr der Hasardeure« (Koautor Wolfgang Effenberger), 2016 folgte »Die Akte Moskau«, beide im Verlag zeitgeist Print & Online. Willy Wimmer ist nach wie vor ein gefragter Redner auf größeren Kongressen, etwa auf dem »Hambacher Fest 2018«, ebenso auf internationalem Parkett, z. B. jüngst in Belgrad, Moskau und St. Petersburg.

Anhang

Amtseid in der Bundesrepublik Deutschland

Der im Grundgesetz verankerte Amtseid (Art. 56) ist vom Bundespräsidenten, dem Bundeskanzler sowie den Bundesministern bei ihrem Amtsantritt zu leisten. Der Eid im Wortlaut:

»Ich schwöre, dass ich meine Kraft dem Wohle des deutschen Volkes widmen, seinen Nutzen mehren, Schaden von ihm wenden, das Grundgesetz und die Gesetze des Bundes wahren und verteidigen, meine Pflichten gewissenhaft erfüllen und Gerechtigkeit gegen jedermann üben werde. So wahr mir Gott helfe.«

Gesetzliche Regelungen zum »verbotenen Angriffskrieg«

Grundgesetz für die Bundesrepublik Deutschland Art. 26

(1) **Handlungen, die geeignet sind und in der Absicht vorgenommen werden, das friedliche Zusammenleben der Völker zu stören, insbesondere die Führung eines Angriffskrieges vorzubereiten, sind verfassungswidrig. Sie sind unter Strafe zu stellen.**

(2) Zur Kriegführung bestimmte Waffen dürfen nur mit Genehmigung der Bundesregierung hergestellt, befördert und in Verkehr gebracht werden. Das Nähere regelt ein Bundesgesetz.

Strafgesetzbuch § 80 Vorbereitung eines Angriffskrieges

Wer einen Angriffskrieg (Artikel 26 Abs. 1 des Grundgesetzes), **an dem die Bundesrepublik Deutschland beteiligt sein soll, vorbereitet und dadurch die Gefahr eines Krieges für die Bundesrepublik Deutschland herbeiführt, wird mit lebenslanger Freiheitsstrafe oder mit Freiheitsstrafe nicht unter zehn Jahren bestraft.**

Anmerkung: Dieser Paragraph wurde durch das Gesetz zur Änderung des Völkerstrafgesetzbuches vom 22.12.2016 aufgehoben. Offizielle Begründung: Es wurde nur die Vorbereitung eines Angriffskrieges unter Strafe gestellt, nicht aber das Führen des Gleichen. Der neue Tatbestand lautet:

Völkerstrafgesetzbuch (VStGB)
§ 13 Abs. 1 Verbrechen der Aggression

(1) Wer einen Angriffskrieg führt oder eine sonstige Angriffshandlung begeht, die ihrer Art, ihrer Schwere und ihrem Umfang nach eine offenkundige Verletzung der Charta der Vereinten Nationen darstellt, wird mit lebenslanger Freiheitsstrafe bestraft.

(2) Wer einen Angriffskrieg oder eine sonstige Angriffshandlung im Sinne des Absatzes 1 plant, vorbereitet oder einleitet, wird mit lebenslanger Freiheitsstrafe oder mit Freiheitsstrafe nicht unter zehn Jahren bestraft. Die Tat nach Satz 1 ist nur dann strafbar, wenn

1. der Angriffskrieg geführt oder die sonstige Angriffshandlung begangen worden ist oder
2. durch sie die Gefahr eines Angriffskrieges oder einer sonstigen Angriffshandlung für die Bundesrepublik Deutschland herbeigeführt wird.

(3) Eine Angriffshandlung ist die gegen die Souveränität, die territoriale Unversehrtheit oder die politische Unabhängigkeit eines Staates gerichtete oder sonst mit der Charta der Vereinten Nationen unvereinbare Anwendung von Waffengewalt durch einen Staat.

(4) Beteiligter einer Tat nach den Absätzen 1 und 2 kann nur sein, wer tatsächlich in der Lage ist, das politische oder militärische Handeln eines Staates zu kontrollieren oder zu lenken.

(5) In minder schweren Fällen des Absatzes 2 ist die Strafe Freiheitsstrafe nicht unter fünf Jahren.

Gesetz über die Rechtsstellung der Soldaten (Soldatengesetz, kurz SG)
§ 11 Gehorsam

(1) Der Soldat muss seinen Vorgesetzten gehorchen. Er hat ihre Befehle nach besten Kräften vollständig, gewissenhaft und unverzüglich auszuführen. **Ungehorsam liegt nicht vor, wenn ein Befehl nicht befolgt wird, der die Menschenwürde verletzt** oder der nicht zu dienstlichen Zwecken erteilt worden ist; die irrige Annahme, es handele sich um einen solchen Befehl, befreit den Soldaten nur dann von der Verantwortung, wenn er den Irrtum nicht vermeiden konnte und ihm nach den ihm bekannten Umständen nicht zuzumuten war, sich mit Rechtsbehelfen gegen den Befehl zu wehren.

(2) **Ein Befehl darf nicht befolgt werden, wenn dadurch eine Straftat begangen würde.** Befolgt der Untergebene den Befehl trotzdem, so trifft ihn eine Schuld nur, wenn er erkennt oder wenn es nach den ihm bekannten Umständen offensichtlich ist, dass dadurch eine Straftat begangen wird.

(3) Im Verhältnis zu Personen, die befugt sind, dienstliche Anordnungen zu erteilen, die keinen Befehl darstellen, gelten § 62 Absatz 1 und § 63 des Bundesbeamtengesetzes entsprechend.

Hervorhebungen durch den Verlag

Deutschland, Kolonie der USA

Die Weichen wurden in der unmittelbaren Nachkriegszeit gestellt. Dr. jur. Wolfgang Bittner wirft einen äußerst interessanten Blick auf die Geschehnisse, die zur Teilung Deutschlands führten, sowie auf die Umstände, welche Konrad Adenauer zum Bundeskanzler der neu gegründeten Republik werden ließen. Hierdurch wird erkennbar, weshalb es keineswegs übertrieben erscheint, Deutschland heute als eine Kolonie der USA zu bezeichnen.

Die britische Premierministerin fordert nach dem Giftanschlag auf einen ehemaligen britisch-russischen Doppelagenten die rückhaltlose Unterstützung der deutschen Regierung in einer beispiellosen Hetzkampagne gegen Russland – und Deutschland fügt sich.

Die USA pfeifen, Deutschland gehorcht

Die Vereinigten Staaten mit der von ihnen dominierten NATO führten Krieg gegen Jugoslawien, sie besetzten Afghanistan, zündeten den Orient an, übernahmen nach einem von ihnen initiierten Staatsstreich die Ukraine – und Deutschland ließ sich darauf ein. Die NATO rückte entgegen den Vereinbarungen von 1990 nach Osten vor, stationiert an den russischen Grenzen Tausende Soldaten, Raketen, Panzerdivisionen und Kampfflugzeuge – Deutschland ist in vorderster Linie dabei.

Die USA verhängen mit heuchlerischer Begründung Sanktionen gegen Russland – Deutschland schließt sich trotz gravierender Nachteile für die eigene Wirtschaft an. Hinzu kommt die Untätigkeit der Bundesregierung hinsichtlich der Bespitzelung durch die NSA (National Security Agency) sowie die Duldung der zahlreichen US-Militärstützpunkte, des Drohnen-Einsatzes aus Ramstein und der Stationierung von Atomwaffen auf deutschem Territorium.

Der Blick zurück ist hilfreich, um zu verstehen

Wie erklärt sich diese Willfährigkeit, diese Bereitschaft, jede Lumperei, die von den USA oder Großbritannien entgegen dem Völkerrecht veranstaltet wird, ohne Wenn und Aber mitzumachen?

Zur Beantwortung dieser Frage ist ein Blick zurück, insbesondere auf das Kriegsende und die unmittelbare Nachkriegszeit, hilfreich. Denn seinerzeit wurden die Voraussetzungen für die Politik der folgenden Jahrzehnte geschaffen. Zwar hatte sich nach dem Selbstmord Hitlers der neu ernannte Reichskanzler Joseph Goebbels noch um einen Separatfrieden mit Russland bemüht, und Hitlers Nachfolger als Reichspräsident, Großadmiral Karl Dönitz, hatte wegen eines Separatfriedens mit den Alliierten verhandelt, aber sowohl Stalin als auch der Oberbefehlshaber der alliierten Streitkräfte, General Dwight D. Eisenhower, waren nicht darauf eingegangen und setzten die bedingungslose Kapitulation Deutschlands durch.

In den folgenden Nachkriegsjahren wurden dann die wesentlichen Weichen für die Teilung des Deutschen Reiches und die Eingliederung Westdeutschlands in den Machtbereich des US-Imperiums gestellt.

In den drei westlichen Besatzungszonen galt das Besatzungsrecht. Das ebenfalls besetzte Österreich, dessen Anschluss an Deutschland 1938 unter dem Jubel beträchtlicher Teile der österreichischen Bevölkerung erfolgt war, wurde sofort wieder separiert.

Die Besiegelung der Teilung Deutschlands

In den amerikanischen, britischen und französischen Besatzungszonen waren die Siegermächte bestrebt, dem westlichen Teil Deutschlands eine demokratische Verfassung zukommen zu lassen und die ab 1949 entstandene Bundesrepublik Deutschland gegen die damalige Sowjetunion aufzustellen. Da Geschichte von den Siegern geschrieben wird, liest sich die offizielle Version allerdings so, dass die Teilung Deutschlands im Verlauf der »sowjetischen Aggressionspolitik« erfolgte.

In der Tat sperrten die Sowjets am 24. Juni 1948 die Zugangswege in die Sowjetische Besatzungszone und nach Berlin. Aber das war die Folge der am 20. Juni einseitig in den drei westlichen Besatzungszonen durchgeführten Währungsreform mit der D-Mark als neuem Zahlungsmittel.

Die Sperrung der Grenzen erfolgte, um zu verhindern, dass große Mengen in den Westzonen wertlos gewordener Reichsmark in die Sowjetische Besatzungszone geschafft wurden, was dort zu einer Inflation geführt hätte. Damit war die Teilung Deutschlands in West und Ost besiegelt und eine Neutralität, wie sie von einigen Politikern gefordert wurde, ausgeschlossen. Und das war offensichtlich beabsichtigt.

Konrad Adenauer – Kanzler der Alliierten

Am 23. Mai 1949 wurde dann das Grundgesetzt erlassen, am 14. August 1949 fanden die Wahlen zum ersten deutschen Bundestag statt und am 20. September 1949 gab es in der unter Aufsicht der Besatzungsmächte neu gegründeten Bundesrepublik Deutschland eine Regierung mit dem Kanzler Dr. Konrad Adenauer, der am 15. September mit einer Stimme Mehrheit gewählt worden war.

In den Bundestagswahlen hatte sich Adenauer gegen den SPD-Kanzlerkandidaten Kurt Schumacher durchsetzen können. Bei einer Wahlbeteiligung von 78,5 Prozent erhielt die CDU zusammen mit der bayerischen CSU 31 Prozent der Stimmen, die SPD unterlag knapp mit 29,2 Prozent. Es folgten FDP mit 11,9, KPD mit 5.7 und die rechtsradikale Deutsche Partei mit 4 Prozent. Bundespräsident wurde der Journalist und FDP-Parteivorsitzende Theodor Heuss, dessen Partei »gegen Verstaatlichung und Sozialisierung« eintrat.

Schumacher, der eine politische Neutralität Deutschlands für möglich hielt, hatte die Verstaatlichung aller Grundstoffindustrien gefordert, sich gegen eine zu enge Anbindung an die USA ausgesprochen und eine Bewaffnung der Bundesrepublik Deutschlands in aller Entschiedenheit abgelehnt. Der Jurist und ehemalige Reichstagsabgeordnete hatte sich sofort nach Kriegsende maßgeblich für den Wiederaufbau der SPD eingesetzt. Im Ersten Weltkrieg hatte er einen Arm verloren und die Zeit des Nationalsozialismus überwiegend im KZ verbracht.

Demgegenüber war der ultrakonservative Adenauer, dessen Wahlkampf in verfassungswidriger Weise von der westdeutschen Unternehmerschaft mit üppigen Spenden gefördert worden war, als Protegé der Alliierten für die Westbindung, Wiederbewaffnung und eine soziale Marktwirtschaft eingetreten.

Der militante Antikommunist und Gegner der Sozialdemokratie war Mitglied des preußischen Herrenhauses gewesen und Präsident des Staatsrats, der den Kaiser beriet. Sein Intimus Robert Pferdmenges, Bankier und Gründungsmitglied der CDU, hatte bereits seit 1946 sehr erfolgreich als Schatzmeister für eine Christlich Demokratische Union im Rheinland Spenden sammelt, 1950 wurde er Mitglied des Deutschen Bundestages.

Schon seit 1946 bereiste Adenauer mit großer Limousine und Chauffeur die westlichen Besatzungszonen. Die Alliierten gewährten ihm jede Unterstützung, und es gelang ihm durch Intervention bei dem französischen Ministerpräsidenten Georges Bidauld zu verhindern, dass West-Berlin ein Bundesland wurde – eine gravierende Wahlmanipulation. Denn dadurch konnten in der sozialdemokratischen Hochburg Berlin die Wahlen zum Bundestag, die Adenauers Wahlsieg gefährdet hätten, verhindert werden. Er ging eine Koalition mit FDP und DP ein.

Der US-Einfluss reicht bis in die Gegenwart

Eines der prägenden Elemente der bundesdeutschen Nachkriegszeit war die Dämonisierung und Verfolgung der Kommunisten. Auch hierbei standen die USA Pate. Bezeichnend, dass der ehemalige Leiter der Abteilung Fremde Heere Ost, Reinhard Gehlen, als Chef des Bundesnachrichtendienstes Beihilfe leistete, obwohl der BND als Auslandsgeheimdienst eigentlich nicht zuständig war.

Gehlens von hochrangigen Nazis durchsetzte Truppe, der ehemalige SS-, SD- und Gestapo-Offiziere angehörten, war maßgeblich an der politischen Ausrichtung der Bundesrepublik beteiligt. Hinzu kam die Verseuchung der deutschen Politik durch Netzwerke, die zum Teil bis heute im Interesse der USA finanziert und gesteuert werden.

Auf diese Weise, durch Wahlmanipulationen, rechtswidrige Parteienspenden, Verfassungsbruch, Indoktrination und intensivste Einwirkung der Alliierten, insbesondere der USA, wurde die Bundesrepublik Deutschland nach Ende des Zweiten Weltkriegs systematisch dem Einfluss der USA ausgeliefert und gegen die Sowjetunion in Stellung gebracht. Dieser Zugriff der USA auf die deutsche Politik und die meinungsbildenden Medien, der unter den verschiedenen Regierungen unterschiedlich stark ausgeprägt war, besteht bis in die Gegenwart.

Deutschland – Ein souveräner Staat?

Besonders die Kanzlerschaft von Angela Merkel zeugt von einer überaus großen Bereitschaft, den Vorgaben aus den Vereinigen Staaten entgegenzukommen. Dementsprechend wurden und werden immer wieder Zweifel an der Souveränität Deutschlands laut. Erkenntnisse dazu bieten der Deutschlandvertrag von 1952 sowie der Zwei-plus-Vier-Vertrag von 1990 und das Zusatzabkommen zum NATO-Truppenstatut.

Zwar wurden die im Deutschlandvertrag enthaltenen Einschränkungen der deutschen Souveränität durch den Zwei-plus-Vier-Vertrag aufgehoben, aber nach neuen Verhandlungen mit den Alliierten wurden 1993 unter Berücksichtigung der globalen Rolle der USA wiederum souveränitätseinschränkende Bestimmungen in das Zusatzabkommen zum NATO-Truppenstatut aufgenommen.

Das betrifft die Rechtsstellung der in der Bundesrepublik stationierten ausländischen Streitkräfte und deren Befugnis, die zum Schutz der Truppen notwendigen Sicherungsmaßnahmen zu treffen, wozu Eingriffe in das Kommunikationswesen und das System der Strafverfolgung gehören. Zu berücksichtigen sind ferner Einflussmöglichkeiten der USA im Wege verdeckter Nötigung und Erpressung.

Danach lässt sich feststellen, dass Deutschland zwar theoretisch rechtlich souverän ist, praktisch jedoch nur über eine eingeschränkte Souveränität verfügt.

Der Schriftsteller und Publizist Dr. jur. Wolfgang Bittner lebt in Göttingen. 2017 erschien von ihm im Westend Verlag eine überarbeitete und um 111 Seiten erweiterte Neuausgabe seines Buches »Die Eroberung Europas durch die USA«.

Dieser Artikel erschien am 3. April 2018 auf cashkurs.com.

Botschaft von Bundeskanzler Helmut Kohl an alle Regierungen der Welt

Anlässlich des Tages der Deutschen Einheit am 3. Oktober 1990 richtete Bundeskanzler Helmut Kohl nachfolgende Botschaft an alle Regierungen der Welt, mit denen das vereinte Deutschland diplomatische Beziehungen unterhält:

»Sehr geehrte/r (Amtstitel)

Mit dem heutigen Tage ist das deutsche Volk in Frieden und Freiheit wiedervereint. 45 Jahre nach dem Ende des 2. Weltkriegs, der von deutschem Boden ausging und unendliches Leid in Europa und in der Welt verursacht hat, endet die schmerzliche Trennung der Deutschen.

In Ausübung ihres Rechts auf freie Selbstbestimmung, im Einvernehmen mit ihren Nachbarn und auf der Grundlage des Vertrages über die abschließende Regelung in Bezug auf Deutschland haben sich heute die Deutschen in einem Staat - der Bundesrepublik Deutschland - mit voller Souveränität in seinen inneren und äußeren Angelegenheiten vereint.

Im Namen des deutschen Volkes möchte ich allen danken, die sich für das Recht der Deutschen auf Selbstbestimmung eingesetzt und unseren Weg zur Einheit erleichtert haben. Im Bewußtsein der Kontinuität deutscher Geschichte wissen wir dies besonders zu würdigen.

I.

Unser Land will mit seiner wiedergewonnenen nationalen Einheit dem Frieden in der Welt dienen und die Einigung

Europas voranbringen: Das ist der Auftrag des Grundgesetzes, unserer bewährten Verfassung, die auch für das vereinte Deutschland gilt.

Zugleich stehen wir zu den moralischen und rechtlichen Verpflichtungen, die sich aus der deutschen Geschichte ergeben.

Wir wissen, daß wir mit der Vereinigung auch größere Verantwortung in der Völkergemeinschaft insgesamt übernehmen. Unsere Außenpolitik bleibt deshalb ausgerichtet auf weltweite Partnerschaft, enge Zusammenarbeit und friedlichen Interessenausgleich.

Von deutschem Boden wird in Zukunft nur Frieden ausgehen. Wir sind uns bewußt, daß die Unverletzlichkeit der Grenzen und die Achtung der territorialen Integrität und der Souveränität aller Staaten in Europa eine grundlegende Bedingung für den Frieden ist. Deshalb haben wir den endgültigen Charakter der Grenzen des vereinten Deutschland bestätigt, darunter der Grenze mit der Republik Polen. Wir werden in Zukunft keinerlei Gebietsansprüche gegen irgend jemand erheben.

Wir werden im Zuge der Herstellung der deutschen Einheit die völkerrechtlichen Verträge der Deutschen Demokratischen Republik unter den Gesichtspunkten des Vertrauensschutzes, der Interessenlage der beteiligten Staaten und der vertraglichen Verpflichtungen der Bundesrepublik Deutschland sowie nach den Prinzipien einer freiheitlichen, demokratischen und rechtsstaatlichen Grundordnung und unter Beachtung der Zuständigkeit der Europäischen Gemeinschaft mit den Vertragspartnern erörtern, um ihre Fortgeltung, Anpassung oder ihr Erlöschen zu regeln bzw. festzustellen.

II.

Die Einigung Deutschlands ist untrennbar verbunden mit der Europas. Mit der gleichen Beharrlichkeit, mit der wir unsere Einheit angestrebt haben, werden wir uns weiterhin entschlossen für die europäische Einheit einsetzen.

Wichtige Schritte liegen unmittelbar vor uns. Mit unseren Partnern in der Europäischen Gemeinschaft wollen wir bis 1992 den Binnenmarkt vollenden. Wir schreiten entschlossen auf die Wirtschafts- und Währungsunion zu. Das geeinte Deutschland wird tatkräftig mithelfen, die politische Union zu bauen.

Die Europäische Gemeinschaft wird offen sein für enge Zusammenarbeit mit den anderen Staaten Europas. Insbesondere wollen wir dazu beitragen, für die Länder Mittel-, Ost- und Südosteuropas, die ihre Freiheit errungen und sich auf den Weg politischer, wirtschaftlicher und gesellschaftlicher Reformen begeben haben, engere Bindungen mit der Europäischen Gemeinschaft zu entwickeln.

Wir sind der Überzeugung, daß die Europäer ihre Unabhängigkeit und die Menschen- und Freiheitsrechte ihrer Bürger gemeinsam am besten wahren und stärken können. Ein wichtiges Forum unserer Zusammenarbeit wird deshalb der Europarat sein und bleiben.

Wir bekennen uns zum Prozeß der Sicherheit und Zusammenarbeit in Europa als Hoffnung der Völker Europas und als Wegweiser zu seiner zukünftigen Einheit. Wir treten deshalb nachdrücklich für seine Intensivierung und Institutionalisierung ein.

III.

Die Wertegemeinschaft der freiheitlichen westlichen Demokratien und das Nordatlantische Verteidigungsbündnis haben in schwierigen Jahrzehnten auf unserem Kontinent Frieden und Freiheit bewahrt. Der Platz des vereinten Deutschland wird deshalb auch in Zukunft in diesem Bündnis sein.

Zugleich wollen wir gemeinsam mit unseren Verbündeten diese erfolgreiche Allianz entsprechend den Fortschritten im West-Ost-Verhältnis und den sich wandelnden Anforderungen der Zeit fortentwickeln und als Grundpfeiler einer neuen übergreifenden Sicherheitsarchitektur in Europa erhalten.

Wir setzen uns ein für eine Grundsatzerklärung der Mitglieder der beiden Bündnisse in Europa, mit der sie ihre Verpflichtung zum Gewaltverzicht bekräftigen und eine neue Partnerschaft beim Aufbau einer dauerhaften und gerechten europäischen Friedensordnung begründen.

Abrüstung und Rüstungskontrolle bleiben zentrale Elemente unserer Sicherheitspolitik.

Im Zusammenhang mit der Herstellung der deutschen Einheit haben wir unseren Verzicht auf Herstellung und Besitz von und auf Verfügungsgewalt über atomare, biologische und chemische Waffen bekräftigt. Das vereinte Deutschland bleibt dem Nichtverbreitungsvertrag verpflichtet.

Mit unserer Bereitschaft, die Streitkräfte des vereinten Deutschland auf 370.000 Soldaten zu vermindern, leisten wir zugleich einen Beitrag zum Erfolg der Verhandlungen über die Reduzierung konventioneller Streitkräfte in Europa. Wir gehen davon aus, daß in Folgeverhandlungen auch die anderen Verhandlungsteilnehmer ihren Beitrag zur Festigung von Sicherheit und Stabilität in Europa, einschließlich Maßnahmen zur Begrenzung der Personalstärken, leisten werden.

Auch weltweit werden wir uns für Abrüstungsvereinbarungen einsetzen, die zu einer Erhöhung von Stabilität und Sicherheit beitragen. Das Prinzip, wonach sich der Umfang der Streitkräfte ausschließlich an den Bedürfnissen der Selbstverteidigung ausrichten soll, muß weltweit Geltung erlangen.

Ein Abkommen über die Reduzierung der strategischen Nuklearwaffen der USA und der Sowjetunion, Verhandlungen über die Verminderung der amerikanischen und sowjetischen nuklearen Kurzstreckenraketen und nicht zuletzt das weltweite Verbot chemischer Waffen haben an Dringlichkeit nichts eingebüßt.

IV.

Die Länder Afrikas, Asiens und Amerikas können auch künftig auf die Solidarität des geeinten Deutschland zählen. Was wir in die deutsche Einheit investieren, geht nicht zu ihren Lasten.

Im Gegenteil : Die Überwindung der Konfrontation in Europa macht geistige Kräfte und materielle Ressourcen frei für die zentralen Friedensaufgaben unserer Zeit: Für den Kampf gegen Armut und Unterentwicklung und für den Erhalt unserer natürlichen Umwelt.

Terrorismus und Drogenmißbrauch sind Herausforderungen an alle Staaten der Welt und verlangen gemeinsames

Handeln. Wir werden unseren Teil der Verantwortung tragen.

V.

Die Überwindung der Ost-West-Konfrontation hat auch neue Wege eröffnet, die hohen Ziele der Charta der Vereinten Nationen umfassend zu verwirklichen. Zugleich haben die Ereignisse der letzten Wochen gezeigt, wie gefährdet der Friede in der Welt bleibt, wenn die Prinzipien der Charta der Vereinten Nationen mißachtet werden.

Die Bundesrepublik Deutschland will dazu beitragen, daß die Vereinten Nationen ihre unverzichtbare Rolle beim Aufbau einer friedlichen Welt und bei der Lösung der globalen Herausforderungen ausfüllen können.

Nach Wiedererlangen der deutschen Einheit in voller Souveränität ist die Bundesrepublik Deutschland bereit, sich künftig an Maßnahmen der Vereinten Nationen zur Wahrung und zur Wiederherstellung des Friedens auch durch den Einsatz ihrer Streitkräfte zu beteiligen. Wir werden hierfür die erforderlichen innerstaatlichen Voraussetzungen schaffen.

VI.

Am Beginn des letzten Jahrzehnts unseres Jahrhunderts sehen wir neue Möglichkeiten für eine Welt, die ihre Probleme durch Ausgleich und Verständigung löst und den Prinzipien des Völkerrechts verpflichtet bleibt. Unser Land steht in einer Reihe mit allen, die sich dem Frieden, der Achtung der Menschen- und Freiheitsrechte und dem Wohlergehen der Menschen verpflichtet fühlen.

Nachdem die Bürde der Teilung von uns Deutschen genommen ist, sind wir bereit, mit neuer Kraft und in vertrauensvoller Zusammenarbeit mit allen Ländern und Völkern, die diese hohen Ziele teilen, eine gemeinsame friedliche Zukunft zu gestalten.

Genehmigen Sie, sehr geehrte/r (Amtstitel), die Versicherung meiner ausgezeichneten Hochachtung.

Helmut Kohl
Bundeskanzler der Bundesrepublik Deutschland

Quelle: Bulletin des Presse- und Informationsamtes der Bundesregierung Nr. 118, 05. 10. 1990, S.1227-1228

Russia Insider[8], die informative Netzplattform für das Geschehen in Russland, brachte Ende März 2018 ein ausführliches Interview über sicherheitspolitische Fragen mit dem russischen Präsidenten Putin inklusive einer »Hammer-Aussage« zu seiner berühmten Rede 2001 vor dem Deutschen Bundestag.

Präsident Putin spricht in seinem Interview offen über den Mentor für seine Berliner Rede: Helmut Kohl! Mit dem Oberbürgermeister von St. Petersburg, Herrn Sobtschak, konnte der spätere russische Präsident Putin den Bundeskanzler 1992 in Bonn besuchen. Wegen der Überlegungen, die Helmut Kohl seinen russischen Gästen mit auf den Weg geben wollte, bat er die anwesenden Delegationsmitglieder, den Raum im Kanzleramt zu verlassen, bis auf den Oberbürgermeister und Wladimir Putin, der die Rolle des Dolmetschers

Bundeskanzler Helmut Kohl und Präsident Wladimir Putin bei einem Zusammentreffen im September 2001

[8] https://russia-insider.com/en/2nd-3-great-new-russian-films-about-putin-subs-just-hit-youtube-world-order-2018/ri22946

übernahm. Bundeskanzler Kohl sprach Klartext: Ein Europa ohne Russland wird kein Europa sein.

Hier die Originalaussagen des Interviews im zweiten eingebundenen Video auf der Website von *Russia Insider*, übersetzt von Angelika Eberl für die *NachDenkSeiten*[9]:

»*32:51: Der Präsident der Russischen Föderation, Wladimir Putin, sagt zu dem Journalisten Soloviev:* Sie haben mich an meine Rede im Bundestag erinnert. Es war 2001, nicht wahr? Bis dahin war ich Sekretär des Sicherheitsrates, Ministerpräsident und ein Jahr zuvor Präsident geworden. Ich war auch Direktor des FSB. Ich hatte viele Informationen zur Verfügung. Ich hatte mir eine Meinung gebildet, was vor sich ging und in welche Richtung. Als ich 2001 im Bundestag das Wort ergriff, sprach ich von der Notwendigkeit, unsere Bemühungen mit Europa zu bündeln, zusammenzuarbeiten und den gemeinsamen politischen Raum zu schaffen. Der Eindruck im Bundestag war, dass es meine eigenen Ideen und Vorschläge gewesen seien. Aber es waren nicht meine Ideen. Bereits 1992 oder 1993 nahm mich der Petersburger Bürgermeister Sobtschak mit nach Bonn, wo er ein Treffen mit Bundeskanzler Helmut Kohl hatte. Irgendwann schickte Kohl alle Anwesenden, auch den Übersetzer, hinaus. Und ich übersetzte das Gespräch zwischen ihnen. Und ich hörte zum ersten Mal von Bundeskanzler Kohl, der in Bonn und nicht in Berlin lebte, wie er plötzlich sagte: ‚Ich sehe keine Zukunft für Europa ohne Russland.' Für mich, einen ehemaligen Offizier des KGB und des Geheimdienstes, war das wie eine Offenbarung. Ich habe nicht erwartet, so etwas zu hören. Es war sehr interessant. Und er erklärte mit Überzeugung, warum er das dachte. Er sagte, dass in der Welt neue, mächtige und gigantische Machtzentren im Aufstreben seien. Und es ging mit Asien weiter. Er sagte, dass sich die Vereinigten Staaten mit der Zeit mehr und mehr um ihre eigenen Angelegenheiten und um die des amerikanischen Kontinents kümmern würden.

9 https://www.nachdenkseiten.de/?p=43309#more-43309

Und das ist genau das, was gerade passiert. Alles, was Kohl 1992 sagte, wurde Realität. Und er sagte, wenn Europa als unabhängige Macht und unabhängige Zivilisation überleben wolle, müsse es sich mit Russland zusammentun, mit seinen weiten Gebieten, seinen unerschöpflichen natürlichen Ressourcen und seiner kulturellen und spirituellen Nähe zu Europa. Es müsse sich mit der Wissenschaft und dem Verteidigungspotenzial Russlands vereinen. Gelingt es, dies zu tun, dann bleiben sie ein unabhängiges Machtzentrum in der Welt. Das hat er an diesem Tag gesagt, und ich habe nur seine Ideen aufgegriffen und seine Worte im Bundestag wiederholt. Ich konnte mich nicht auf den Mann beziehen, der das gesagt hat, aber ich habe seinen Standpunkt immer geteilt.

Rückblende zum Bundestag, 25. September 2001. Man sieht Helmut Kohl und hört die Stimme von Wladimir Putin in deutsch sprechen. Putin damals: Heute müssen wir das Ende des Kalten Krieges ein für alle Mal erklären. *[Klatschen].* Wir geben unsere Stereotypen und Ambitionen auf und werden gemeinsam die Sicherheit Europas und der ganzen Welt wahren. *[Ende Rückblende]* Leider ist das nicht geschehen. Was habe ich 2007 in meiner Münchner Rede gesagt? Ich sagte, dass es ein Land gibt, nämlich die Vereinigten Staaten von Amerika, die den Ehrgeiz haben, ihre Zuständigkeit über ihr eigenes Territorium und ihre nationalen Grenzen hinaus, auszudehnen. Niemand wollte dem zustimmen. Das habe ich 2007 gesagt. Einige europäische Staats- und Regierungschefs – mögen sie sich wohlbefinden, einige von ihnen sind noch in der Politik – sagten, meine Rede sei zu hart. Und ich sagte: Sie stimmen mir nicht zu? Sie sagten weiter nichts dazu.

Rückblende zu Wladimir Putins Rede vor der Münchner Sicherheitskonferenz, 10. Februar 2007, Putin sagte damals: Man sollte nicht so tun, als sei man der Allmächtige und für andere Länder entscheiden. *[Es wird eingeblendet: Münchner Sicherheitskonferenz, 10. Februar 2007.]* Wir können nur günstige Bedingungen schaffen, die den Menschen helfen, ihre Probleme zu lösen.

Wir müssen als Garanten der Verträge und Abkommen auftreten. Aber wir können diese Verträge und Abkommen den Menschen nicht aufzwingen. Sonst enden wir in einer Sackgasse. *Ende der Einblendung Münchner Sicherheitskonferenz 2017.*«

Pressemitteilung der Bundestagsabgeordneten
Dr. Peter Gauweiler und Willy Wimmer
vom 7. März 2003

Dr. Peter Gauweiler
Mitglied des Deutschen Bundestages
stellvertretender Vorsitzender des
Ausschusses für Kultur und Medien

Willy Wimmer
Mitglied des Deutschen Bundestages
Staatssekretär a.D.

Pressemitteilung

07.03.2003

Einladung des Patriarchen von Babylon

Zu einem humanitären Besuch in schwerer Zeit hat der chaldäische Patriarch von Babylon, Seine Eminenz Raphael I. Bidawid, die Abgeordneten Willy Wimmer und Dr. Peter Gauweiler für dieses Wochenende in seine Gemeinde nach Bagdad eingeladen.

Patriarch Bidawid lädt die Abgeordneten ein, *„mit uns gemeinsam in unsren Kirchen dafür zu beten, dass der Herr den Krieg und seine tragischen Folgen von uns fernhalte."* Der Patriarch erklärt weiter, der Besuch der beiden Abgeordneten *„wäre ein Zeichen der Liebe des deutschen Volkes für den Frieden und ein Zeichen der Ablehnung des Krieges, unter dem das würdige deutsche Volk so viele Jahre gelitten hat."*

Die beiden Abgeordneten werden die Einladung, die Ihnen über das Sekretariat der vatikanischen Glaubenskongregation übermittelt und vom Präfekten der Kongregation, Josef Kardinal Ratzinger, befürwortet worden ist, annehmen. Sie werden deshalb am Samstag, dem 08.März 2003 nach Bagdad fliegen, wo sie am Sonntag an einem gemeinsamen Gottesdienst mit der christlichen Gemeinde von Bagdad teilnehmen werden, die eine der ältesten Gemeinden der Christenheit ist. Die Abgeordneten werden den Sonntag mit der schwer geprüften und bedrängten christlichen Gemeinde verbringen, und dort Gespräche mit der Kirchenleitung und den Bischöfen des Patriarchates der Kirche führen.

MdB Dr. Gauweiler wird der Gemeinde aus seiner Heimatstadt München Grußbotschaften des Erzbischofs von München und

Freising, Friedrich Kardinal Wetter und des Landesbischofs der evangelisch- lutherischen Kirche in Bayern, Johannes Friedrich. überbringen.

Die Abgeordneten Wimmer und Dr. Gauweiler sind auf der Rückreise am Montag eingeladen, um mit dem Patriarchen der Maronitischen Kirche des Libanon, Seiner Eminenz Kardinal Nashrallah Sfeir, Gespräche über die Lage der Christen im Nahen Osten zu führen.

Am Dienstag, dem 11. März 2003, um 12.30 Uhr werden die beiden Parlamentarier von Josef Kardinal Ratzinger im Vatikan empfangen.

Bei Rückfragen oder Wünschen nach weiteren Unterlagen wenden Sie sich bitte an Herrn Christoph Tiné im Berliner Bundestagsbüro des Abgeordneten Dr. P. Gauweiler
Tel.: 030/ 227 72983; Fax: 030/ 227 76989
e-mail: peter.gauweiler@bundestag.de
oder
an Frau Astrid Gutleck im Berliner Bundestagsbüro des Abgeordneten W. Wimmer
Tel.: 030/227 75094; Fax: 030/ 227 76498
e-mail: willy.wimmer@bundestag.de

Abschied von einer Welt, die wir kennen

America's New War I Der CDU-Politiker Willy Wimmer nach seiner Rückkehr aus Bagdad über einen drohenden »Clash of Cultures« und den Sog des Unausweichlichen

Peter Gauweiler (CSU) und Willy Wimmer (CDU) sind vor wenigen Tagen in Bagdad mit dem chaldäischen[10] Patriarchen Bidawid und christlichen Gemeinden zusammengetroffen. Danach berichteten sie Kurienkardinal Joseph Ratzinger bei einem Gespräch im Vatikan, die Christen in der irakischen Hauptstadt befänden sich in großer Ungewissheit und spürbarer existenzieller Not.

Der Freitag: *Sie sind bei Ihren Gesprächen in Bagdad auf ein ausgeprägtes Bewusstsein für die vorhandene Kriegsgefahr gestoßen. Woran ließ sich das erkennen?*
Willy Wimmer: Die Menschen wissen zum Beispiel, dass ihre Versorgung vorzugsweise über die 45 000 Verteilzentren für Lebensmittel gewährleistet wird, die von den Vereinten Nationen betrieben werden. Als wir dort waren, wurden gerade viele UN-Mitarbeiter wegen der Kriegsgefahr nach Zypern abgezogen. Das heißt, die vorhandene Infrastruktur für die Versorgung der Menschen bricht zusammen.

Außerdem weiß man natürlich ganz genau, welche Verheerungen ein möglicher Luftkrieg allein für Bagdad heraufbeschwört. Man weiß, dass es amerikanische Pläne gibt, die Stadt mit 3000 Raketen zu bekämpfen, man weiß, dass damit ziviles Leben vernichtet wird. Wir hatten stets die Zahlen von *Amnesty International* im Hinterkopf, wonach mit 300 000 Toten in den ersten Kriegstagen und fünf Millionen Flüchtlingen zu rechnen ist – das muss man sich einmal vor Augen halten.

---

[10] Die Glaubensgemeinschaft geht zurück auf aramäische Stämme, die seit dem 9. Jahrhundert im südlichen Babylonien siedelten

Wie konnten sich die Menschen darüber bisher informieren?
Sämtliche Iraker, die wir trafen, waren bestens unterrichtet – ich kann nur wiederholen: bestens. Sie waren es dank einer Vielzahl von Quellen. Es gibt etwa 200 000 Iraker, die bereits nach Syrien geflohen sind. Es gibt Zehntausende, die in Europa, Kanada oder in den USA leben. Die halten Kontakt mit ihren Familien. Ganz abgesehen davon, dass man BBC hören kann.

Welche Vorkehrungen für den Verteidigungsfall haben Sie wahrgenommen?
Zum Zeitpunkt unseres Aufenthaltes gab es im Straßenbild hier und da Sandsackwälle und Gräben, aber nichts, was sonderlich auffiel. Die höchste Sandsackmauer erhob sich in der deutschen Botschaft.

Was lässt sich zum Zustand der christlichen Gemeinschaften sagen, denen Ihr Besuch galt?
Zunächst einmal: Es handelt sich um Gemeinden, die zu den ältesten der Christenheit überhaupt zählen, sie umfassen etwa 800 000 Gläubige. Da wir Erfahrungen mit Schikanen haben, denen die christlichen Kirchen zum Beispiel in der Türkei oder Saudi-Arabien ausgesetzt sind, waren wir wirklich erstaunt zu hören, dass es allein in Bagdad 53 recht vitale Gemeinden mit den dazu gehörenden Kirchen gibt, deren Türme und Kreuze unübersehbar sind. Die Bischöfe haben uns aber auch darauf hingewiesen, dass durch die Folgen des Golfkrieges von 1991 und des Embargos danach etwa ein Drittel ihrer Mitglieder entweder umgekommen ist oder das Land verlassen hat – ein Exodus von extremen Ausmaßen.

Sie haben Ihre Einschätzung Kardinal Ratzinger im Vatikan vorgetragen – auf welche Reaktion sind Sie gestoßen?
Wir haben über diese Unterredung Stillschweigen vereinbart, aber es war selbstverständlich die Befürchtung zu spüren, dass im Falle eines Krieges in jenem Gebiet unserer Erde, in dem die Wiege des Christentums stand, christliches Lebens völlig zerstört werden kann – weil die Menschen durch Bomben umkommen oder unter einen Auswanderungsdruck geraten, der unvorstellbar sein wird.

Weil die Muslime das Handeln der USA als Vorgehen eines christlichen Landes gegen die muslimische Welt empfinden?
Ja, man darf doch nicht vergessen, dass zwischen Marokko und Indonesien Millionen von Christen leben, deren Existenzgrundlage durch einen Krieg in Frage gestellt wäre. Da droht ein Clash of Cultures – eine Konfrontation, bei der zwei Kulturkreise unserer Welt, die untereinander auf Kooperation angewiesen sind, für Generationen in eine bedingungslose Feindschaft geraten. Die Auswirkungen können bis an den Rand eines globalen Konfliktes führen. Wer unter diesen Bedingungen zum Mittel des Krieges greift, während Herr Blix sagt, man könnte die von der UNO geforderte Abrüstung des Irak mit friedlichen Mitteln erreichen, der muss sich fragen lassen, was wird den Menschen in vielen Regionen unseres Planeten damit angetan?

Auch eine Eskalation von Spannungen zwischen den Muslimen selbst kann katastrophal sein. Allein in der Sechs-Millionen-Stadt Bagdad gibt es riesige schiitische Wohngebiete mit bis zu zwei Millionen Menschen. Man befürchtet, dass bei einer außer Kontrolle geratenen Situation eine Blutorgie ausbricht, die sich gegen die herrschende sunnitische Minderheit und deren Privilegien richtet. Da können Rechnungen beglichen werden, die zum Teil Jahrhunderte alt sind.

Wir haben uns immer wieder gefragt, wie würden eigentlich in Deutschland die Menschen reagieren, müssten sie unter einer derart existenziellen Bedrohung leben. In Bagdad ist bis zuletzt die Normalität des Lebens soweit wie möglich aufrechterhalten worden. Wir haben nichts gesehen, was auf Panik hindeutete. Ich habe auch noch nie erlebt, dass mir Menschen unter solch hoffnungslosen Umständen mit so viel Würde begegnet sind.

Gab es während Ihrer Gespräche Andeutungen über eine irakische Lösung, sprich: eine Kapitulation vor dem Krieg?
Wir hatten keinen Kontakt mit offiziellen Vertretern der irakischen Regierung. Außerdem verbietet sich da jede Spekulation. Das hieße

ja auch, es gäbe eine Lösung, ohne dass die Amerikaner ins Land kommen, aber es spricht doch vieles dafür, dass sie – mit welchen Begründungen auch immer – genau das wollen. Das Exil oder ein Rücktritt Saddams wäre da kein Ausweg. Deshalb steckt man ja international in einer Sackgasse – ob nun in den Vereinten Nationen, in der NATO oder in der EU –, weil man ahnt, dass die Welt, die wir kennen, vielleicht die nächsten 14 Tage nicht überlebt. Danach müssen wir uns möglicherweise in einer Ordnung zurechtfinden, die keinerlei Strukturen mehr hat – zumindest keine der gewohnten Strukturen mehr. Ich frage mich zuweilen, ob wir Sarajevo und dem Sommer 1914 näher sind, als uns das bewusst ist.

Hatten wir es demnach in den vergangenen Wochen auch mit einem Aufbäumen der Vereinten Nationen gegen den Sog des Unausweichlichen zu tun?
Bei allen Gefahren, die derzeit für die UNO bestehen, gab es keine Zeit – abgesehen vielleicht von der Kuba-Krise –, in der die Weltorganisation so wichtig war wie heute. Wir können uns keine Welt vorstellen, die auf den Ausgleich von Interessen angewiesen ist, wenn es dafür die Instanz der Vereinten Nationen nicht mehr geben sollte. An deren Stelle würden dann die Machtbefugnisse und die Deutungshoheit eines Landes treten. Übrig bleiben würde eine Welt der Quislinge, die wie Pilze aus dem Boden schießen. Da hängt man mit jeder Faser seiner politischen Existenz an dem, was heute in der UNO geschieht, auch wenn es da keine Einmütigkeit gibt. Was wir heute haben, ist mir lieber als das, was morgen kommen könnte.

Sie als christdemokratischer Politiker und Parlamentarier gefragt: Wie sollte die Fraktion von CDU/CSU reagieren, handeln da die Amerikaner autark von der UNO?
Frau Merkel und Herr Stoiber haben sich seit August 2002 in einer Frage immer sehr eindeutig geäußert, dass dieser Konflikt unter allen Umständen in den Vereinten Nationen gehalten werden muss – im Interesse einer friedlichen Lösung. Das ist ein Maßstab, den wir aus meiner Sicht unter keinen Umständen aufgeben sollten. Man sollte

sich vielleicht im Augenblick bemühen – wegen der Dimensionen des Schreckens, der auf uns zukommt –, kein Öl ins Feuer zu gießen.

Öl ins Feuer der Amerikaner?
Selbstverständlich.

Interview mit der Zeitung »Der Freitag«, erschienen am 21. 03. 2003. Das Gespräch führte Lutz Herden.

Offener Brief an Bundespräsident Frank-Walter Steinmeier vom 30. April 2017

Datum: 30. April 2017 um 11:22:08 MESZ
An: bundespraesidialamt@bpra.bund.de
Betreff: Deutscher Soldatenfriedhof Sevastopol, Krim, Russische Föderation

Sehr geehrter Herr Bundespräsident,

in der Vorwoche hatte ich Gelegenheit, die Krim zu besuchen. Im Rahmen dieses Besuches konnte ich unweit der Stadt Sevastopol den dort gelegenen zentralen deutschen Soldatenfriedhof aufsuchen. In dem beginnenden Frühling auf der Krim liegt der Soldatenfriedhof mit seiner Hanglage in einem weiten Tal von unglaublicher Schönheit. Die außerordentlich gute Pflege, die den Gräbern der im Zweiten Weltkrieg dort gefallenen deutschen Soldaten zuteil wird, läßt fast vergessen, wie unermeßlich das Leid gewesen ist, das mehr als fünfundzwanzigtausend Gefallenen auf diesem Friedhof die letzte Ruhe hat finden lassen.

Diese Grabstätte für unsere deutschen Soldaten wurde jährlich von mehreren tausend Besuchern aus der Heimat, der Schweiz, Österreich und vielen Ländern aufgesucht. Die Menschen konnten dort in einer überaus würdevoll gestalteten Umgebung ihrer Angehörigen gedenken. Die vom Westen gegenüber der Russischen Föderation verhängten Sanktionen machen es heute für die ältere Generation fast unmöglich, ihrer Angehörigen dort zu gedenken. Das ist empörend und kann auch nicht von einem politisch motivierten Vorgehen gegenüber einem anderen Land bestimmt werden. Seit dem ordinären Angriffskrieg 1999 gegen die Bundesrepublik Jugoslawien befindet sich Deutschland wieder an zahlreichen Schauplätzen im Krieg und das weiss niemand besser als Sie persönlich. Es kann nicht angehen, daß in einer Zeit, in der deutsche Soldaten wieder fallen, Deutschland es den Angehörigen der im Zweiten Weltkrieg zu Tode gekommenen Soldaten durch eigene Handlungen unmöglich macht, die Gräber ihrer Toten zu besuchen und ihrer zu gedenken.

Es ist empörend, daß staatliche deutsche Stellen heute die erforderliche Mitwirkung bei der Beisetzung von deutschen Kriegsopfern verweigern oder so herauszögern, daß derzeit fast einhundert deutsche Soldaten, die auf der Krim gestorben sind und deren Gräber heute aufgefunden werden, nicht letztlich identifiziert werden können. Seit über einem Jahr können diese deutschen Soldaten nicht zur Ruhe gebettet werden, weil die Heimat mit ihnen politische Spiele treibt. Das muß nicht nur die Angehörigen entsetzen, es betrifft unsere ganze Nation.

Ich bitte Sie, sehr geehrter Herr Bundespräsident, dazu beizutragen, daß die Angehörigen und auch die Nation auf der Krim ihrer Toten gedenken können und unsere Soldaten auf diesem würdevollen Soldatenfriedhof unweit von Sevastopol, das selbst ein schreckliches Schicksal im Zweiten Weltkrieg erleiden mußte, ihre letzte Ruhe finden können. Das ist Deutschland den mehr als sechzigtausend Gefallenen eigenen Soldaten auf der Krim mehr als schuldig.

Ihrer Antwort sehe ich gerne entgegen und verbleibe

mit freundlichen Grüßen

Willy Wimmer
Staatssekretär des Bundesministers der Verteidigung a. D.

Auslandseinsätze der Bundeswehr seit 1990

Einsatz	Länder, Regionen	Beginn	Dauer	Eingesetztes Personal	Kosten (in Mio. Euro)
United Nations Special Commission (UNSCOM)	Irak	1991	5 Jahre, 2 Monate	37	45,1
United Nations Advance Mission in Cambodia (UNAMIC)	Kambodscha	1991	5 Monate	15	k. A.
United Nations Transitional Authority in Cambodia (UNTAC)	Kambodscha	1992	1 Jahr, 5 Monate	150	16,1
Sharp Guard/Deny Flight (NATO)	Adria, Bosnien-Herzegowina	1992	3 Jahre, 11 Monate	2000	145,4
United Nations Operation in Somalia (UNOSOM II)	Somalia	1993	6 Monate	2420	179,8
United Nations Observer Mission in Georgia (UNOMIG)	Georgien	1994	15 Jahre, 3 Monate	20	6,1
United Nations Assistance Mission for Ruanda (UNAMIR)	Ruanda	1994	5 Monate	30	1,2
United Nations Protection Force (UNPROFOR)	Bosnien-Herzegowina	1995	4 Monate	1700	19,9
Implementation Force (IFOR) (NATO)	Bosnien-Herzegowina	1995	1 Jahr	4000	341,7
Stabilization Force (SFOR I + II) (NATO)	Bosnien-Herzegowina	1996	7 Jahre, 11 Monate	3300	1173
Operation Libelle (Evakuierungsoperation der Bundeswehr)	Albanien	1997	1 Tag	323	k. A.
Standing Extraction Force EXFOR (Extraction Force) (NATO)	Mazedonien	1998	6 Monate	250	5,4
Allied Force in Jugoslavia (NATO)	Jugoslawien	1998	7 Monate	500	37,3
Albanian Force (AFOR)/ Allied Harbour (NATO)	Albanien	1999	3 Monate	1000	36,7
International Force for East-Timor (INTERFET) (UN)	Osttimor	1999	4 Monate	100	4,3
Kosovo Force (NATO)	Kosovo	1999	läuft noch	467 (Obergrenze: 800)	3400
Essential Harvest/Amber Fox/Allied Harmony (NATO)	Mazedonien	2001	1 Jahr, 7 Monate	600	151,6

Operation Enduring Freedom (OEF) (USA und Verbündete)	Horn von Afrika, Afghanistan, Kuwait	2001	8 Jahre, 6 Monate	3900	1076,6
International Security Assistance Force (ISAF) (NATO)	Afghanistan	2001	13 Jahre	5350	8900
EUFOR Concordia (EU)	Mazedonien	2003	8 Monate	70	2,8
Operation Artemis (EU)	Kongo (Demokratische Republik)	2003	2 Monate	97	5,4
United Nations Mission in Ethiopia and Eritrea (UNMEE)	Äthiopien, Eritrea	2004	4 Jahre, 9 Monate	2	1,2
EUFOR ALTHEA (EU)	Bosnien-Herzegowina	2004	7 Jahre, 11 Monate	3000	230,9
African Union Mission in Sudan (AMIS) (EU)	Sudan	2004	3 Jahre	200	2,3
United Nations Assistance Mission in Afghanistan (UNAMA)	Afghanistan	2004	läuft noch	1 (keine Obergrenze)	0,2
United Nations Mission in Sudan (UNMIS)	Sudan	2005	6 Jahre, 2 Monate	75	8,7
Aceh Monitoring Mission (AMM) (EU)	Indonesien	2005	6 Monate	4	k. A.
European Force (EUFOR RD Congo)	Kongo (Demokratische Republik)	2006	4 Monate	780	43,7
United Nations Interim Forces in Lebanon (UNIFIL)	Libanon	2006	läuft noch	116 (Obergrenze: 300)	396
United Nations African Union Hybrid Mission in Darfur (UNAMID)	Darfur	2007	läuft noch	7 (Obergrenze: 50)	3,3
OSZE-Mission	Georgien	2008	9 Monate	15	k. A.
EU NAVFOR Somalia (Operation Atalanta)	Horn von Afrika	2008	Läuft noch	78 (Obergrenze: 600)	450
Operation Active Endeavour (OAE) (NATO)	Mittelmeer	2010	5 Jahre, 8 Monate	578	11,2
United Nations Mission in the Republic of South Sudan (UNMISS)	Sudan	2011	läuft noch	15 (Obergrenze: 50)	4,1
Active Fence Turkey (AF TUR) (NATO)	Türkei	2012	2 Jahre, 11 Monate	400	49,9
African-led International Support Mission in Mali (AFISMA)	Mali	2013	4 Monate	150	11,3
EU-Trainingsmission	Mali	2013	läuft noch	154 (Obergrenze: 300)	43,8

Multidimensional Integrated Stabilization Mission in Mali (MINUSMA)	Mali	2013	läuft noch	968 (Obergrenze: 1000)	35,4
United Nations Mission for the Referendum in Western Sahara (MINURSO)	Westsahara	2013	läuft noch	4 (Obergrenze: 4)	0,2
Maritime Escort Mission (MEM OPCW) zur Vernichtung syrischer Chemiewaffen (UN)	Syrien	2014	5 Monate	300	1,8
European Union Force République Centrafricaine (EUFOR RCA)	Zentralafrikanische Republik	2014	10 Monate	80	8,8
EU-Trainingsmission für Somalia	Somalia	2014	läuft noch	7 (Obergrenze: 20)	11,3
United Nations Mission in Liberia (UNMIL)	Liberia	2015	1 Jahr, 7 Monate	8	0,1
Resolute Support (NATO)	Afghanistan	2015	läuft noch	1080 (Obergrenze: 980)	315
Ausbildungsunterstützung im Nordirak	Irak	2015	läuft noch	140 (Obergrenze: 150)	29,5
EUNAVFOR MED (Operation Sophia)	Mittelmeer	2015	läuft noch	215 (Obergrenze: 950)	7,4
Kampf gegen den »Islamischen Staat« (NATO)	Syrien, Irak, Türkei	2015	läuft noch	299 (Obergrenze: 1200)	0,1
NATO-Mission Sea Guardian	Mittelmeer	2016	läuft noch	175 (Obergrenze: 650)	noch keine bekannt
Gesamt				**aktuell ca. 3700 Soldaten im Auslandseinsatz**	**ca. 19 Mrd. Euro**

Quelle: Bundeszentrale für Politische Bildung, Stand: 29. Nov. 2017
Laufende Einsätze durch Hinterlegung hervorgehoben

Anmerkung: Nicht enthalten in der Tabelle sind sogenannte »einsatzgleiche Verpflichtungen«. Rechtlich gelten diese nicht als Auslandseinsätze und müssen dem Deutschen Bundestag daher nicht vorgelegt werden. In diesem Kontext beteiligt sich die Bundeswehr gegenwärtig u. a. an den NATO-Einsätzen Enhanced Forward Presence in Litauen sowie an einem Marineverband in der Ägäis.

Todesfälle bei Auslandseinsätzen der Bundeswehr

Einsatz	Länder, Regionen	Todesfälle
International Security Assistance Force (ISAF)	Afghanistan	55
Kosovo Force (KFOR)	Kosovo	27
tabilization Force (SFOR I + II)	Bosnien-Herzegowina	19
Multidimensional Integrated Stabilization Mission in Mali (MINUSMA)	Mali	2
Resolute Support	Afghanistan	1
Ausbildungsunterstützung im Nordirak	Irak	1
Sharp Guard	Adria, Bosnien-Herzegowina	1
United Nations Observer Mission in Georgia (UNOMIG)	Georgien	1
United Nations Transitional Authority in Cambodia (UNTAC)	Kambodscha	1
Summe		**108**

Quelle: Bundeszentrale für Politische Bildung, Stand: 13. Dez. 2017
Todesfälle durch Fremdeinwirkung und sonstige Umstände.

Verzeichnis der Abkürzungen

AWACS	Airborne Warning and Control System
BND	Bundesnachrichtendienst
DIA	Defense Intelligence Agency
FSB	Inlandsgeheimdienst der Russischen Föderation
ISI	Inter-Services Intelligence
KSZE	Konferenz über Sicherheit und Zusammenarbeit in Europa
NRO	Nichtregierungsorganisation
OPEC	Organization of the Petroleum Exporting Countries (deutsch: Organisation erdölexportierender Länder)
OSZE	Organisation für Sicherheit und Zusammenarbeit in Europa
TTIP	Transatlantic Trade and Investment Partnership (deutsch: Transatlantisches Freihandelsabkommen)

Bildquellen

Klappe	Bildarchiv Willy Wimmer
Seite 13	Kenfm.de
Seite 17	Immanuel Giel/Wikimedia Commons
Seite 19	RT
Seite 26	Bundesarchiv, B 145 Bild-F086613-0010; Wikimedia Commons
Seite 31	Osze.org
Seite 37	Frank Trevino; Department of Defense. American Forces Information Service. Defense Visual Information Center. National Archives at College Par; Wikimedia Commons
Seite 45	World Economic Forum; Wikimedia Commons
Seite 51	Savh/Wikimedia Commons
Seite 54 f.	Rheinische Zeitung; Bildarchiv Willy Wimmer
Seite 59	Pseudology.org
Seite 66	SSGT F. Lee Corkan/Wikimedia Commons
Seite 75	Bildarchiv Willy Wimmer
Seite 83	Kenfm.de
Seite 86	Bildarchiv Willy Wimmer
Seite 90 f.	Die Tagespost; Bildarchiv Willy Wimmer
Seite 97	PH1 (AW/NAC) MARTIN MADDOCK, USN; Wikimedia Commons
Seite 101	Ken and Nyetta/Wikimedia Commons
Seite 104	Chen Zhao/Wikimedia Commons
Seite 106	Post of Azerbajan/Azermarka; Wikimedia Commons
Seite 113	Bildarchiv Willy Wimmer
Seite 125	Bildarchiv Willy Wimmer
Seite 135	Whitehouse.gov; Wikimedia Commons
Seite 142	Antidotto/Wikimedia Commons
Seite 145	PetrovFed/YouTube.com
Seite 150	Andreas Maurer; Bildarchiv Willy Wimmer

Seite 153	Bildarchiv Willy Wimmer
Seite 155	Bildarchiv Willy Wimmer
Seite 158	Kenfm.de
Seite 160	Bildarchiv Willy Wimmer
Seite 168	Gage Skidmore/Wikimedia Commons
Seite 171	Dmitry Borko/Wikimedia Commons
Seite 174	https://ru.wikipedia.org
Seite 182	RT
Seite 185	A. Savin/Wikimedia Commons
Seite 201	Ministerio de la Presidencia. Gobierno de España (Pool Moncloa); Wikimedia Commons
Seite 207	WTOP - Washington's Top News
Seite 227	Kenfm.de
Seite 240	Andrei Kondraschow; YouTube.com
Seite 258	Kremlin.ru; Wikimedia Commons
Seite 262	Bildarchiv Willy Wimmer

zeitgeist 32
Die Welt mit anderen Augen sehen
Von Überfluss und Überflüssigem
Burnout-Forschung:
Mythos Multitasking und die Beschleunigungsfalle
Individuum versus Kollektiv:
Staat und Demokratie – Verfall (vor-)programmiert?
www.zeitgeist-online.de